I0822069

Osnabrücker Jahrbuch
Frieden und Wissenschaft
15 / 2008

Veröffentlichung des Universitätsverlags Osnabrück bei V&R unipress

Osnabrücker Jahrbuch
Frieden und Wissenschaft
15 / 2008

Konflikte auf Dauer?

Rechtsradikalismus, Integrations-, Europa- und Nahostpolitik

■ OSNABRÜCKER FRIEDENSGESPRÄCHE 2007

■ MUSICA PRO PACE 2007

■ BEITRÄGE ZUR FRIEDENSFORSCHUNG

Herausgegeben vom Oberbürgermeister der
Stadt Osnabrück und dem Präsidenten der
Universität Osnabrück

V&R unipress

Verantwortlicher Redakteur: Dr. Henning Buck
Redakt. Mitarbeit: Joachim Herrmann, Dr. Michael Pittwald, Jutta Tiemeyer
Einband: Tevfik Goektepe, Titelmotiv: Skulptur »Non Violence« des schwedischen Künstlers Carl Fredrik Reuterswärd. Foto: Viveca Flodén, Malmö.

Wir danken für freundliche Unterstützung der Osnabrücker Friedensgespräche:
– der Oldenburgischen Landesbank AG
– der RWE Westfalen-Weser-Ems AG
– dem Förderkreis Osnabrücker Friedensgespräche e.V.

Redaktionsanschrift: Geschäftsstelle der Osnabrücker Friedensgespräche
Universität Osnabrück, Neuer Graben / Schloss, D-49069 Osnabrück
Tel.: + 49 (0) 541 969 4668, Fax: + 49 (0) 541 969 4766
E-mail: ofg@uni-osnabrueck.de – Internet: www.friedensgespraeche.de

Die Deutsche Bibliothek – Bibliografische Information:
Die Deutsche Bibliothek verzeichnet diese Publikation in der Deutschen Nationalbibliografie; detaillierte bibliografische Daten sind im Internet über ›http://dnb.ddb.de‹ abrufbar.
1. Aufl. 2008

 Printed in Germany: Hubert & Co., Göttingen.
Gedruckt auf säurefreiem, total chlorfrei gebleichtem Werkdruckpapier; alterungsbeständig.

ISBN: 978-3-89971-517-9
ISSN: 0948-194-X
[nur Buchhandelsausgabe]

Inhalt

II. MUSICA PRO PACE – KONZERT ZUM OSNABRÜCKER FRIEDENSTAG 2007

III. BEITRÄGE ZUR FRIEDENSFORSCHUNG

IV. ANHANG

Vorwort der Herausgeber

Vor 360 Jahren ging eine der längsten kriegerischen Epochen in Mitteleuropa zu Ende. Mit dem Westfälischen Frieden schufen die beteiligten politischen Akteure in Europa eine Vertragsgrundlage für ihr künftiges Verhältnis. Deren Prinzipien gelten bis heute als zukunftsweisend für die Lösung scheinbar unlösbarer Konfrontationen.

Das Vertragswerk – bestehend aus dem zunächst ausgehandelten *Instrumentum Pacis Osnabrugense* und dem abschließend am 24. Oktober 1648 unterzeichneten *Instrumentum Pacis Monasteriense* – stellt außerordentlich hohe Ansprüche an die Konfliktparteien: Ihr Friede möge »allgemein« und »immerwährend« sein. Zwischen den unterzeichnenden Parteien, die eben noch und seit vielen Jahren in immer neuen Kampagnen ihre Machtkonkurrenz mit Waffengewalt zu entscheiden trachteten, möge nun »wahre und aufrichtige Freundschaft herrschen«.

Die damals am Krieg Beteiligten gingen das Wagnis ein, den Übergang von Feindschaft in Freundschaft, von Misstrauen in Vertrauen und die Versöhnung von fremdem und eignem Nutzen vertraglich zu vereinbaren. Es solle »dieser Friede aufrichtig und ernsthaft eingehalten und beachtet werden, auf dass jeder Teil Nutzen, Ehre und Vorteil des anderen fördere«, hieß es im Westfälischen Friedensvertrag. Und nochmals bekräftigt werden darin die Ziele »treue Nachbarschaft, wahrer Friede und echte Freundschaft«. Amnestie, Entschädigung, die wechselseitige Anerkennung und politische Parität der Glaubensbekenntnisse – diese Prinzipien leiteten die im Vertragswerk getroffenen Regelungen, mit denen nun der Friede gestaltet werden sollte.

Aus Feinden Freunde machen – ein anspruchsvolles Ziel, das auch heute eher selten erreicht wird. Friedensgefährdende Konflikte stehen nach wie vor in vielen Teilen der Welt auf der Tagesordnung, auch in Europa. *Nachrichten aus dem Krieg* – so der Titel einer Ausstellung, die 2009 in der Friedensstadt Osnabrück gezeigt wird –, beherrschen unsere Aufmerksamkeit. Und auch wo gerade die Waffen ruhen, sind darum die Konflikte noch keineswegs ausgeräumt.

Das Jahrbuch der Osnabrücker Friedensgespräche trägt in diesem Jahr den Titel *Konflikte auf Dauer?*

Die Themen der Vortrags- und Diskussionsveranstaltungen aus dem Jahr 2007 haben diesen Titel nahe gelegt: Rechtsradikalismus, Integrations-, Europa- und Nahostpolitik – das sind Diskussions- und Politikfelder, die zu den ›prominentesten‹ Themen deutscher Innen- und Außenpolitik gerechnet werden.

Nicht nur in Deutschland muss der Rechtsradikalismus bzw. Neonazismus als ein Dauerkonflikt eingestuft werden. Über Mittel und Wege, ihm wirkungsvoll zu begegnen, muss weiter nachgedacht werden. Zu Toleranz und Weltoffenheit aufzurufen, ist das eine; Bildungsanstrengungen und die Auseinandersetzung in den Medien zu verstärken, ein weiteres Erfordernis. Aber auch juristische und polizeiliche Mittel des Rechtsstaates müssen ausgeschöpft werden.

Dass in Deutschland lebende Menschen mit nichtdeutscher Herkunft und entsprechenden Biographien für Staat und Gesellschaft existenziell wichtig sind, ist heute eine fast schon triviale Erkenntnis, die gleichermaßen auch für andere Länder gilt. Dennoch ist »Integration« leider noch keine Normalität. Wir alle sind an diesem Prozess beteiligt, so dass wir uns über die Ebene persönlicher und individueller menschlicher Begegnungen hinaus sachkundig machen und bestehenden Spannungen und Diskussionsbedürfnissen Rechnung tragen müssen.

Das geeinte Europa der Union ist eine Erfolgsgeschichte – auch der Friedensstiftung unter ihren Mitgliedern, wie man getrost unterstreichen darf. Dass die EU-Verfassung in mehreren Volksabstimmungen zunächst gescheitert ist, ändert nichts daran. Die Einigung ist und bleibt ein schwieriger, auf lange Zeit angelegter Prozess, dessen Konfliktpotenziale hoffentlich gemeinsam beherrscht werden.

Von einem solchen Prozess wechselseitiger Verständigung ist der Nahe Osten leider noch weit entfernt. So schwelt unter den Augen der Welt dieser Konfliktherd weiter, der jederzeit zu explodieren droht. Die Suche nach friedlichen Lösungen ist so alt wie der Konflikt selbst, der wohl aber erst dann gelöst werden kann, wenn aus Feinden Freunde geworden sind – zumindest aber Partner, die vertrauensvoll die Interessen des Anderen anerkennen.

Wir wünschen den Lesern des 15. Bandes unserer Reihe eine interessante Lektüre.

Boris Pistorius	Prof. Dr.-Ing. Claus R. Rollinger
Oberbürgermeister	Präsident der Universität

Editorial: Konflikte auf Dauer?

Die Pistole mit dem verknoteten Lauf, abgebildet auf dem Einband der diesjährigen Ausgabe des *Osnabrücker Jahrbuch Frieden und Wissenschaft*, soll eine Mahnung sein: *Carl Fredrik Reuterswärd*, der 1934 in Schweden geborene Schöpfer der Skulptur, gab ihr den Titel *Non violence* – Gewaltlosigkeit. Sie ist demnach als ein Appell zur Friedfertigkeit zu verstehen, als ein Plädoyer dafür, auf jeden Fall Gewalt als Mittel der Durchsetzung politischer Interessen aus dem Spiel zu lassen. Anders jedoch, als es das andere, ältere Symbol des Friedens, die Friedenstaube, als Gegenbild der Reinheit und Unschuld gegen Gewalt und Krieg Position bezieht, zeigt Reuterswärds Skulptur die Realität der Existenz von Gewaltmitteln sofort auf den ersten Blick, naturalistisch und zugleich in Übergröße: Das Gewaltmittel selbst steht auf dem Sockel, aber der ›Denkmal‹-Effekt, der Fingerzeig, gilt der subversiven Tat, die Waffe unbrauchbar gemacht zu haben.

Diese Mahnung an die Menschheit entstand im Zeitalter der Abrüstung, während des ›Kalten Krieges‹. Das bessere Wissen, die höhere Vernunft sollten endlich – noch dazu auf befreiend humorvolle Weise – über die Gewaltmaschinerie triumphieren, die mit einem klassischen Revolver allerdings bedeutend weniger furchteinflößend dargestellt ist, als es die Interkontinentalraketen der Atommächte in diesen Jahren waren.

Einen von bisher 11 Abgüssen des Werks erhielten im Jahr 1988 die Vereinten Nationen als Geschenk des Großherzogtums Luxemburg, eines Mitgliedstaats, dem naturgemäß jegliches ›Säbelrasseln‹ fernliegt. Seither wird auf dem Vorplatz des UN-Hauptquartiers an der First Avenue in New York den Besuchern ein Ideal der *United Nations* anschaulich: die durch Verhandlungen und Vereinbarungen zu erzielende, weltweite Regelung von Konflikten, die Schaffung von Frieden und die Abschaffung von Kriegen.

Die Geschichte der UN-Friedensmissionen zeigt indessen, dass auch diese nicht ohne militärische Bewaffnung auskamen. Bereits die im Oktober 1945 verabschiedete UN-Charta sieht in Kapitel VII ein *peace enforcement*, »friedenerzwingende« Maßnahmen vor, also Militäraktionen der

Vereinten Nationen zur Wahrung des Weltfriedens. Mangels eigenen militärischen Potentials aber wurden durch Mandate des Sicherheitsrates immer wieder Mitgliedstaaten mit solchen Maßnahmen beauftragt oder beanspruchten ein solches Mandat für sich und konnten es politisch durchsetzen. Wären diese Aktionen metaphorisch als ›Verknotung‹ von Waffen zu fassen? Haben sie die Militäraktionen der Konfliktparteien zum Stillstand bringen können? Verlauf, Erfolg und Misserfolg der UN-Friedensmissionen wären im Einzelnen zu überprüfen.

Die Ambitionen der mit einem Mandat des Sicherheitsrates ausgestatteten Staaten, insbesondere der USA und der NATO im noch laufenden »Krieg gegen den Terror« etwa in Afghanistan, gehen indessen deutlich über das Ziel hinaus, die Waffen eines Gegners unbrauchbar zu machen. Vielmehr werden die weit reichenden Ordnungsansprüche der häufig als ›Weltpolizisten‹ attribuierten Weltmacht USA und ihrer NATO-Verbündeten, darunter Deutschland, erkennbar. Es ist also nicht als ein Mangel an militärischer Stärke bzw. als ein Defizit an geeigneten Gewaltmitteln zu werten, wenn trotz überlegener militärischer Stärke des Westens eine Reihe von weltpolitischen *Dauerkonflikten* die Agenda der öffentlichen Debatten bestimmt. Dazu zählen die Politiker u.a. das aufgrund hoher Einnahmen aus Rohstoff-Verkäufen wieder zunehmende weltpolitische Gewicht Russlands, ferner die sich abzeichnende, stärkere Rolle Chinas als künftige wirtschaftliche Supermacht sowie die Unberechenbarkeit einer zwar in unterschiedliche Souveränitäten und Glaubensbekenntnisse gegliederten, aber – im Falle der Durchsetzung fundamentalistischer Kräfte und Volksbewegungen – im Zeichen Allahs potentiell geeinten ›islamischen Welt‹.

Die vorliegende Ausgabe des Jahrbuchs der Osnabrücker Friedensgespräche behandelt einige jener Konflikte, an deren Latenz man sich bereits gewöhnt zu haben scheint. Einmal mehr sei an das Diktum vom »*clash of civilizations*« erinnert, den ›Zusammenstoß der Kulturen‹, den *Samuel Huntington* zu Beginn der 1990er Jahre prognostizierte und der sich seither – siehe oben – offensichtlich zu einer sich selbst erfüllenden Prophezeiung materialisiert hat.

Dementieren hilft da nicht, so ist zu befürchten. Aber was könnte denn Besseres getan werden, als dem Publikum in den wie von einem bösen Fluch betroffenen Ländern zu erklären, dass ein ›Zusammenstoß der Kulturen‹ vermieden werden muss, weil eine erstrebenswerte gemeinsame Zukunft nicht ohne Zusammenarbeit möglich ist?

Es war der ägyptische Religionsminister *Mahmoud Zakzouk*, der diese elementare Botschaft im Rahmen der Osnabrücker Friedensgespräche im Oktober 2007 überbrachte. Sein Plädoyer für die »Respektierung der Rechte aller Menschen und Völker«, für die »Anerkennung des Anderen in seiner Menschlichkeit«, für die »Bekämpfung der Armut«, für »echte globale Solidarität« hätte auch jedem deutschen Politiker zur Ehre gereicht. Seine Aufforderung aber, die »Verschiedenheit der Menschen, der Völker und der Kulturen nicht wirklich als ein Hindernis für das gegenseitige Verstehen und die Zusammenarbeit zu betrachten«, trifft hierzulande nicht selten auf Misstrauen und Unglauben, wenn sie aus dem Munde eines vermeintlich Fremden kommt. Minister Zakzouk traf indessen auch diesen Nagel auf den Kopf, als er sagte: »Furcht und Hass sind – vor allem, wenn man sich ihres Ursprungs nicht bewusst wird – das eigentliche Problem, das einer besseren Verständigung und Zusammenarbeit im Wege steht.«

Es gelte, so der als »Brückenbauer« zwischen den Welten eingeführte Festredner anlässlich der 359. Wiederkehr des Westfälischen Friedensschlusses in seiner Ansprache, das »zerstörte Vertrauen zwischen beiden Welten wiederaufzubauen« – wozu die Osnabrücker Friedensgespräche an diesem Abend hoffentlich einen kleinen Beitrag leisten konnten.

Dieser Schlüssel passt gewiss auch in das Türschloss der Integrationsproblematik, die mit der Podiumsveranstaltung »Islam in der (Selbst-) Kritik – Chancen für einen zukunftsfähigen Glauben der Muslime in Deutschland und Europa?« bei den Friedensgesprächen aufgegriffen wurde. Mit *Seyran Ateş*, *Aydan Özoguz* und *Rabeya Müller* diskutierten eine konvertierte und zwei ›geborene‹ Musliminnen mit divergierenden Perspektiven zum Islam. Es ging um Reformbedürfnisse der Glaubensausübung einer zugewanderten, zahlenmäßig immer bedeutenderen Bevölkerung aus islamisch geprägten Herkunftsländern und ihrer in Deutschland geborenen Kinder und Kindeskinder. Die Reizworte der Debatte – Verschleierung, Zwangsheirat, Ehrenmorde, (gegenseitige) mangelnde Integrationsbereitschaft, Grundgesetz und / oder Scharia, säkulare Bildung *versus* religiöse Indoktrination, Entfremdung von der eigenen Kultur, divergierende Toleranzbegriffe – sind beständig und inzwischen vielen geläufig: So sieht ein Dauerkonflikt aus, der noch über Generationen ständiger Bearbeitung bedarf.

Ein weltpolitischer Dauerkonflikt, der bereits *seit* Generationen Aufmerksamkeit beansprucht, ist die teils kriegerisch, teils politisch ausgetragene Konfrontation Israels mit seinen Nachbarstaaten bzw. deren Bevölkerungen im Nahen Osten. Der von der Armee Israels gegen die militärische, schiitische Hisbollah-Organisation im Libanon geführte 33-tägige Krieg offenbarte die prekäre Souveränitätsschwäche des Libanon, dessen Bevölkerung gegen ihren Willen von den Kriegsparteien in die Kampfhandlungen gezogen wurde bzw. zu deren zivilen Opfer wurde. Unter dem Titel »Libanon zwischen den Fronten – Wie kann der Friede in der Region gewonnen werden?« diskutierten der libanesische Publizist *Rami Khouri*,

Direktor des *Issam Fares Institute for Public Policy* an der *American University of Beirut*, und der Direktor der Stiftung Wissenschaft und Politik, *Volker Perthes*, unter Leitung der in Beirut ansässigen Journalistin *Birgit Kaspar* die entstandene Lage, die Friedensperspektiven und die Konsequenzen für die beteiligten wie die unbeteiligten, aber in Mitleidenschaft gezogenen Parteien.

Auch die deutsche Beteiligung von Bundeswehr-Marineeinheiten an der internationalen *United Nations Interim Force* im Libanon (UNIFIL) kam bei diesem Friedensgespräch zur Sprache. Die Rolle deutscher Patrouillenboote vor der Küste des Libanon ist allerdings mit der deutschen Beteiligung an den UN- bzw. NATO-Einsätzen auf dem Balkan oder aktuell in Afghanistan schwerlich zu vergleichen. In der Berichterstattung über diese Einsätze und in der Selbstdarstellung der Bundeswehr fanden *Torsten Bewernitz* und *Andrea Nachtigall* gleichwohl ein hochinteressantes Material. Ihr Beitrag »Vom multikulturellen Sozialarbeiter zum stillen Profi – Soldatenbilder zwischen Kosovokrieg und ›Krieg gegen den Terror« zeichnet die Wandlungen des Bildes vom deutschen Soldaten in der Öffentlichkeit und im Selbstverständnis nach.

Nach seinem im letzten Jahrbuch der Friedensgespräche abgedruckten Beitrag über Korea trägt Ostasienexperte *Rainer Werning* zum aktuellen Band die spannende Fallstudie »Der Archipel Suharto. Vor einem Jahrzehnt endete in Indonesien die Ära eines vom Westen in Zeiten des Kalten Krieges hofierten Despoten« bei. Erkennbar werden Funktionsprinzipien westlicher Außenpolitik, bei denen unter Anwendung eines vordergründigen Nutzenkalküls im Zweifel die daheim hoch gehaltenen politischen Werte der Demokratie geopfert werden.

Dass die Regierung der Arabischen Republik Ägypten ein Problem mit den fundamentalistischen Muslimbruderschaften in ihrem Land hat, war wiederholt auch den deutschen Medien zu entnehmen; dass auch Deutschland mit den Aktivitäten einer unliebsamen, hier völkisch-nationalistischen Partei umgehen muss, die den Furor Nazi-Deutschlands wieder salon- bzw. diskursfähig machen möchte, ist uns gerade gegenüber ausländischen Beobachtern oder Gästen mehr als unangenehm. Die scheinbar nicht zu stoppende Fortdauer dieser, wie sie sich selbst gern geriert, »nationalen Opposition« ist ganz offensichtlich ein ›Konflikt auf Dauer‹ für eine Demokratie, die ihre Interessen unter den Voraussetzungen eines zunehmend entgrenzten Wirtschaftsraums definiert und zugleich Teilen der eigenen Gesellschaft nicht plausibel machen kann, dass auch sie davon profitieren. Die Podiumsveranstaltung »Rechtsextremismus in Deutschland: Soziale Krise, politische Handlungsunfähigkeit und Nazi-Ideologie« mit *Uwe-Karsten Heye*, dem Vorstandsvorsitzenden des Vereins »Gesicht Zeigen! Aktion weltoffenes Deutschland e.V.«, dem brandenburgischen Innenminister *Jörg Schönbohm* und dem Mainzer Parteienforscher *Jürgen W. Falter* ging der Frage nach dem Potential rechtsradikaler Organisationen sowie den Möglichkeiten von Prävention und rechtsstaatlicher Verfolgung von Straftaten nach. Einigkeit ließ sich betreffs regionaler Verbreitung, Altersstrukturen der Aktiven, notwendiger staatlicher und zivilgesellschaftlicher Initiativen herstellen. Dass Rechtsradikalismus und Neonazis in Deutschland irgendwann einmal der Vergangenheit angehören könnten – diese Perspektive konnte und wollte niemand eröffnen.

Maria Kreiner, Politikwissenschaftlerin an der Universität Osnabrück, unternimmt mit ihrem Beitrag »Rechtsradikalismus als Antwort auf eine gesellschaftliche Krise« einen sehr lesenswerten »Erklärungsversuch nach Hannah Arendt« zum Phänomen des Dauerkonflikts Rechtsradikalismus.

Europa gilt den Nationalkonservativen in vielen Ländern des Kontinents als ein Moloch, eine bürokratische Maschine, in der die besonderen Voraussetzungen der einzelnen Mitgliedstaaten egalisiert werden, in der die spezifische Kultur, Geschichte und Sprache, die die Menschen als Kennzeichen ihrer Heimat schätzen, zu Grunde zu gehen drohen. Tatsächlich besteht ein grundlegender theoretischer Widerspruch zwischen den einzelnen Nationalstaaten Europas und ihrer politischen Vereinigung in der Union: Diese praktische Aufgabe bzw. Übertragung staatlicher Souveränität, die im Prozess der europäischen Integration einvernehmlich stattfindet, ist indessen ohne Alternative, denn eine Nationalstaatlichkeit, deren Interessens- und Handlungsfeld an den eigenen Schlagbäumen endete, wäre ein gefährlicher Anachronismus.

Hans-Gert Pöttering hielt als Präsident des Europäischen Parlaments am 3. Oktober 2007, dem Tag der Deutschen Einheit, den Festvortrag im Rahmen der Friedensgespräche unter dem Titel: »*Europa sieht Deutschland: 50 Jahre europäische Einigung als Friedensprozess*«. Er legte dar, welchen Weg die Staaten und Gesellschaften in Europa seit Ende des Zweiten Weltkriegs mit der europäischen Integration zurückgelegt haben. »Europa lebt in Vielfalt weiter und sucht doch nach dem Nutzen durch Einheit«, so Pöttering. Die bisherige Bilanz sei indessen eindeutig: »Deutschland hat, wie unsere Partner auch, vom Prozess der europäischen Einigung nachhaltig profitiert, ideell und materiell«. Auch im Hinblick auf die Zukunft äußerte sich Pöttering zuversichtlich: »Heute dürfen wir unseren Jugendlichen mit gutem Gewissen sagen, dass sie ihr ganzes künftiges Leben in Europa wahrscheinlich im Frieden erleben werden«. Das wäre eingedenk der zurückliegenden kriegsträchtigen Jahrhunderte zweifellos ein Fortschritt. Für ein positives Ziel europäischer Politik hatte der Parlamentspräsident einen weiteren Vorschlag: »Ich meine, beim Klimaschutz in der Welt liegt eine wunderbare Führungsaufgabe für uns Europäer«, so Pöttering.

Die mit dem globalen Klimawandel verbundenen »Herausforderungen für Erde und Menschheit« – fraglos einem weiteren, absehbar dauerhaften Konfliktfeld – befassten sich die Osnabrücker Friedensgespräche in einer gemeinsam mit der Deutschen Bundesstiftung Umwelt und der Deutschen Stiftung Friedensforschung organisierten Podiumsveranstaltung, bei der der Stifter des Alternativen Nobelpreises *Jakob von Uexküll* in einem engagierten Statement Gründe zur Umkehr bisheriger Entwicklungen und Auswege aus einer katastrophalen Fehlentwicklung aufzeigte. Die »wirtschaftliche Globalisierung«, so der Gründer des *World Future Council*, sei nur der »letzte Versuch, den natürlichen Grenzen des Wachstums zu entkommen, indem man in den ökonomischen und ökologischen Raum anderer Länder hineinwächst«. Die daraus entspringende potentielle Bedrohung des Friedens sei unabweisbar: »Der Klimawandel ist nicht nur ein Umweltrisiko, sondern bedroht unsere Sicherheit, Menschenrechte, Hunger- und Armutsbekämpfung und vieles mehr«, sagte von Uexküll, der bereits seit 30 Jahren »Projekte der Hoffnung« mit dem Alternativen Nobelpreis auszeichnet.

Mit Jakob von Uexküll war *Bianca Jagger* nach Osnabrück gekommen, die in einer sehr persönlich gehaltenen, autobiografisch angelegten Ansprache ihren Werdegang unter dem Eindruck der Diktatur in ihrem Heimatland Nicaragua schilderte. Bianca Jagger beeindruckte als eine Persönlichkeit, die mit Entschiedenheit und Ausdauer in vielen Menschenrechtskampagnen mitgewirkt hat und dem Publikum Mut machen wollte, den Herausforderungen der Zukunft ebenfalls aktiv und mit Zuversicht gegenüberzutreten.[1]

Das Konzert »musica pro pace« bot einmal mehr ein künstlerisches Highlight im Veranstaltungsprogramm der Osnabrücker Friedensgespräche. Mit friedensmusikalischen Chorwerken der französischen Barockkomponisten *Jean-Baptiste Lully* und *Sébastien de Brossard* erklangen höchst selten gespielte Stücke zum Osnabrücker Friedenstag, mit dem an die Wiederkehr des Westfälischen Friedensschlusses erinnert werden sollte.

Henning Buck

1 Eine Video- und Audiozeichnung des Statements von Bianca Jagger ist von der Internetseite der Friedensgespräche abrufbar (http://www.ofg.uos.de/ofg_2007/gespraech_2007_4.htm)

■ Osnabrücker Friedensgespräche 2007

Europa sieht Deutschland: Festvortrag am Tag der Deutschen Einheit mit EU-Parlamentspräsident Hans-Gert Pöttering im Rathaus

Islam in der (Selbst-)Kritik – Chancen für einen zukunftsfähigen Glauben der Muslime in Deutschland und Europa?

Podiumsveranstaltung in der Aula der Universität am 24. April 2007

Seyran Ateş	Rechtsanwältin und Autorin, Berlin
Aydan Özoguz	Mitglied der Hamburgischen Bürgerschaft
Rabeya Müller	Institut für Interreligiöse Pädagogik und Didaktik, Köln
Dr. Daniela De Ridder	Universität Osnabrück, Gesprächsleitung

Daniela De Ridder: Vieles von dem, was aktuell in der bundesdeutschen Politik diskutiert wird, etwa die Notwendigkeit von Online-Durchsuchungen oder der Verwendung biometrischer Daten zur Personenidentifizierung, ist offenbar u.a. darin begründet, dass man in Deutschland vor Männern und Frauen muslimischen Glaubens Angst zu haben scheint. *Ernst Uhrlau*, der Chef des Bundesnachrichtendienstes, wurde kürzlich im *SPIEGEL* wie folgt zitiert: »Deutschland ist Teil eines gemeinsamen Gefahrenraumes in Europa. Der islamistische Terror ist als transnationales Netz ausgelegt. Er kann grundsätzlich überall und jederzeit zuschlagen, auch und gegen Deutschland.« Müssen wir uns also vor islamistischen Übergriffen schützen? Müssen wir deshalb einer entsprechenden Verschärfung der Gesetzgebung zustimmen?

Seyran Ateş ist selbst 1984 und zuletzt 2006 Ziel eines lebensgefährlichen Angriffs eines muslimischen Täters geworden. Sie hat erfahren müssen, was es bedeutet, sich für muslimische Frauen einzusetzen, die durch eine Scheidung ihre Ehe beenden wollen. Frau Ateş erklärte nach dem letzten Übergriff, ihre Arbeit als Rechtsanwältin aufgrund der Gefährdungen nicht länger fortsetzen zu können, und gab ihre Zulassung zurück. Daraufhin gab es zahlreiche positive Reaktionen, insbesondere von Verbänden und einzelnen Frauen, die Ihre Arbeit sehr unterstützt haben.

Sie, Frau Ateş, werden zitiert mit einer brisanten Äußerung: Sie sagten, Sie wollen nicht die »deutsche Ayaan Hirsi Ali sein«. Von ihr wissen wir, dass sie in den Niederlanden Morddrohungen und ganz erheblicher Verfolgung ausgesetzt war. Sie verließ das Land in Richtung USA — sicher kein Modell, das Sie befürworten möchten. Ich darf Sie als Erste um Ihren Beitrag bitten.

Seyran Ateş: Bei dem, wofür ich mich einsetze, geht es mir nicht um Polarisierung, sondern darum, Brücken zu bauen. Ich arbeite zurzeit nicht als Rechtsanwältin, habe aber meine Zulassung erneut beantragt, obwohl meine Arbeit als Anwältin wirklich lebensgefährlich geworden ist. Ich bin seinerzeit nicht Ziel ›islamischer Gewalt‹ geworden, sondern Ziel eines sehr extremistischen islamischen Attentäters. Das möchte ich unterscheiden, denn es ist nicht so, dass ich einen Kampf gegen den Islam führe. Das ist überhaupt nicht mein Interesse. Ich bin Feministin, ich bin Frauenrechtlerin, ich bin Menschenrechtlerin und habe deshalb einen ganz besonderen Blick auf die Situation von Frauen in der Gesellschaft, aber auch in der Religion. Als Anwältin habe ich immer einen Blick darauf, wo einer Frau das Recht genommen wird oder das Recht zugesprochen wird, sofern sie nicht in der Lage ist, es sich selbst zu nehmen. Dabei bin ich durchaus auch ›Religionskritikerin‹, denn ich finde es richtig, Religion zu kritisieren. Religionskritik existiert, seit es Religionen gibt. Warum sollten wir da plötzlich in der Gegenwart Religion nicht mehr kritisieren dürfen? Ich kritisiere durchaus alle Religionen, wenn sie – gerade im Hinblick auf die Menschenrechte und Frauenrechte – unserem Grundgesetz, dem ich mich als Juristin sehr verbunden fühle, widersprechen. Daher wäre es falsch, in meiner Person nur die Islamkritikerin zu sehen. Ich kritisiere eher patriarchalische Strukturen, die in Religion ihren Ausdruck finden können. Ich würde es befürworten, innerhalb des Islam – innerhalb der islamischen Gemeinde oder der muslimischen Lebenswelt, welchen Begriff auch immer man verwenden möchte – gemeinsam Lösungen zu finden. Man kann im Grunde nicht von ›dem Islam‹ sprechen, von ›der islamischen Gemeinde‹; der Islam ist ja nicht Kennzeichen einer homogenen Gruppe. Dementsprechend schwer ist es, in Deutschland, europaweit oder weltweit *einen* Sprecher, einen Ansprechpartner, zu finden, wenn es um die Kritik am Islam oder um Selbstkritik im Islam geht. Ich kritisiere vor allem den extremistisch ausgelegten Islam, so wie ich es auch in allen anderen Religionen kritisiere, wenn Menschen extremistisch werden und sich das Recht herausnehmen, über das Leben oder Nichtleben anderer Menschen zu entscheiden.

Kritik und Selbstkritik sind schwierige Dinge, die jeder Einzelne für sich lernen muss. Dabei gibt es durchaus kulturelle Unterschiede. Wenn wir hier Differenzen aufzeigen, so heißt das nicht, die Menschen aus der islamischen Welt könnten überhaupt nicht selbstkritisch sein oder sie könnten keine Kritik ertragen. Ich selbst gehöre zu den säkularen Muslimen, die durchaus Kritik ertragen. Ich habe in Deutschland gelernt, mit Kritik umzugehen. Ich kam 1969 im Alter von 6 Jahren nach Berlin, bin dort groß geworden, wurde von der deutschen Frauenbewegung und der deutschen Friedensbewegung politisiert. Die Deutschen sind also für meinen politischen Werdegang verantwortlich und auch dafür, dass ich mich als Frauenrechtlerin jetzt besonders um die Interessen muslimischer Frauen kümmere. Ich habe mich als Studentin an vielen Demonstrationen beteiligt, war als AKW-Gegnerin in Gorleben und habe Demokratie und Meinungsfreiheit von ihrer besten Seite erleben dürfen. Dies alles bringt mich dazu, den Islam, die islamische Kultur, die türkischen, kurdischen Migrantinnen und Migranten, zu ermuntern, selbstkritisch mit sich umzugehen, Kritik zu ertragen und darüber zu diskutieren.

Seyran Ateş

In vielen, oft polarisierenden Diskussionen werde ich gefragt: Warum kritisiert ihr immer nur den Islam? Was ist denn mit dem Christentum, mit dem Judentum? – Sicherlich gab und gibt es auch in diesen Religionen sehr vieles zu kritisieren. Gerade als Frauenrechtlerinnen wissen wir das sehr wohl; wir wissen, dass 1976 das erste autonome Frauenhaus in Berlin für *deutsche* Frauen eingerichtet wurde, nicht für muslimische Frauen. Wir wissen, dass häusliche Gewalt in deutschen Familien und weltweit überall existiert, nicht nur im Islam. Und wir wissen, dass 1977 in Salzgitter auch das zweite Frauenhaus, das kürzlich sein 30-jähriges Bestehen feierte, nicht für muslimische Frauen eingerichtet wurde. Dass heute zunehmend auch muslimische Frauen diese Frauenhäuser in Anspruch nehmen, hat viel mit der zeitverschobenen Entwicklung innerhalb der *community* zu tun. Den Blick für diese zeitverschobene Entwicklung zu schärfen, darum geht es mir: Schaut, das machen jetzt diese Menschen genauso durch, wie wir zuvor. Wir könnten sie doch darin begleiten! Das ist das, was ich mir wünsche. Deutsche haben mich auf meinem Weg begleitet, als politischer Mensch, als Demokratin in diesem Land erwachsen zu werden, und diese Chance wünsche ich mir auch für viele andere Menschen gerade aus der muslimischen Welt.

Mit dem Titel einer Ballade des Dichters *Johann Wilhelm Ludwig Gleim* möchte ich an eine Situation erinnern, die zu seinen Lebzeiten im 18. Jahrhundert herrschte. Er lautet:

> »*Traurige und betrübte Folgen der schändlichen Eifersucht, wie auch Heilsamer Unterricht, dass Eltern, die ihre Kinder lieben, sie zu keiner Heyrath zwingen, sondern ihnen ihren freyen Willen lassen sollen; enthalten in der Geschichte Herrn Isaac Veltens*, – Sie merken, es geht um Zwangsheirat –, *der sich am 11. Aprill 1756 zu Berlin eigenhändig umgebracht, nachdem er seine treue Ehegattin Marianne und derselben unschuldigen Liebhaber jämmerlich ermordet.*

Seit der Aufklärung wurde sehr viel Religionskritik geübt, und vieles hat sich enorm weiterentwickelt. Heute kann Deutschland auf sein demokratisches Miteinander durchaus stolz sein. Wenn wir aktuell über Zwangsheirat sprechen und den Blick auf den Islam bzw. auf viele Menschen richten, die aus der islamischen Welt kommen – aber nicht nur von dort –, dann heißt das nicht, dass wir ausblenden oder verleugnen, dass es in anderen Religionen und Kulturen ähnliche Probleme gab und gibt.

Daniela De Ridder: Frau Ateş wird u.a. mit den Worten zitiert, ›Multikulti‹ bedeute die »organisierte Verantwortungslosigkeit«. Sie, Frau Özoguz, sind studierte Anglistin und Personalwirtschaftlerin und befassen sich seit sechs Jahren als Abgeordnete in der Hamburger Bürgerschaft mit Themen wie Soziales, Inneres, Jugend, Migration und Zuwanderung. Sie widmen sich beruflich der Frage der Bildung und sehen das vielleicht anders. Sie sagten einmal, dass Sie es für die Nachkommen der Migranten fast beleidigend fänden, wenn immer wieder die Forderung der Integration erhoben wird. Die Angehörigen der nachfolgenden Generationen der Migranten sind oft in Deutschland geboren, haben nicht selten interessante berufliche Wege erfolgreich beschritten. Wie stehen Sie zu ›Multikulti‹ und was müsste auf der politischen Ebene getan werden, damit insbesondere Frauen nicht in der Weise zu Opfern werden, wie es Frau Ateş geschildert hat?

Aydan Özoguz: Fraglos ist Bildung *der* Dreh- und Angelpunkt für die Integration. Für Migranten ist es wirklich sehr schwer, sich in politischen Parteien einzubringen und durchzusetzen. Als ich selbst in die Politik ging, gehörte ich zunächst keiner Partei an und war als Migrantin mit dem konfrontiert, was diese Gesellschaft in den letzten 40, 50 Jahre entwickelt hat. Dieses Land hat sich in zwei Lebenslügen eingerichtet. Die eine lautete: Deutschland ist *kein* Einwanderungsland. Das war bereits unzutreffend für meine Generation, denn die Einwanderung hatte ja *de facto* stattgefunden. Die zweite Lebenslüge hieß »Multikulti«, und mit diesem Begriff verband sich die Annahme, Integration vollziehe sich schon irgendwie ganz von allein, und ebenso wird sich alles möglicherweise Problematische von selbst regeln. Bei näherem Hinsehen zeigt sich die Unhaltbarkeit der einen wie der anderen Position. Zweifellos *ist* Deutschland ein Zuwanderungsland. Schließlich wurde in den 1960er und 1970er Jahren regelrecht für die Einwanderung geworben, wenn auch nicht unter diesem Namen. Man nahm an, die angeworbenen Arbeitskräfte würden irgendwann wieder in ihre Heimat zurückkehren. Auch die Menschen, die nach Deutschland kamen, dachten, sie würden irgendwann wieder gehen. Aber die Dinge entwickelten sich im Laufe der Jahre anders. Viele Faktoren spielten dabei eine Rolle, auch manche deutsche Arbeitgeber, die es für keine gute Idee hielten, ihre Mitarbeiter nach fünf Jahren wieder zu verabschieden. Warum sollte man die gut eingearbeiteten und angelernten Arbeitnehmer zurückschicken? Spätestens zu diesem Zeitpunkt hätte man realisieren müssen, dass die Einwanderer im Land bleiben. Und man hätte sich fragen müssen, was sie an Kultur ins Land mitgebracht hatten.

In unserer Diskussion geht es nun speziell um den Islam. In einer einschlägigen *Bundestagsdrucksache* werden allein 25 Länder aufgeführt, aus denen die aktuell in Deutschland lebenden Muslime stammen. Man wird daher kaum von *einer* Kultur dieser Migranten sprechen können. Fast alle Menschen haben auch verschiedene politische Erfahrungen mitgebracht, die bei ihnen verwurzelt und sehr häufig eng mit ihrer Religion verbunden sind. Es ist nicht immer leicht, zu unterscheiden, was Religion und was Kultur ist, beides gehört eng zusammen.

Und sogar bei Menschen, die aus dem gleichen Land kommen – z.B. aus dem Iran – gibt es eine große Heterogenität, denn diese Menschen haben gegenüber der Religion ganz unterschiedliche Ansichten, was bekanntlich in Deutschland nicht weniger der Fall ist. Die Menschen, die in den 1960er und 1970er Jahren aus dem Iran kamen, bauten in Hamburg eine riesige Moschee. Es waren wohlhabende Kaufleute, die diese Moschee gründeten, die die späteren Entwicklungen im Iran unter *Chomeini* durchaus kritisch sahen und auch nicht die besten Freunde derer sind, die heute als Flüchtlinge aus dem Iran kommen. Ähnlich ist es mit Menschen aus der Türkei. Auch dort findet man Einstellungen, die manchmal fundamental *gegen* eine Religion stehen, manchmal aber fundamentalistisch *für* und vor allem im Rahmen der Religion zu verorten sind.

Die entsprechenden Organisationen entwickelten sich weiter, und manche sind sehr erfolgreich darin, die zweite Generation an sich zu binden, einfach mit ihnen zu sprechen oder sie gar zu begeistern. Tatsache ist, dass die meisten Menschen, die einen islamischen Hintergrund haben, in keiner Organisation Mitglied sind, denn das sieht die islamische Lehre als solche auch gar nicht vor. Wenn jemand irgendwo Mitglied wird, dann weil er oder sie politisch etwas bewegen möchte. Das muss nicht gleich Fundamentalismus oder Extremismus bedeuten. Es gibt auch Menschen, die sagen: Ich lebe in einer Gesellschaft, in der Werte immer bedeutungsloser werden – das ist doch uns allen nicht fremd –, und die dann sagen: Das ist jetzt *mein* Weg, ich möchte ein frommes Leben führen. Im Verlauf der aktuellen Debatten um die Frage, wie wir mit den Extremisten umgehen, werden Menschen, die sagen: Ich möchte ein religiöses Leben führen, ich möchte ein friedlicher Mensch sein, aber *mit* meiner Religion, immer weniger wahrgenommen. Das ist problematisch, denn wir brauchen ja das Gespräch mit allen. Wir brauchen gerade diejenigen, die gute Vorbilder sind und sagen: Wir gehen dagegen vor, wenn ein Vater sein Kind zwangsweise verheiraten möchte. Da bringt es doch häufig viel, wenn es einen Imam an der Moschee gibt, der aufpasst, dass das *nicht* passiert, und gegebenenfalls mit den Eltern spricht. Das hat nach meiner Erfahrung häufig viel mehr Einfluss, als wenn in der deutschen Presse die Zwangsheirat kritisiert wird. Deswegen brauchen wir diese Akteure, und wir müssen da ein wenig zusammenarbeiten.

Die PISA-Untersuchungen haben sehr deutlich gemacht, dass Kinder von Migranten bei gleicher Begabung in Deutschland schlechtere Chancen haben als Kinder aus deutschen Haushalten. Für die Kinder, die oft schon mit zehn Jahren in die Sonderschule oder Hauptschule geschickt werden und dann gesagt bekommen, dass sie eigentlich die Verlierer in dieser Gesellschaft sind, bieten sich damit keine Perspektiven. Solche Bildungsverlierer sind häufig gerade männliche Jugendliche. Junge Frauen schaffen es weit eher, bessere Abschlüsse zu erzielen. Untersucht man aber einmal, welche Männer sich junge Ehefrauen aus dem Heimatland ihrer Familie holen, so erfährt man – diese Erfahrung habe ich in Hamburg gemacht –, dass es häufig die jungen Männer ohne Schulabschluss sind, die den leichten Weg in die alte Heimat gehen, sich im Dorf unter den Mädchen umschauen und dabei den Eindruck erwecken, sie hätten in Deutschland ein gutes Leben anzubieten.

Geht es bei der Frage nach dem Islam tatsächlich um die Religion des Einzelnen? In die Reihe der Politiker, die strengere Gesetze durchsetzen wollen, gehört auch *Otto Schily*. Der hatte seine Gesetzesentwürfe längst fertig und war damit gescheitert. Nach dem 11. September war es dann kein Problem, diese Gesetzesvorhaben durchzubringen. Wir orientieren uns immer stark an den USA – ich schließe mich da ein – und finden manches dort extrem. Aber wenn es dort heißt, die Schutzmaßnahmen müssten verschärft werden, dann frage ich mich, wogegen sich diese Maßnahmen richten. Wovor schützen wir uns da? Lässt sich das benennen? Auch unsere Sicherheitsorgane waren sehr hilflos, wussten nicht genau, was zu tun sei. So erhielten manche Islamwissenschaftler nach dem 11. September Anstellungen in Sicherheitsbehörden Das sind richtige Schritte, um bestimmen zu können, womit man sich näher beschäftigen müsste, nämlich weniger mit der Religion als vielmehr mit dem Fanatismus. Wir müssen dahin kommen, nicht die Freiheit sehr grundsätzlich einzuschränken aus einer bloß diffusen Angst heraus. Ich kämpfe dafür, dass insbesondere muslimische Frauen das Recht haben, so zu leben, wie sie wollen; dass sie das Recht haben, zu heiraten, wen sie wollen; dass sie das Recht haben, ein Kopftuch zu tragen, und dass sie das Recht haben, dieses *nicht* zu tragen. Interessanterweise betreffen derartige Verbote grundsätzlich immer die Frauen. Ich möchte auch da für mehr Nachdenklichkeit werben und dafür, näher hinzuschauen, wer die Betrof-

Aydan Özoguz

fenen sind, und ob wir immer mit allem, was wir da machen, wirklich sicherer leben.

Daniela De Ridder: Frau Müller, ist der Blick auf den Islam und damit auf Muslime und Muslimas von anderen Überlegungen verstellt? Haben wir ein falsches Bild von den Menschen, die dem Islam nahestehen? Sind es tatsächlich die Frauen, die besonders leiden? Und wie stehen Sie zu der These von der Radikalisierung des Islam?

Rabeya Müller: Ob die Konflikte grundsätzlich auf dem Rücken der Frauen ausgetragen werden, vermag ich nicht zu sagen. Ich würde dies einer patriarchalischen Strömung zuordnen, die es auf islamischer Seite ebenso gibt wie auf nichtmuslimischer Seite. Dieses Patriarchat wird leider oft auch von Frauen selbst vertreten. Diese Fronten verlaufen quer durch die Religionen. Ein Beispiel: Als ich einem protestantischen Theologieprofessor von meiner Arbeit im Frauenzentrum und der Annäherung der muslimischen Frauen an die feministische Theologie erzählte, war seine lakonische Antwort: »Jetzt fangen die auch noch damit an.«

Zu unserem Thema möchte ich zunächst zwei grundlegende Fragen behandeln: Was tun Religionen – und hier der Islam – eigentlich dafür, eine Kultur der gegenseitigen bzw. wechselseitigen Anerkennung zu stiften? Welche kreative Kraft haben sie, um ein friedliches Zusammenleben von Menschen unterschiedlicher Kultur und Herkunft zu ermöglichen?

Entsprechend unserer Verfassung gilt auch für Musliminnen und Muslime zunächst, dass ihre Religion Privatsache ist. Aber wie wir schon gehört haben, organisiert sich Religion in Gemeinschaften, und damit wird sie Bestandteil des öffentlichen und des politischen Lebens. Es ist insofern von ganz besonderer Relevanz, Religion nicht für Konfliktfragen zu benutzen, die ganz andere Hintergründe haben. Häufig scheint es, als ob z.B. die ›Kopftuchfrage‹ ein Stellvertreterkampf ist, der – im wahrsten Sinne des Wortes – auf dem Kopf muslimischer Frauen ausgetragen wird. Die muslimischen Gemeinschaften tun wenig dafür, diesen Druck auf die Frauen zu mindern. Stattdessen üben sie selbst noch einen gewissen Druck aus, indem so getan wird, als sei eine Muslima mit Kopftuch die bessere Gläubige. Ich schließe mich daher vorbehaltlos der Forderung an, dass Frauen sich frei entscheiden können müssen, ob sie es tragen wollen oder nicht. Vor allem aber würde ich Männern das Recht absprechen, sich dazu überhaupt zu äußern, denn sie tragen es ja schließlich nicht.

Friedens- und Kritikfähigkeit bedingen meines Erachtens einander. Frieden ohne Kritik ist für mich wie ein Stillhalteabkommen, das eine Zeitbombe darstellt, die irgendwann explodieren kann. Kritikfähigkeit und damit Friedensfähigkeit müssen von innen her entwickelt werden. Kritikfähigkeit beinhaltet aber nicht nur, Kritik zuzulassen, also sie sich anzuhören, sondern Kritik auch in adäquater Form zu üben. Das gilt übrigens auch für die jeweils andere Seite. Wichtig ist – jetzt komme ich zur muslimischen Seite –, dass nicht immer oberflächlich darauf hingewiesen wird: »Islam heißt Frieden«, und dann so getan wird, als seien Musliminnen und Muslime schon *per se* wesentlich friedensfähiger und damit kritikfähiger.

Ich möchte drei Stufen der Friedens- und damit auch der Kritikfähigkeit unterscheiden, die in den Reihen der muslimischen Gemeinschaften dringender Förderung bedürfen.

Zum einen: das *Friedenmachen mit sich selbst.* Damit ist ein selbstkritisches Abklären der Frage gemeint, wie trag*fähig* die eigene Glaubensvorstellung für einen selbst ist und wie trag*bar* für andere. Es geht um das Vermögen, die eigene Deutung islamischer Inhalte immer wieder in Frage zu stellen. Ich spreche hier nicht vom koranischen Text, sondern von der eigenen Deutung. Jede Übersetzung ist zugleich eine Deutung. Zur Deutung gehört auch, Instrumentarien für Ausnahmemöglichkeiten zu kennen und anwenden zu können, etwa zu dem koranischen Glaubensgrundsatz »Es gibt keinen Zwang in der Religion«. Oft vergessen Musliminnen und Muslime, dass das auch für die eigene Binnengesellschaft gilt und sich nicht nur auf Angehörige anderer Glaubensgemeinschaften bezieht. Wichtig ist auch zu wissen, dass der Koran von sich sagt, dass er nicht herabgesandt worden ist, um es den Menschen schwer zu machen, sondern um ihnen das Leben zu erleichtern. Darum sollten wir auch im Umgang miteinander lernen und kritikfähiger werden, statt es anderen schwer zu machen.

Die zweite Ebene ist das *Friedenmachen mit der eigenen muslimischen Gemeinschaft.* Es gilt, erst einmal innerislamische Kritik zuzulassen und Andersdenkenden nicht das Muslimsein abzusprechen. Zu häufig wird immer das unschöne Wort *kafir*, Ungläubiger, benutzt, obwohl der Koran lehrt, niemanden, der einem freundlich begegnet, so zu nennen. Dieses *Friedenmachen* heißt aber auch, Unrecht als solches zu benennen und zu bekämpfen, denn, so sagt der Koran: »Es gibt kein Zusammenhalten im Falschen.«

Schließlich bedarf es des *Friedenmachens in der nichtmuslimischen Gemeinschaft.* Das bedeutet die Anerkenntnis des Anderen auf der Ebene der Geschöpflichkeit, die Gleichstellung aller Menschen vor Gott und dem Gesetz, ferner, die Kritik des Anderen ernst zu nehmen und auch zu lernen, Kritik gezielt auf Missstände zu lenken und nicht zu pauschalisieren. Das halte ich für sehr wichtig, weil es auch bedeutet, den fortgesetzten Chauvinismus, den ich besonders als Frau in bestimmten islamischen Gruppierungen sehe, zu unterlassen. Chauvinismus macht sich in vielen Gruppierungen breit, und meist werden dagegen nur Lippenbekenntnisse abgegeben. Die Gemeinschaften müssten sich verpflichtet sehen, dass das, was sie sagen, in ihrer Gemeinschaft umgesetzt wird. Auch dazu fordert ein koranisches Wort auf: »Warum tut ihr nicht, was ihr sagt?«

Diese Kriterien sind auch für die nichtmuslimische Gesellschaft anspruchsvolle Anforderungen. Fordert man von Muslimen und Musliminnen, kritikfähig und damit friedensfähig zu sein, dann muss man bereit sein, solche Gruppierungen anzuerkennen, die friedens- und kritikfähig sind. Ich denke dabei nicht an so genannte ›Islamkritiker‹ oder selbsternannte ›Expertinnen‹ oder ›Experten‹, die auf einer populistischen Welle schwimmen und die Ursache allen Übels immer im Islam selbst oder im Koran sehen. Ebenso wenig denke ich an die etablierten Gruppierungen, die glauben, sich in einer entsprechenden Art äußern zu sollen in der Öffentlichkeit, und in die eigene Gesellschaft hinein nichts davon umsetzen. Es ist wichtig, dass die nichtmuslimische Gesellschaft diese Gruppierungen differenzieren kann und damit auch diejenigen fördert, die tatsächlich für Kritikfähigkeit und für Friedensfähigkeit stehen. Es erfordert ungeheuren Mut – und ich weiß, wovon ich spreche –, innerislamisch-theologisch die Deutungshoheit nicht allein den Männern zu überlassen. Das heißt, auch eigene Interpretationen anzustreben und zu versuchen, diese koranischen Deutungen in der Praxis umzusetzen und dem Extremismus damit theologisch den Boden zu entziehen.

Ein Beispiel: In dem Frauenzentrum, in dem ich mitarbeite, haben wir eine gemeinschaftliche Initiative gegen Zwangsverheiratung begonnen. Dabei haben wir nicht nur von der rechtlich-demokratischen Seite aus zu erklären versucht, dass Zwangsverheiratung ein Verbrechen ist, sondern dies auch theologisch zu begründen. Wir wollten damit denjenigen, die meinen, an dieser Praxis festhalten zu können, zu verstehen geben, dass sie sich zu Unrecht für gute Muslime halten. Vor solcher Kritik wird der Mann, aber auch die Frau, von allen Seiten abgeschirmt. Manche fürchten um den Erhalt der Machtposition, ihre traditionelle Lebensart und Vorstellungen durchsetzen zu können. Andere machen sich nach außen hin liberale Vorstellungen zu eigen, während sie in der Binnengesellschaft weiter traditionelle Positionen vertreten. In beiden Fällen würden eigene Positionen gefährdet, wenn der Kritik nachgegeben würde. Für beide Seiten gilt: Der Profilgewinn darf nicht auf *Kosten* anderer gehen, sondern er sollte in *Gegenwart* der anderen geschehen. Identitätsbildung sollte mit Offenheit, d.h. auch mit einer Offenheit zur Selbstkritik, gepaart sein, und diese Selbstkritik müssen beide Seiten aufbauen.

Wir müssen uns Selbstkritik aber auch gegenseitig erlauben. Auch Muslime und Musliminnen haben Angst vor Terroranschlägen. Wir sitzen im gleichen Boot. Wenn wir in der Lage wären, ein Motto zu entwickeln wie »keine Kritik ohne Selbstkritik«, und dies für alle Seiten gelten ließen, dann hätte Religion in der richtigen Bahn durchaus eine Zukunft, und sie kann sich gerade unter dem Dach eines demokratischen, säkularen Staates so entwickeln, dass sie zu einer Bereicherung auch für die Anhänger und Anhängerinnen der jeweiligen Religionen werden kann.

Daniela De Ridder: Wem nützt denn das Feindbild Islam? Wer profitiert davon?

Rabeya Müller: Zunächst die Leute, die davon leben, die ihre Arbeitsplätze sichern, weil sie sagen, sie müssen auf die Muslime aufpassen. Aber es ist auch ein Riesenaufmacher für die Medien. In Köln, wo ich lebe, trifft man auf sehr viele positive Beispiele einer Zusammenarbeit von Muslimen und Nichtmuslimen. Den größten Bekanntheitsgrad erlangte aber der so genannte ›Kalif von Köln‹, der die kleinste Gruppe anführte.

Das Feindbild Islam nützt auch bestimmten politischen Richtungen bei der Durchsetzung einschlägiger ›Sicherheitspakete‹. Wir sollten aufpassen, dass Bürgerinnen und Bürger, die in Deutschland nach Ende des Zweiten Weltkriegs lange um ihre Existenz gekämpft haben, uns nicht abhanden kommen, nur weil wir glauben, Sicherheit gewährleisten zu können, wenn wir sie loswerden. Eine völlige Sicherheit wird es nicht geben. Mehr Sicherheit ist zu gewinnen, wenn die innerislamischen liberalen Strömungen gefördert werden, die eine Generation heranwachsen lassen, die in der Lage ist, selbst dem Extremismus standzuhalten.

Daniela De Ridder: Frau Ateş, wie viel Frieden kann man mit sich selber machen, wenn man solchen Gefahren ausgesetzt ist wie Sie beim Einsatz insbesondere für Frauen? Anders gefragt: Findet die Radikalisierung vielleicht in der religiösen Enklave des Glaubens statt? Hat dies damit zu tun, dass vor allem die überwiegend männlichen Bildungsverlierer zur Radikalisierung neigen?

Seyran Ateş: Die letztere Annahme trifft nicht zu. Wir wissen, dass Extremismus nicht ein Ergebnis von Bildungsferne bzw. sozialer Armut ist. Im Gegenteil: Menschen, die zu Extremismus neigen, verfügen durchaus über einen hohen Grad an formaler Bildung, und sie agieren häufig auch in akademischen Arbeitsbereichen. Das politische Konzept der Extremisten besteht auch darin, Gesellschaften zu unterwandern und bestimmte Strukturen von innen her auszuhöhlen. Dies ist ebenfalls die Strategie religiös-fanatischer Gruppierungen, u.a. von islamistischen Gruppen, die sich in Deutschland radikalisieren. Die Angst der Menschen vor Radikalismus und auch Terrorismus aus islamistischer Richtung ist keineswegs abwegig. Es wäre naiv, so zu tun, als ob hier keine Gefahr existierte. Islam und

Terrorismus sind zwar nicht identisch, dass sich aber eine gewisse Angst in der Gesellschaft verbreitet, ist nachvollziehbar. Die Menschen erleben es im Alltag, dass die Zahl der Kopftuchtragenden zunimmt, auch den Tschador sieht man häufiger, die Frauen werden verhüllt. Sind das nun Kennzeichen für einen Weg in Richtung Extremismus oder nicht? Wer die Innenseite der religiös-fanatischen Gruppierungen nicht kennt, bekommt es mit der Angst zu tun. Ich unterstütze, was Rabeya Müller sagte: Gerade wenn Männer sich für das Kopftuch starkmachen, ist das ein Grund zur Skepsis hinsichtlich der Vorstellungen dieser Männer in Bezug auf Frauen. Letztendlich ist es der Islam der Männer, der uns Frauen hier aufgedrückt werden soll.

Bildung ist zweifellos ein sehr wichtiger Aspekt der Integration, aber dem Extremismus können wir nicht nur mit Bildungsangeboten begegnen. Nein, wir müssen Strukturen bekämpfen, die Extremismus begünstigen und begründen. Dabei ist die Kritik- oder Selbstkritikfähigkeit der Verbände für mich ein sehr wichtiger Aspekt. Manche Verbände besitzen z.B. die Arroganz, öffentlich kundzutun, Frauen wie ich seien keine Muslime, und zu kritisieren, dass ich bei der Islamkonferenz als Teilnehmerin eingeladen war, denn ich sei doch Frauenrechtlerin und hätte mich vom Islam verabschiedet, sei also keine Muslimin. Scheinbar ist schon innerislamisch nicht die Fähigkeit vorhanden, Frieden mit den anderen Muslimen zu schließen. Ich kann sehr wohl Frieden schließen mit anderen muslimischen Menschen, die den Islam anders auslegen, aber sehr viele können mit mir keinen Frieden schließen, weil ich sie wegen ihres Extremismus kritisiere, so wie ich alle anderen Religionen für ihren Extremismus und Frauen unterdrückende Strukturen kritisiere und gegen das Patriarchale in den Religionen Stellung beziehe. Mit gewissen Herren habe ich da meine Probleme, weil *sie* bestimmen wollen, was der Islam ist. Es ist aber durchaus unislamisch, darüber entscheiden zu wollen, wer Muslim ist und wer nicht. Gerade das ist die Spezialität im Islam, dass es um ein ganz privates, intimes Verhältnis zwischen der einzelnen Person und Allah geht. Wenn dies aber das Hauptprinzip des Islam ist, dann können diese Verbände erst recht nicht für mich sprechen. Sie stehen nur für maximal 15% der Muslime, keineswegs also für deren Mehrheit.

Wie friedlich diese Mehrheit der Muslime tatsächlich ist, das ist der nächste Punkt, über den diskutiert werden muss. Aus meiner alltäglichen Arbeit kann ich einen großen Unterschied erkennen, wie die Religionen, wie besonders der Islam im Alltag auf die Gläubigen Einfluss zu nehmen versucht. Bei den sehr frommen Muslimen soll ja jeder Handgriff, jedes Aufstehen und Hinsetzen, jede Bewegung und jede Handlung des Menschen bis ins Bett hinein geregelt werden. Christentum und Judentum haben dagegen heute nicht mehr diesen starken Einfluss, und hier besteht ein großer Unterschied, meine ich.

Daniela De Ridder: Frau Müller und Frau Özoguz haben betont: Es kann ja durchaus sinnvoll, sinnstiftend sein, ein Regelwerk zu haben, einen Rahmen, in dem man sich bewegen kann.

Seyran Ateş: Der Islam ist nicht so beschaffen, dass er ein Regelwerk für alle Muslime bieten könnte. Gerade im Islam sind viele unterschiedliche Auslegungen möglich. Ein verbindliches Regelwerk lässt sich daraus nicht ableiten. Wir müssen allerdings darauf bestehen, dass der *Chauvinismus* aufhört, ein gewisser Kultur- und Religionschauvinismus, den bestimmte Verbände auch in der Öffentlichkeit zeigen. Wenn diese Herren sich nicht öffentlich zu den wirklich wichtigen Themen wie der Frage der Gleichberechtigung der Frau – nicht nur vor Allah, vor Gott, sondern auch in der Gesellschaft – oder der Frage der Homosexualität kritisch und selbstkritisch äußern, wenn sie sich nicht auch kritisch in ihrer Religionsgemeinschaft zu Fragen der negativen Religionsfreiheit äußern, zur Teilnahme muslimischer Kinder am Schwimm- und Sportunterricht, an Klassenfahrten etc., und auch zu dem in der muslimischen Gemeinschaft bestehenden Antisemitismus, der eine Konsequenz des Rassismus ist, der in dieser Gemeinschaft anzutreffen ist, dann haben wir nicht die Möglichkeit, die Mehrheit der hier lebenden nichtmuslimischen Menschen davon zu überzeugen, dass auch der Islam demokratiefähig ist. Mein Ziel ist es, dass der Islam demokratiefähig wird. Ich bin für Religionsfreiheit. Meine Mutter ist nach Mekka gepilgert, sie trägt ein Kopftuch. Ich habe großen Respekt vor Religion, aber vor friedlicher Religion. Dieses Verständnis ist innerhalb der islamischen Gemeinschaft noch zu wenig verbreitet, so wie die Fähigkeit und vor allem die Bereitschaft zu Kritik, zur Selbstkritik, noch zu wenig verbreitet ist.

Rabeya Müller: Diese Forderung an sich ist m.E. unstrittig, eher schon unterscheiden sich unsere Einschätzungen der Situation. Die muslimischen Verbände haben mittlerweile sehr wohl Verlautbarungen und Positionspapiere veröffentlicht, und sie äußern sich in der Öffentlichkeit. Ein Problem ist, dass wir von der Funktionärsebene überwiegend hehre Worte zu hören bekommen. Deswegen bin ich skeptisch, was die Forderung angeht, »diese Herren« sollen sich zu den angesprochen Themen äußern. Das werden sie tun; sie schreiben auch wunderbare Papiere dazu. Bis diese hehren Worte aber zur Basis durchgedrungen sind und bis sie umgesetzt werden, wird viel Zeit vergangen sein. Aus diesem Grund ist es wichtig, einen adäquaten islamischen *Religionsunterricht* zu haben, Kinder heranzuziehen, die sich eigenständig weiterbilden können. Dazu würden wir selbstverständlich Lehrkräfte brauchen, die dazu in der Lage sind. Darauf richte ich meine Hoffnung, denn dann könnten muslimische Schüler erkennen: Unsere Religion ist in der Schule angekommen. Wir sind also in der Gesellschaft gleichberechtigt. Und jetzt geht es darum, einen lebbaren Islam zu praktizieren, der nicht unbedingt derjenige Islam ist, den die Großeltern praktiziert haben.

Daniela De Ridder: Frau Özoguz, haben die Muslime in ihrer Mehrheit eine ganz andere Sicht ihres Glaubens – auch des Platzes, den er in der Gesellschaft einnimmt –, als die Funktionäre möglicherweise predigen?

Aydan Özoguz: Wie bereits gesagt wurde, repräsentieren die Verbandsvertreter nicht die Masse der Muslime. Aber der muslimische ›Mann auf der Straße‹ ist eben auch schwer zu erreichen. Auf diesen Umstand berufen sich im Übrigen auch die Funktionäre, die nun sagen: Ja, wären die bei uns in der Moschee, dann hätten wir die Probleme nicht.

Probleme bereiten häufig solche Jugendliche oder junge Männer, die nirgendwo mehr hingehen, die keine Anbindung haben, sondern isoliert leben. Es gibt Ursachen dafür, warum Leute aus diesem Kreis überproportional häufig in den Strafanstalten landen. Für diese Ursachen muss die Gesellschaft politisch ein Stück weit Verantwortung übernehmen, denn wir wissen, dass man vieles anders und besser machen kann. Es gilt also, genau hinzuschauen und bestehende Unterschiede zu berücksichtigen.

Rabeya Müller: Ein Stück Selbstverantwortung sollten auch Musliminnen und Muslime für sich in Anspruch nehmen dürfen. Wenn muslimische Frauen sagen: Für mich ist das Kopftuch ein Symbol meiner Religion, es ist für mich *kein* politisches Symbol, dann hat, wie ich meine, diese muslimische Frau das Recht, das nach ihrem Selbstverständnis zu glauben, und wir sollten ihr dies nicht absprechen und andere Gründe unterstellen.

Publikum: Frau Müller, warum tragen Sie persönlich ein Kopftuch? Was bedeutet es Ihnen?

Rabeya Müller: Ich trage das Kopftuch, weil ich mir nicht verbieten lasse, es zu tragen. Und ich trage es so, wie ich es trage, weil ich mir auch nicht vorschreiben lasse, *wie* ich es zu tragen habe. Ich hoffe, die Antwort ist an dieser Stelle ausreichend.

Publikum: Frau Müller, Sie sagten, Sie wollten den Theologen oder den Fundamentalisten theologisch das Fundament entziehen. Treffen Sie als

Institutsleiterin in islamisch geprägten Ländern auf Kolleginnen, die auf ähnlichem Posten kämpfen wie Sie?

Rabeya Müller

Rabeya Müller: Es gibt eine weltweite Bewegung muslimischer Frauen, die sich auf der Basis der Theologie und mit dem Koran dafür einsetzt, für Frauen etwas zu erreichen. Diese Bewegung ist in Marokko, in Malaysia und in Indonesien, teilweise auch in Frankreich und in Großbritannien vertreten. Es gibt sie auch in den USA. Wünschenswert ist eine bessere Vernetzung untereinander, denn dann könnten wir viel erreichen. Wir können männlichen Theologen die Stirn bieten und wir können eine starke Bewegung hervorbringen. Das ist für alle Frauenbewegungen – ich denke, das ist keine religionsabhängige Frage – auch häufig eine Frage des Geldes. In Deutschland ist die Unterstützung dafür noch nicht sehr verbreitet. Hier haben die Traditionalisten noch sehr viel Macht, und sie werden – das möchte ich kritisch anmerken – seitens der Administration ständig hofiert. Die Frauenfrage wird auf politischer Ebene viel zu selten gestellt ...

Seyran Ateş: ... ja, und wenn wir dazu eingeladen würden, würden die Traditionalisten kritisieren, dass wir überhaupt gehört werden: »Wie können Sie zu Fragen des Islam Frau Ateş oder Frau *Necla Kelek* anhören?« – Ich mische mich hier ein, denn ich würde das gern ergänzen, was Rabeya Müller gesagt hat: In New York lebt die sehr engagierte Ehefrau eines Imams. Sie ist Muslimin, trägt kein Kopftuch, ist aber sehr gläubig, betet fünfmal am Tag, und sie fastet auch. Als ich sie vor zwei Jahren in New York kennen lernte, fastete sie gerade. Sie ist also im Gegensatz zu mir praktizierende Muslimin. 2006 versammelte sie Musliminnen aus 25 Ländern dieser Erde zu einer Konferenz. Diese Musliminnen laden auch Musliminnen wie mich ein, und wir vernetzen uns. Leider werden Frauen, die sich des Korans annehmen und ihn interpretieren, mancherorts zusammengeschlagen. So geschehen in Norwegen, wo eine Frauenrechtlerin öffentlich aufforderte: Frauen, interpretiert den Koran, nehmt euch dessen an, und die Männer müssen sich auch mit den Frauenfragen beschäftigen. Dafür, nur dafür ist sie zusammengeschlagen worden!

Publikum: Die Europäer und die deutsche Bevölkerung machen den Fehler zu glauben, man könnte gegenüber dem Islamismus eine Appeasement-Politik betreiben. Man hat nicht verstanden, mit wem man es zu tun hat. Diese Islamisten sind eine Riesengefahr für Europa. Sie passen sich an die Gegebenheiten an, schauen genau, wie die Situation in einem Land ist, und geben dann hier vor, demokratisch zu sein. Daraus leiten sie dann Forderungen ab nach mehr Moscheen, Muezzinruf und Kopftuch überall, aber nicht deshalb, weil sie in diesen Punkten unterdrückt wären. Wenn sie ein Kopftuch aufsetzen wollen, sollen sie ein Kopftuch tragen, das verbietet ja keiner.

Publikum: In allen europäischen Ländern und in den Vereinigten Staaten kursiert der Begriff des »Hasspredigers«. Wie wollen wir da auf das Religiöse Bezug nehmen? Deutsche Behörden sagen: »Dazu können wir nicht Stellung nehmen, weil wir zu wenige Leute haben, die Arabisch oder Türkisch sprechen, wir können das nicht beurteilen«. Man ist hilflos. Dass aus diesen Gremien heraus selbst keine Kritik an den Hasspredigern geübt wird, halte ich für bedenklich.

Publikum: Es hieß, Religionskritik, Selbstkritik, ein lebbarer Islam seien anzustreben. Geht es dabei nur um die Gruppe der hier lebenden Muslime? Viele werden nach ein paar Jahren wieder in ihre Herkunftsländer zurückkehren. Muss man nicht die genannten Ziele auch dort verfolgen?

Rabeya Müller: Bei einer Reise in die Türkei, bei der ich eine theologische Fakultät in Ankara besuchte, konnte ich feststellen, dass z.B. dort theologisch ein ganz anderer Wind weht. Man spricht von einer theologischen »Ankaraer Schule«. Meine Frage, warum die dortigen modernen Positionen nicht auch in die türkischen Organisationen in Deutschland übertragen werden, beantwortete einer der Professoren mit dem Hinweis, dass in Deutschland sehr rückständige Kräfte den Ton in den Gemeinden angeben. Die Türkei ist theologisch gesehen ein gutes Stück weiter entwickelt, als es die islamischen Organisationen bei uns sind. Natürlich würde ich mir wünschen, dass bestimmte Prozesse einer Modernisierung sich auch in den Heimatländern der Migranten niederschlagen sollten. Auch von Europa könnte damit eine Bewegung ausgehen, die einen Einfluss auf die so genannte islamische Welt anstreben würde.

Aydan Özoguz: Es ist nicht überraschend, dass es so ist, wie es ist, denn aus der Türkei ist ja nicht das Bildungsbürgertum zu uns gekommen, sondern Menschen, die entweder die Schule gar nicht oder nur kurze Zeit besucht haben. Das war nicht wichtig, denn es zählte nur ihre Arbeitskraft. Die Menschen wurden daraufhin begutachtet, ob sie arbeiten können, ob sie kräftig sind, ob sie gesund sind. Heute wundert man sich, dass von ihren Kindern nur so wenige in die höheren Ränge des deutschen Bildungssystems aufsteigen konnten. Die PISA-Studien haben gezeigt, dass und warum es nicht so einfach ist, solche negativen Vorbedingungen zu überwinden.

Heute wird in der Türkei über die Türken in Deutschland manchmal sehr abfällig gesprochen. Es gibt bei Betrieben und Institutionen in der Türkei den Vorbehalt, diese Türken in Deutschland seien wenig qualifiziert, sie beherrschten die türkische Sprache nicht richtig und hätten auch sonst wenig zu bieten. Führt man sich vor Augen, wie es den Menschen geht, die in die Türkei fahren und ihren Familien von großen Erfolgen hier berichten, die sie nie gehabt haben, und von großen Dingen erzählen, die nicht wahr sind, dann ist das sehr tragisch und traurig. Das ist aber ein Teil unserer Wirklichkeit.

Die Aufgabe, den türkischen Menschen in Deutschland eine religiöse Betreuung anzubieten, übernahmen anfangs die Konsulate der Türkei. Sie wurden gebeten, geeignete Leute zu holen, die die religiöse Betreuung leisten konnten. Diese Leute standen im Rang eines Attaché für Religionsfragen oder Ähnliches. Später entstand dann eine Organisationen wie die DITIB, die eine Auslandsvertretung des Amtes für religiöse Angelegenheiten in der Türkei ist und deren Vertreter heute an der Islamkonferenz von Innenminister *Schäuble* teilnehmen. Das macht es einerseits leicht, denn man darf von ihnen eine wirkungsvolle Kontrolle potentieller extremistischer Bestrebungen erwarten. Andererseits entspricht es nicht dem Prinzip der Religionsfreiheit, wenn diese Organisation einen Alleinvertretungsanspruch für alle Muslime türkischer Herkunft beansprucht und z.B. die Freitagsgebete vorgibt.

Solche Widersprüche müssen überwunden werden. Wie kann das gelingen? Wir brauchen endlich die theologische, die wissenschaftliche Auseinandersetzung mit dem Islam hier in unserem Land. Wir brauchen Menschen, die gebildet und ausgebildet werden, auch in theologischen Fragen bezüglich des Islam. Wir stecken noch in den Kinderschuhen, wenn es um islamische Theologie an deutschen Universitäten geht. Alle sprechen jetzt über die Notwendigkeit eines islamischen Religionsunterrichts. Wir fangen aber gerade erst mit der Ausbildung islamischer Religionslehrer an. Es wird also noch eine Weile dauern, bis dieser Bedarf gedeckt werden kann. Aber das Problem ist endlich erkannt, und wir müssen jetzt ein bisschen beschleunigen, um weiterzukommen.

Seyran Ateş: Es gibt in Deutschland leider auch weiterhin islamistische Hassprediger. Selbstverständlich gilt das nicht für jeden muslimischen Prediger. Dass es auch Menschen gibt, die wirklich nur Frieden und Religion predigen, ist nicht zu bezweifeln, aber dennoch meine ich, dass bei den ungefähr 2.600 Moscheen, die es in diesem Land gibt, durchaus die Mehrheit nicht unbedingt integrationskompatibel ist. Die Mahnung, den Islamismus nicht zu unterschätzen, unterstütze ich sehr. Die bisherige Unterschätzung hat dazu geführt, dass wir wachsende Gemeinschaften mit diesem Extremismus in diesem Land haben, weil der ›Multikulti‹-Wahn den Verzicht auf ein genaues Hinsehen, eine kritische Auseinandersetzung mit sich gebracht hat und mithin auch kein Anlass zur Selbstkritik gegeben war. Dabei üben auch die Herkunftskulturen ihren Einfluss aus: Religion bedingt hier Kultur, und Kultur bedingt Religion. Man kann nicht einfach sagen: Dieses oder jenes hat nichts mit der Religion zu tun, das ist kulturbedingt. Nein, beides spielt ineinander hinein.

Publikum: Mein Eindruck ist, dass das Thema ›Frauen im Islam‹ in der Öffentlichkeit missbraucht wird. Ehrenmorde gab es auch schon von 20 Jahren, die Frauenhäuser wissen davon, von Zwangsverheiratungen erfuhren wir schon vor 25 oder 30 Jahren. Auf einmal aber ist das Thema aktuell. In unserer Gesellschaft findet auch Zwangsprostitution statt.

Es gibt m.E. kein wirkliches Interesse, für Frauen etwas zu tun, obgleich diese Themen gleichzeitig in aller Munde sind. Als Feministin weiß ich nicht, ob ich mich darüber freuen soll oder ob es mir übel aufstößt. Dies wird jetzt dazu missbraucht, bestimmte Sicherheitsgesetze durchzusetzen, die zu anderer Zeit viel mehr Proteste hervorgerufen hätten.

Publikum: Frau Ateş sagte, die muslimisch geprägten Gesellschaften seien auf ihrem Weg zur Demokratie. Aber wird damit auch eine Trennung von Religion und Politik, eine ›Privatisierung‹ der Religion, verbunden sein können? Vermutlich ist das im Islam nicht möglich?

Publikum: Als Lehrerin an einer Berufsschule mache ich gute Erfahrungen mit unserem gemeinsamen Religionsunterricht für Muslime, Hindus sowie katholische und evangelische Christen. Ich würde es bedauern, wenn wir wieder den getrennten Religionsunterricht bekämen, denn in unserem Unterricht haben wir die Chance, miteinander über gesellschaftliche Fragen zu reden wie zum Beispiel: Wie ist es mit der Homosexualität? Was sagen die verschiedenen Religionsgemeinschaften dazu? Es wäre schade, wenn uns das wieder genommen würde. Aber wir bräuchten für unsere Jugendlichen viel mehr Orte, wo sie ins Gespräch kommen können.

Seyran Ateş: Mit dem gemeinsamen Religionsunterricht wäre ich sehr einverstanden. Als Schülerin hörte ich evangelischen und katholischen Religionsunterrecht und war dankbar dafür, dieses Wissen an einer deutschen Schule erwerben zu können. Schön wäre es gewesen, wenn ich auch über den Islam in der Schule etwas erfahren hätte. Ich finde, sehr wenige kennen ihre Religion, praktizieren meiner Ansicht nach gar nicht ihre Religion, sondern irgendetwas anderes, teilweise etwas Politisches. Ich wünsche für meine Tochter, dass sie alle Religionen kennen lernt und sich dann später entscheiden kann, was sie praktizieren möchte.

Ich stimme der These zu, dass Frauenthemen missbraucht werden. Ich sage Ihnen aber ganz offen als Frauenrechtlerin: Ich bin dankbar, dass das Thema ›Zwangsheirat‹, das ich bereits 1983 versucht habe, in Frauenzusammenhängen zu thematisieren, jetzt aufgegriffen wird und ich mich als Juristin dafür einsetzen kann, dass ein neuer Straftatbestand der Zwangsverheiratung im Gesetz verankert wird. Dafür gibt es gute Argumente, und wenn das wahrgenommen wird und eine breitere Öffentlichkeit davon Kenntnis nimmt, bin ich dankbar. Gleichzeitig werde ich gegen eine Instrumentalisierung der Frauen kämpfen. Ich werde nicht helfen, die Türen dafür zu öffnen, um Menschen auszuweisen oder Menschen nicht nach Deutschland hereinzulassen. Wir *sind* eine multikulturelle Gesellschaft, wir gehen in die transkulturelle Gesellschaft. Dafür setze ich mich ein, auch wenn einige Leute meine Kritik missbrauchen wollen.

Rabeya Müller: Ich möchte mich dagegen verwahren, alle Muslime und Musliminnen unter Generalverdacht zu stellen. Dieses begegnet uns leider im Moment ständig. Ich denke, auch die meisten Musliminnen und Muslime in diesem Staat sind gegen Islamismus. Hier zu differenzieren, ist notwendig, um die Muslime und Musliminnen gegenüber dem Extremismus in den eigenen Reihen kritikfähig zu machen. Andernfalls ruft man nur eine apologetische Grundhaltung hervor, von der aus alles verteidigt und jegliche Kritik abgewehrt wird.

In Bezug auf den gemeinsamen Religionsunterricht möchte ich als Leiterin des Kölner Instituts für Interreligiöse Pädagogik und Didaktik Folgendes zu bedenken geben: Das Vermögen einer interreligiösen Kommunikation setzt die Entdeckung und die Kenntnis der eigenen Religion voraus. Es sollte z.B. nicht nur der Koran mit Stellen über Frauen aus der Bibel oder aus der Thora abgeglichen werden. Wichtig wäre es vielmehr, muslimischen Kindern zu zeigen, dass es ganz unterschiedliche Koranübersetzungen geben kann. Ich würde mir wünschen, dass muslimische Kinder ein bestimmtes Grundwissen erwerben, das ihnen hilft, mit ihrer Verunsicherung umzugehen und diskussionsfähiger zu werden. Bevor sie nicht selbst dahin kommen, dass sie aufhören zu denken: Alles was wir haben, ist sowieso das Beste – und das ist dann nur das Traditionelle und gar nicht das theologisch Richtige –, halte ich einen gemeinsamen Religionsunterricht nicht für wünschenswert.

Die Trennung von Staat und Religion ist eine logische Schlussfolgerung, wenn man in Deutschland lebt. Man kann sich in Bezug auf den Islam mit dieser Frage auf eine adäquate Weise auseinandersetzen und feststellen, dass der Koran durchaus mit dem Grundgesetz übereinstimmen kann. Das muss auch den Kindern vermittelt werden, um Unsicherheit zu vermeiden.

Aydan Özoguz: In Deutschland leben wir in einem säkularen, nicht in einem laizistischen Staat, wie es Frankreich oder – formell – die Türkei sind. Das bedeutet auch eine Herausforderung. Wir praktizieren eben keine strikte Trennung von Religion und Staat, sondern diskutieren z.B. die Frage: Wo zeigt sich Religion bzw. deren Institutionen im öffentlichen Leben bei uns? Wenn dann neue Religionen ins Land kommen, wäre konsequenterweise zu fragen: Welche Rolle spielen sie aktuell und zukünftig? Dieser Prozess läuft. Hamburg hat als letztes Bundesland im Jahr 2005 Staatskirchenverträge mit den christlichen Kirchen geschlossen. Nun erkundigen sich auch andere Religionsgemeinschaften nach ihrem Status bzw. nach ihrer Anerkennung durch die staatlichen Institutionen. Dieser Diskussion wird sich auch die Bundesregierung stellen müssen.

Zur Frage nach der Gestaltung des Religionsunterrichts möchte ich auf das Hamburger Modell hinweisen, wobei es fraglich ist, ob es dabei bleiben kann. Es heißt »Religionsunterricht für alle«, und dabei geht es nicht um religiöse Unterweisung, sondern darum, dass alle Kinder, die daran teilnehmen – denn man kann zwischen Religion und Ethik oder Philosophie wählen –, etwas über *mehrere* Religionen erfahren. In diesem Unterricht lernen Kinder die Grundlagen nicht nur ihrer eigenen, sondern auch anderer Religionen kennen, und zwar gemeinsam mit anderen Kindern.

Grundgesetzlich geregelt ist das Recht jeder anerkannten Religionsgemeinschaft, eigenen Religionsunterricht durchführen zu dürfen. Ich würde aber dafür plädieren, gerade an den Schulen die Auseinandersetzung über unterschiedliche Weltanschauungen zu führen. Ob religiös, nicht religiös oder auf welche Weise religiös man sein Leben führt und was mit den Religionen verbunden ist, sind Fragen, denen wir als Erwachsene oft nur noch wenig Aufmerksamkeit schenken. Wir sollten sie an den Schulen behandeln, dort gehören sie hin.

Daniela De Ridder: Wir müssen – das war vielen Beiträgen zu entnehmen – mit den Lebenslügen aufräumen und Plattformen und Foren für Dialog und Austausch schaffen. Eine dieser Plattformen könnte der interreligiöse Religionsunterricht sein, der sich allen Religionen widmet und Aufklärung leistet, und zwar Aufklärung auch dahingehend, dass Ängste genommen werden, die gar nicht entstehen müssten, wenn die Verunsicherung auf vielen Seiten nicht so groß wäre. Niemand darf in diesem Dialog andere unter Generalverdacht stellen. Und die Rechte von Frauen dürfen nicht mit Füßen getreten werden, weder hier noch anderswo.

Jürgen W. Falter, Moderator Roland Czada, Uwe-Karsten Heye, Jörg Schönbohm und Universitätspräsident Claus Rollinger vor dem Friedensgespräch in der Universitäts-Aula

Rechtsextremismus in Deutschland: Soziale Krise, politische Handlungsunfähigkeit und Nazi-Ideologie

Podiumsveranstaltung in der Aula der Universität am 10. Mai 2007

Uwe-Karsten Heye	Vorstandsvorsitzender des Vereins Gesicht Zeigen! Aktion weltoffenes Deutschland e.V., Berlin
Jörg Schönbohm	Innenminister des Landes Brandenburg
Prof. Dr. Jürgen W. Falter	Politikwissenschaftler, Universität Mainz
Prof. Dr. Roland Czada	Universität Osnabrück – Gesprächsleitung

Roland Czada: Kennzeichen für unser Thema sind zum einen die von Rechtsextremisten ausgeübten Gewalttaten – zahlreiche Tötungsdelikte und Körperverletzungen sind seit der Wiedervereinigung zu verzeichnen – und zum andern rechtsextreme Einstellungen sowie das entsprechende Wahlverhalten, das rechtsextremen Parteien in der Geschichte der Bundesrepublik mal mehr, mal weniger Erfolg bescherte.

Wir fragen nach den Ursachen für rechtsextremistisches Wahlverhalten und welche Rolle dabei soziale Probleme, Einwanderung und andere Faktoren spielen. Was darüber hinaus Bedeutung hat, sind die Lebensweisen, Denkweisen und kulturellen Milieus des Rechtsextremismus, in denen Skinhead-Gruppen wie *Priorität 18*, *Kurzschluss*, *Stromschlag*, *Schutt & Asche*, *White Noise* und andere agieren. Das sind Gruppierungen, in denen – auf welchem Niveau auch immer – rechtsextremistisches Gedankengut verbreitet wird. Von ihnen gehen möglicherweise größere Gefährdungen aus, als von den relativ wenigen Gewalttäter, die – eventuell unter Alkoholeinfluss – »ausrasten«.

Außerdem interessieren uns die alltäglichen Diskriminierungen von Mitmenschen, die vermutlich nur zum Teil zur Anzeige kommen. Ausgrenzungen und Diskriminierungen müssen ebenfalls als Formen von rechtsradikaler Gewalt gelten, beides hat Bedeutung für unser Thema und beidem sollte begegnet werden.

Herr Heye, wir bitten Sie um Ihr Statement und eine Antwort auf die Frage, ob Sie Ihre, vor der Fußball-Weltmeisterschaft 2006 ausgesprochene Warnung vor dem Betreten bestimmter Gebiete Ostdeutschlands, in denen Fremden rechtsradikale Gewaltübergriffe drohen, weiter aufrechterhalten. Diese Warnung war ungeheuerlich, denn sie besagte ja, dass der Staat seiner Aufgabe, den Schutz der Menschen zu gewährleisten, nicht mehr nachkommen kann.

Uwe-Karsten Heye: Wir wollen darüber nachdenken, was unter dem Stichwort »Rechtsextremismus« sich in Deutschland ausbreitet bzw. wieder ausbreitet. Diese Veranstaltung an einer Universität lässt natürlich daran denken, dass es die braunen, nationalsozialistischen Studenten waren, die damals ihre jüdischen Hochschullehrer aus dem Campus jagten und aus Deutschland vertrieben. Eine Erfahrung in dieser Zeit war es, dem »Nie wieder!« Inhalt und Statur zu geben. Nie wieder sollte so etwas möglich sein. Heute, unter völlig anderen Umständen müssen wir uns erneut über eine nun allerdings auch europaweit wirkende Stärkung des Rechtsextremismus unterhalten und mit ihr auseinandersetzen.

Zu den Merkwürdigkeiten dessen, was ich zu lernen hatte, als ich im Jahr 2000 die Initiative *Gesicht zeigen* gründete, gehörte die Erfahrung, dass es in den ostdeutschen Ländern Fremdenfeindlichkeit ohne Fremde gibt – wie es auch Antisemitismus ohne Juden gibt. In Brandenburg, wo ich lebe, beträgt der Anteil von Migranten – also Einwanderer oder Asylsuchende – an der Gesamtbevölkerung gerade 2,6%. In Umfragen vermuten die Brandenburger hingegen, dass es etwa 20% Fremde im Lande gäbe. Bei meinen Begegnungen mit brandenburgischen Schülern, denen ich die Frage stelle: »Was glaubt ihr, wie viele Asylsuchende gibt es wohl?«, wird der Wert nicht selten mit »Um die 50%« geschätzt.

Nun ist Fremdenfeindlichkeit nicht gleichbedeutend mit Rechtsextremismus, aber zu Rechtsextremismus und Neonazis gehören Rassismus, Antisemitismus, Fremdenhass und die Überzeugung der eigenen ›arisch-völkischen‹ Überlegenheit. Aber Fremdenfeindlichkeit finden wir auch und zunehmend in der Mitte der Gesellschaft, in einer bürgerlichen Mittelschicht, wie auch eine neuere Studie der Friedrich-Ebert-Stiftung zeigt. Die fremdenfeindliche Haltung in großen Teilen der Bevölkerung allerdings steht quer zu deren ökonomischen Interessen. Zum Beispiel: Die sich entleerenden Räume in vielen Regionen der fünf neuen Länder haben nur dann eine Zukunft, wenn Vorurteile gegen den Nachbarn im Osten – die Fremdheit etwa zwischen Deutschland und Polen – überwunden würden. Städte wie Frankfurt an der Oder oder Görlitz würden sofort zustimmen, dass ihre Zukunft nur gesichert werden kann, wenn es gelingt, die Ostverschiebung der Europäischen Union nach Polen, Tschechien, Ungarn, in die baltischen Staaten und jetzt Bulgarien und Rumänien zu nutzen, um auch von dort – auf Zeit oder auf Dauer – Ansiedlung zu ermöglichen, Menschen einzuladen, in das Land zu kommen – auch um das wachsende Problem des demografischen Wandels abfedern zu helfen. Das grenzenlose Europa bietet unendlich viel Chancen, schafft aber auch Ängste, die manche Perspektive bestimmen. Selbst wenn es keine anderen Gesichtspunkte bei unserem Thema gäbe als den ökonomischen Vorteil, den Einwanderungsgesellschaften gegenüber den Gesellschaften haben, die sich abschotten und kulturellen Austausch verweigern, dann wäre dies schon ein hinreichender Grund, um *Xenophobie*, Fremdenfeindlichkeit, abzulehnen.

Selbstverständlich gibt es aber auch politische Begründungen.

Wie das Bundeskriminalamt mitteilte, hatten wir 2006 einen Rekord an rechtsradikal motivierten Straftaten. Mehr als 18.000 Straftaten und davon mehr als 1.000 mit Gewaltdelikten mit 500 verletzten Opfern. Das sind über 20% mehr als ein Jahr zuvor. Zugleich war 2006 ein Wandel im öffentlichen Auftreten der Rechtsextremen zu konstatieren. Auf einer Fachtagung zum Umgang mit der ›Neuen Rechten‹ in Brandenburg hieß es: »Sie haben Springerstiefel gegen den Anzug getauscht und geben sich da und dort bürgerlich korrekt und werden mit ihren Ansichten salonfähig«. Das *Mobile Beratungsteam* in Brandenburg beobachtet diese Veränderung der Szenen. Früher war die neue extreme Rechte schon an ihrer uniformen Kleidung zu erkennen. Heute, scheinbar entpolitisiert, nisten sie sich auch in anderen Subkulturen ein. Berichte, die Neonazis würden in einem Dorf Besen und Schippe in die Hand nehmen, um die Straße zu kehren, sind dafür beispielhaft. So etwas kommt gut an, und offenbar nicht nur auf dem Land. Die Freiwillige Feuerwehr und der Schützenverein auf dem Land werden, zumindest versuchsweise, gezielt unterwandert, und Aussteiger aus der Szene erzählen von einer Strategie der NPD, von den Dörfern aus in die Städte hineinzuwachsen. Aber auch der gewaltbereite Teil bleibt gegenwärtig und wird als »Angst schaffende Waffe« eingesetzt. Die NPD-Anhänger bekennen sich mittlerweile ohne Scheu und jederzeit vor jeder Kamera zu ihrer politischen Überzeugung. Selbst der Holocaust wird von der Neonaziszene nicht mehr geleugnet. Der Völkermord wird zunehmend offensiv als damals »notwendig« legitimiert.

Die NPD ist zu einer offenen Kampfansage gegen das verhasste demokratische System übergegangen. Jeder kann das im Internet überprüfen. Was sich da an menschenfeindlicher Verachtung niederschlägt, ist vergleichbar mit Hitlers konfuser Kriegserklärung gegen den »verjudeten« Weimarer Staat, die er in *Mein Kampf* formulierte. Wirkungslos bleibt das nicht. Der Einzug der neuen Nazis in die Parlamente Ostdeutschlands und zugleich in fünf Bezirksversammlungen von Berlin zeigt es, und der jüngste Erfolg in Mecklenburg-Vorpommern ebenfalls. Verbote helfen da wenig, zumal die Zurückweisung des Verbotsurteils durch das Bundesverfassungsgericht der NPD eine große Öffentlichkeit verschafft hat und entsprechenden Zulauf.

Was ist zu tun? Hier haben die unterschiedlichen Initiativen Bedeutung, wenn es darum geht, zivilgesellschaftlichen Widerstand zu organisieren. Das tun wir bei *Gesicht zeigen* seit einigen Jahren, und doch hat sich seither das Problem vervielfacht. Schon im Jahr 2000 hatte der damalige Bundespräsident *Johannes Rau* in einer *Berliner Rede* die mangelnde Integration der Einwanderer einerseits und den Aufschwung der Rechtsextremen andererseits beleuchtet. Die Tatsache, dass Neonazis von »national befreiten Zonen« sprechen könnten, sei für jeden Patrioten beschämend und eine Herausforderung für den Rechtsstaat, sagte Rau. Seitdem ist die Ignoranz mancher Politiker und auch der Zeitgenossen nicht geringer geworden. Als ich vor der Fußball-Weltmeisterschaft im Jahr 2006 sehr begründet vor Angsträumen in bestimmten Regionen gewarnt habe, die es auch, aber nicht nur in Brandenburg gebe, gab es zunächst die üblichen Reflexe des Abwehrens, Bagatellisierens, des Abtuns als »Einzelfälle«.

Die Opferverbände zählten seit der Wende bisher 131 Todesopfer. Offiziell bestätigten die Behörden über 70 Todesfälle, aber schon ein einziger wäre zu viel.

Was ist also zu tun? Zunächst muss man sich darüber klar werden, dass dies ein – wenn auch zunehmendes – Problem einer *Minderheit* ist, das sich mit einer wachsenden Gewaltbereitschaft mischt – nicht nur in den Fußballstadien, sondern auch bei bestimmten ethnischen Gruppen. Zur Wahrheit gehört auch: Araber und Türken stellen regional bis zu 80% der Gewalttäter. Das wiederum ist Alibi für den rechtsextremen Rand der Mehrheitsgesellschaft, die eigene Fremdenfeindlichkeit auszuleben.

Alle sozialen Defizite der letzten Jahrzehnte rächen sich gleichermaßen, und so wäre der Ruf nach dem »starken Staat« allein keine ausreichende Antwort. Was tun? In Frankfurt an der Oder z.B. – daran erinnert eine Broschüre des *Mobilen Beratungsteams* in Potsdam, das mit dem Projekt »Tolerantes Brandenburg« ins Leben gerufen wurde – wurde ein kommunales Netzwerk gegründet, zu dem auch betriebliche Vereinbarungen gehören. Diese Betriebsvereinbarungen wenden sich gegen jede Diskriminierung von Ausländern am Arbeitsplatz.

Ich zitiere den Betriebsratsvorsitzenden einer Verzinkerei:

> »Wir waren gleich dafür, so eine Betriebsvereinbarung zu machen. Wir haben eine große Kundenbewegung. Auch ausländische Kollegen kommen zu uns auf den Hof. Die sollen sich hier sicher fühlen. Wir zeigen als Unternehmen nach außen klar Gesicht, zeigen, was wir wollen und was nicht. Ein Subunternehmen, dass sich nationalistisch und ausländerfeindlich gibt, antidemokratisch eben, kriegt bei uns keinen Auftrag. Und würde hier einer in diese Richtung Sprüche klopfen, nähmen wir das nicht hin.«

Dafür kann jeder an seinem Arbeitsplatz, in seinem Betrieb oder an der Universität Sorge tragen: Haltung zu zeigen. Eine Haltung, die nicht hinnimmt, die nicht schweigt gegenüber dem, was da aus der rechtsextremen Ecke bis in die Mitte der Gesellschaft dringt. Denn wir werden hier *mehr* Einwanderung brauchen, nicht weniger. Der demografische Wandel lässt ja keine Wahl.

Zweitens die *Schulen*, wo vielleicht neben den Eltern der wichtigste Teil des Ursachenbündels angesiedelt ist, mit dem wir es hier zu tun haben. Unser Schulsystem ist der immer komplexer und ethnisch vielfältiger werdenden Gesellschaft nicht mehr gewachsen. Auch andere Länder haben diese Probleme, werden nur offensichtlich besser damit fertig. Die PISA-Studie ist ein Indiz dafür, dass wir dringend eine Änderung und Reform von Schule brauchen, eingeschlossen Kindergarten und Hochschule. Die Statistiken besagen, dass 10-17% eines jeden Schülerjahrgangs ohne regulären Abschluss die Schule verlassen. Das sind in jedem Jahr zwischen 80.000 und 100.000 Jugendliche – in der Mehrzahl männlich, denn den Mädchen gelingen zumeist die besseren Schulabschlüsse. In Berlin, wo alle Kinder vor Eintritt in die Grundschule geprüft werden, hat jedes vierte Kind Sprachprobleme. Bei den Einwandererkindern betrifft es jedes zweite Kind, und selbst unter den deutschen Kindern werden bei jedem zehnten unzureichende Deutschkenntnissen festgestellt. Am schwierigsten haben es die Kinder, die zuvor keinen Kindergarten besucht haben. Bei der Gesamtschülerzahl des Jahrgangs 2003 von rund einer Million waren 80.000 ohne Abschlusszeugnis und damit schon am Anfang des Berufslebens ohne ausreichende Kenntnis der zivilen Grundtechniken des Lesens, Schreibens und Rechnens. Sie stehen in dieser Gesellschaft vor verschlossenen Türen. Hier wächst ein dankbares Rekrutierungsfeld für Nazis und andere Extremisten, und deren propagandistischer Einfluss nimmt zu. Zu glauben, dies alles sei mit dem Hinweis auf »Hartz IV« zu erklären, führt in die Irre.

Schule muss sich ändern! Lehrer und Lehrerinnen müssen in der schulischen Praxis und an den Universitäten auf diese Wirklichkeit vorbereitet werden. Die unterschiedlichen Anforderungen in den 16 Bundesländern müssen zusammengeführt werden. Lehramtsexamen in einem Bundesland werden in einem anderen nicht anerkannt. In den 16 Bundesländern gibt es 2.000 Lehrpläne für die unterschiedlichen Schulformen, Stufen und Fächer. Wo kommen wir denn da hin?

Bill Clintons Siegesbotschaft, mit der er einst seinen Wahlkampf gewonnen hat, lautete: *It's the economy, stupid.* Heute müsste er bei uns sagen: *It's the education, stupid.* Die in den PISA-Studien festgestellten Mängel sind nicht die einzigen in unserem Schulsystem, das den Anforderungen einer auf Einwanderung angewiesenen Wissensgesellschaft nicht mehr gewachsen ist. Es produziert in allen sozialen Bereichen, bei Einwanderern wie Einheimischen, zusehends und immer mehr Verlierer. Nach Angaben des *Deutschen Kinderschutzbundes* haben von 15 Mio. Kindern und Jugendlichen in Deutschland 2,5 Mio. kaum Bildungschancen. Nach dem Armutsbericht der Bundesregierung leben 1,7 Mio. Kinder und Jugendliche unterhalb der Armutsgrenze, und das bei einer weiter rückläufigen, mehr als halbierten Geburtenrate von im Jahr 2006 gerade noch 650.000 Geburten in Deutschland.

In den Kommunen muss das Bewusstsein wachsen, dass Kinder und Heranwachsende Zuwendung brauchen, die sie in der Gesellschaft um sich herum spüren können. Die Kommunen müssen für die Kinder Platz schaffen und Räume öffnen, die für das Leben der Menschen in den Städten zurückgewonnen werden sollen. Sonst geht es uns bald überall so wie in München, wo 54% der Haushalte ohne Kinder sind, was möglicherweise auch mit den hohen Mieten in der Stadt zu tun hat. In der Innenstadt sind dort sogar 90% der Haushalte ›kinderfrei‹. München hat neuerdings eine Kinderbeauftragte, die Wettbewerbe für fantasievolle Kinderspielplätze ausschreibt. Im Übrigen sollten die ländlichen Kommunen sehr aufmerksam reagieren auf eine zu beobachtende Strategie der NPD und der mit ihr verwandten so genannten »Kameradschaften«, die sich im ländlichen Raum einnisten wollen. Dort entwickeln sich schnell Angsträume, die durch die Brutalitäten und Aggressionen der rechten Schlägertrupps entstehen. Diese wollen jede Pluralität ersticken und gleichzeitig den Eindruck erwecken, die NPD kümmere sich um die Alltagsprobleme und stehe für soziale Gerechtigkeit, die nur herzustellen wäre, wenn das Land endlich erneut von allen Nichtdeutschen befreit würde. Die ländlichen Gebiete sind auch deswegen bevorzugter Agitationsraum der Neonazis, weil es dort traditionell schwerer ist, so etwas wie eine demokratische Gegenöffentlichkeit zu identifizieren und zu aktivieren. Dies liegt oft an der sozialen Struktur des ländlichen Raums: Es fehlen Jugendzentren, die von ausgebildeten Sozialarbeitern geleitet werden, und es fehlt oft nicht nur an Geld, sondern auch an gutem Willen.

Das für diese Arbeit zuständige Bundesministerium für Jugend, Familie und Senioren setzt nur noch halbherzig fort, was die Vorgängerregierung im Kampf gegen den Rechtsextremismus in Gang gesetzt hat. Nicht nur, dass ein Teil der Gelder an die Abrufung durch die Kommunen gebunden ist, ist problematisch, denn wer nicht sehen *will*, bleibt blind. Viele Bürgermeister in den neuen Ländern halten eine klare Benennung der Sachlage in ihrer Kommune noch immer für Nestbeschmutzung, oder sie glauben, Investoren zu verschrecken, wenn sie zugäben, ein Rechtsextremismus-Problem zu haben. Es ist aber vorrangig die rechtsradikal begründete Gewalttat selbst, die die Investoren verschreckt. Man wird also sehen, wer mit welchen Projekten die aus Bundesmitteln zur Verfügung gestellten Gelder abruft.

Ebenso fragwürdig ist, dass künftig nur noch zwischen 40 und 60 Projekte von Initiativen unterstützt werden können – mit Projektmitteln, die maximal 50% der Kosten decken, und Investoren, die die Initiativen ko-finanzieren müssen. Der größte Teil der Arbeitsleistung wird künftig darin gebunden sein, Spenden-Akquisition zu betreiben. Leider gibt es kaum einen Bereich, in dem mehr als zwei oder drei potenzielle Spender auszumachen sind, und die werden nun von allen belagert werden, die Ko-finanzierung sicherzustellen. Die Initiativen werden dazu selber nicht in der Lage sein. Wir bei *Gesicht zeigen* finanzieren die Gehälter dreier festangestellter MitarbeiterInnen ausschließlich aus Spenden. Wenn jetzt noch Sponsoren für die Projektarbeit gesucht werden müssten, könnten wir unsere Arbeit einstellen, und anderen geht es ähnlich. Wir brauchen aber nicht weniger, sondern mehr professionell ausgerichtete, auch sozialfürsorgerische Anstrengungen. Wir brauchen eine *nationale* Kraftanstrengung in der Auseinandersetzung mit dem wachsenden Rechtsextremismus. Bund und Län-

Uwe-Karsten Heye

der, Kommunen und Wirtschaft und Kultur müssen dies als eine gemeinsame Anstrengung betrachten. Es muss Schluss damit sein, dass Jugendzentren geschlossen und Sozialarbeiter wegen Geldmangels entlassen werden. Das Problem des Rechtsextremismus hat vor allem mit Bildung und Ausbildung zu tun, aber auch mit Empathie für die Jugendlichen, die oft sehr allein gelassen werden.

Warum finden wir gerade in der untergegangenen DDR diesen aggressiven und erschreckenden Extremismus? Auch das hat gewiss viele Ursachen, auch die einer vernachlässigten Aufarbeitung des Nazistaates in der DDR. ›Antifaschismus‹ war dort Staatsraison, dadurch war man den westdeutschen Imperialisten von vornherein moralisch überlegen. Nazis gab es für die DDR nur jenseits der Mauer, die die DDR pikanterweise den »Antifaschistischen Schutzwall« nannte. In diesem Gefühl lebte es sich gut, nur die Wirklichkeit folgte dem nicht, denn schon zu DDR-Zeiten gab es eine rechtsradikale Jugendkultur. Ihre Untaten wurden allerdings in Geheimprozessen verhandelt, denn offiziell konnte es im antifaschistischen Staat ja keine neuen Nazis geben.

Was von rechts auf uns zukommt, mag ein Liedtext der Nazi-Band *Reichssturm* zeigen. Der Titel des Liedes: Tritt einfach ’rein; ein Auszug des Textes lautet:

> Ich brauch keinen Griechen, um gut essen zu gehen,
> keinen Nigger, um beim Fußball Tore zu sehen.
> Ich will auch kein Arbeiter bei den Türken sein,
> ich will, dass wir uns vom Fremdenpack befreien.
> [Refrain:]
> Tritt einfach rein in so ’n dummes Schwein,
> hol noch mal aus mit deinem Bein.
> Tritt einfach rein in so ’n dummes Schwein,
> bis er aufhört, nach Mama zu schreien.

Jörg Schönbohm: Ich möchte zunächst den Untertitel dieser Veranstaltung kurz beleuchten: »Soziale Krise, politische Handlungsunfähigkeit und Nazi-Ideologie« – soll diese Formulierung lediglich Diskussionsanstöße geben oder soll sie unsere tatsächliche Situation beschreiben?

Haben wir eine soziale Krise? Oder haben wir eine soziale Umbruchsituation, in der Menschen Schwierigkeiten haben, sich zu orientieren? Sicher, wir haben Langzeitarbeitslose.

Haben wir denn eine total gescheiterte Gesundheitsvorsorge? Sterben etwa Menschen in unserem Land, weil Nahrungsmittel oder Medikamente nicht zu haben sind?

Bei allen Problemen, die wir haben, müssen wir doch feststellen: Wir haben *keine* soziale Krise. Wir haben *Herausforderungen*, vor denen wir stehen. Die Fragen, die wir hier erörtern, können wir nicht aus der sozialen Krise heraus beantworten.

Ich stimme der Feststellung zu, dass es in manchen ländlichen Räumen große soziale Probleme gibt. Hier besteht auch teilweise ein Zusammenhang mit der hohen Arbeitslosigkeit, aber eben auch mit einer Inhaltsleere, die ich als *Orientierungssuche* beschreiben möchte.

Die ›politische Handlungsfähigkeit‹ unseres Systems mag nicht perfekt sein. Wir haben eine Große Koalition; die Wähler haben es so gewollt. Aber ist unsere Regierung denn ›handlungsunfähig‹? Die Regierung hat eine ganze Menge getan; z.B. werden gerade im Rahmen der Föderalismusreform II die Binnenbeziehungen zwischen dem Bund und den Ländern neu justiert. Ich glaube, wir haben eine stabile Demokratie. Deswegen muss die Frage lauten, wie wir mit den *Defiziten* umgehen, die in unserem Lande vorliegen. Diese Defizite sind auch das Ergebnis zweier schrecklicher Diktaturen; umso mehr sind wir überrascht, dass deren Anhänger trotzdem wieder Zulauf haben.

Darum sage ich: Wer dem Radikalismus entgegentreten will, muss ein überzeugter Demokrat sein. Ich sage das, denn ich komme aus einem Bundesland, wo die PDS ständig sagt: »Wir führen den antifaschistischen Kampf«, und davon distanziere ich mich. Dieser ›antifaschistische Kampf‹ war ein Gründungsmythos der DDR. Zwar gibt es auch im linksextremistischen Bereich Gegner des Rechtsextremismus, aber eben auch Gegner unserer Demokratie. Wir müssen hier deutlich machen: Teil der gewalttätigen Auseinandersetzungen darf diese Diskussion nicht sein, und diejenigen, die sich für die Demokratie einsetzen, können nicht hinter jeder Fahne hermarschieren.

Ich denke, richtige ›Neo-Nationalsozialisten‹ mit einer klaren politischen Ausrichtung gibt es bei uns nur in geringer Anzahl, und zwar vor allem in den Führungen ihrer Organisationen, in den Kadern. Diejenigen, die die Gewalttaten begingen, begingen sie häufig aus Dumpfheit, aus Ausländerfeindlichkeit. Wir haben bei uns in Brandenburg festgestellt, das 95% der Täter männlich waren, 82% jünger als 25 Jahre. Im Jahr 2005 traten 71% der Tatverdächtigen erstmals in Erscheinung. Den Untersuchungen unseres Landeskriminalamtes zufolge sind lediglich 13% der Gewalttaten geplant und gezielt erfolgt, 86% aller Straftaten wurden aus der Situation heraus begangen, häufig von Rechts gegen Links, manchmal von Links gegen Rechts.

Der frühere Bundesinnenminister *Otto Schily* hat eine einheitliche Neudefinition des Begriffs der »politisch motivierten Kriminalität« initiiert, der die Länderinnenminister zugestimmt haben. Jedes Nazisymbol, das irgendwo angebracht oder gezeigt wird – Hakenkreuze und anderes –, wird seither in der entsprechenden Statistik erfasst. So wissen wir, dass ein Großteil der Straftaten so genannte *Propagandadelikte* sind. Von den knapp 2.000 politisch motivierten Straftaten im Jahr 2006 waren rund 1.400, also 70%, rechtsradikal motiviert. Von diesen 1.400 rechtsradikal motivierten Straftaten waren rund dreiviertel Propagandadelikte. Diese Propagandadelikte sind strafbewehrt; wir nehmen sie in die Meldestatistik auf, um deutlich zu machen, dass wir dagegen sehr ernsthaft vorgehen.

Von den insgesamt 2.000 politisch motivierten Straftaten, die wir 2006 in Brandenburg hatten, waren 122 Gewaltdelikte, wobei die rechtsextremistischen Gewaltstraftaten im Vergleich zu 2005 um 7 zurückgingen – entgegen dem Bundestrend. Die Zahl linksextremistischer Gewaltstraftaten stieg dagegen an. 2006 waren in Brandenburg 90 Gewaltdelikte Rechtsextremisten zuzuordnen, 32 Linksextremisten. Von den 90 rechtsextremistischen Gewalttaten waren 27 Fälle fremdenfeindlicher Art. Die übrigen 63 Fälle waren Straftaten zwischen Deutschen, zum großen Teil zwischen Rechts und Links, die sich gegenseitig hochschaukelten.

Wir hatten 7 antisemitische Straftaten und 47 Konfrontationen ›Rechts gegen Links‹. Das heißt: Wir kennen die Ursachen und die Verlaufsformen. Weil viele der handelnden Personen polizeibekannt sind, konnten 86% aller Gewaltdelikte im Bereich der politisch motivierten Kriminalität aufgeklärt werden.

Das Bundeskriminalamt verzeichnete 41 Todesopfer rechtsradikaler Gewalt in den neuen Ländern seit der Wiedervereinigung im Jahr 1990. Davon starben acht in Brandenburg, und zwei dieser Opfer waren Ausländer, sechs dagegen Deutsche. Der schrecklichste Fall war der eines etwa 16-jährigen Behinderten, der zusammengeschlagen und in eine Jauchegrube geworfen wurde, wo er später tot aufgefunden wurde. Bei den ebenfalls jugendlichen Tätern wird man keine entwickelte politische Ideologie vermuten, eher eine dumpfe Idee wie: »Der ist minderwertig, stört uns und muss weg«.

Dass jedes Verbrechen eines zu viel ist, versteht sich von selbst. Die Zahl der rechtsmotivierten Straftaten ist in Brandenburg seit 2004 entgegen dem Bundestrend um 14% gesunken. Das zeigt, dass auch mit repressiven Polizeimaßnahmen etwas zu bewirken ist. In Brandenburg haben im Vergleich der Jahre 2004 und 2006 im Bereich von politisch motivierter Kriminalität und Gewalt von rechts in der Häufigkeit eine Abnahme von 4,1 auf 3,5 bezogen auf 10.000 Einwohner. Im gesamten Bundesgebiet liegt dieser Wert für 2006 allerdings bei nur 1,4. Wir haben bei uns den Trend gebrochen, aber die Zahlen sind immer noch viel zu hoch.

Wir haben deshalb zwei Maßnahmen ergriffen: Zum einen war dies die Einrichtung der *Mobilen Einsatzeinheit gegen Gewalt und Ausländerfeind-*

lichkeit, MEGA. Das sind spezialisierte Polizeibeamte in jedem Schutzbereich, die die Mitglieder der Szenen potentieller Gewalttäter kennen und diese z.B. vor wichtigen Veranstaltungen ansprechen. Die Beamten dieser Einheit hatten in vergangenen Jahren über 21.000 Einsätze, haben Personen kontrolliert, um Unsicherheit in die Szene hineinzutragen. Das geschah absolut im Rahmen der rechtsstaatlich sich bietenden Möglichkeiten, wie auch die PDS bei einer Diskussion im Landtag bestätigte. Die zweite Maßnahme bestand in der Gründung der Organisationseinheit *Täterorientierte Maßnahmen gegen extremistische Gewalt*, TOMEG genannt. Diese Einheit hat im Jahr 2006 200 polizeibekannte Personen, die als rechtsradikal und rechtsextremistisch galten, individuell betreut. Wir haben diese Personen aus der Anonymität herausgezogen. Wir sprechen mit den Lehrherren, den Lehrern in der Schule, den Eltern; wir sprechen mit dem Umfeld über das, was wir über diese Jugendlichen und ihre rechtsextremistischen Aktivitäten wissen. Wenn uns bevorstehende rechtsextremistische Veranstaltungen bekannt werden, gehen unsere Polizeibeamten dorthin, teilweise gemeinsam mit Mitarbeitern des Jugendamtes oder des Sozialamtes – je nach Alter der betreffenden Personen. Mit TOMEG machen wir deutlich: Wir kennen euch, wir wissen, was ihr macht. Wir bekommen dabei auch große Unterstützung aus der Bevölkerung. Ich möchte aber an einem Fall deutlich machen, welchen Schwierigkeiten wir gegenüber stehen. In Nauen, in der Nähe von Berlin, waren innerhalb von neun Monaten sieben Döner-Imbissstände angezündet worden. Die Täter konnten schließlich gefasst werden. Der Anführer der Gruppe war ein Abiturient der Jahrgangsstufe 13, die Mitläufer waren zwischen 14 bis 17 Jahre alt. Dieser Abiturient war einer von denen, die wissen, was sie tun. In seinem Zimmer im Hause der Eltern gab es die

Jörg Schönbohm

einschlägigen ›Devotionalien‹ aus der Nazizeit, indizierte Musik usw. Die Eltern wussten angeblich von nichts, die Leute im Dorf desgleichen. In der Schule wie auch in der Freiwilligen Feuerwehr will es keiner gemerkt haben. Damit sind wir bei dem Kernproblem: der Weigerung vieler, sich die Realitäten einzugestehen. Als wir sagten: »Dagegen müsst ihr gemeinsam etwas tun«, gab es gewisse Irritationen, aber eine zunehmende Bereitschaft, das aufzuarbeiten. Wir begleiten diesen Prozess mit großer Intensität, z.B. auch mit der Aktion *Tolerantes Brandenburg*. Einen Schwerpunkt haben wir darauf gelegt, rechtsradikale Musik indizieren zu lassen, weil wir festgestellt haben, dass man auf den Schulhöfen versucht, mit dieser rechtsextremistischen Musik junge Menschen anzuwerben, und das wollen wir verhindern. Kein anderes Bundesland hat so viele Anträge auf Indizierung und Verbot dieser Musik gestellt und erfolgreich durchgebracht.

Eine Bemerkung noch zu den Wahlergebnissen der Rechtsradikalen: In Brandenburg und vor allem in Sachsen brachten die zeitgleich abgehaltenen Landtagswahlen im Jahr 2004 schwierige Erfahrungen mit sich. Noch zehn Wochen vor der Wahl prognostizierten die Demoskopen für Brandenburg Stimmenanteile der rechtsradikalen Parteien von weit unter 5%. Ähnlich war die Lage in Sachsen. Dann kam der »Hartz-IV«-Wahlkampf: In der *BILD*-Zeitung waren plakative Berichte über Kinder von Hartz-IV-Empfängern zu lesen, denen ihr Sparbuch genommen werde, sowie über Familien, die durch Hartz IV zum Verlassen ihrer geringfügig die zulässige Größe überschreitenden Plattenbauwohnung gedrängt würden. Hinzu kamen Berichte über 700 neue Stellen für Hartz-IV-Berater, die für ein hohes Monatsentgelt aus dem Westen angeworben würden. Diese reißerisch aufgemachten, verkürzenden Zeitungsberichte waren begleitet von einer gemeinsamen Panikmache von DVU, NPD und PDS. Es ging über uns her wie eine Sturzlawine. Eine ältere Frau, die ich nach ihren Motiven für ihre Teilnahme an einer Demonstration der DVU fragte, antwortete mir: »Es könnte ja meinen Enkel treffen«. Dies zeigt: Die Situation wird dann volatil, wenn wir unseren Bürgern nicht erklären, was wir eigentlich erreichen wollen. Ich bin sicher, die Wahlergebnisse würden dann ganz anders aussehen.

Ich glaube, unsere Demokratie kann in einer vernünftigen Zusammenarbeit von Verfassungsschutz und Polizei mit den Mitteln der Repression, der Strafverfolgung und der Justiz viel erreichen. Hinzu kommt der Bereich der Prävention z.B. durch die kommunalen Bündnisse, von denen es 97 in Brandenburg gibt. Diese haben die Unterstützung durch den Landespräventionsrat des Innenministers und ein breites gesellschaftliches Engagement. Wir dürfen das fraglos existierende Problem aber nicht größer machen, als es ist. Dies würde nur eine bestehende Auseinandersetzung zwischen Rechts- und Linksextremen weiter verstärken, in der eine zunehmende Gewaltbereitschaft und Polarisierung schon jetzt feststellbar ist. Wir sollten gemeinsam daran arbeiten, eine Eskalation zu verhindern.

Jürgen Falter: Bevor wir über Therapien diskutieren, müssen wir die Diagnose miteinander besprechen. Ich möchte deshalb klären, worüber wir überhaupt reden, wenn wir von ›Rechtsextremismus‹ sprechen. Drei verschiedene Ebenen sind dabei zu unterscheiden, nämlich die Ebene der *Einstellungen*, die Ebene des *Verhaltens* und die Ebene der *Organisation.* Je nachdem, welche Ebene wir betrachten, kommen wir zu ganz unterschiedlichen Entwicklungen, zu ganz unterschiedlichen Ergebnissen. Zur Ebene der Einstellungen gehören die Ideologien, auf der Ebene des Verhaltens sprechen wir über das Wahlverhalten, das Alltagsverhalten wie z.B. einen alltäglichen Antisemitismus oder alltägliche Fremdenfeindlichkeit, auch Gewalt. Zur Ebene der Organisation gehören Parteien und andere rechtsextreme Gruppierungen wie so genannte Kameradschaften, Skinhead-Gruppen, außerdem vielfältige Subkulturen, ganz informelle Gruppen, die ›an der Tankstelle‹ entstehen, dort den Tag oder den Abend verbringen und dann vielleicht zu einem spontanen »Türkenklatschen« gehen, um sich dann schnell wieder aufzulösen. Und es gehören dazu Netzwerke. Was verbindet diese Ebenen miteinander? Einstellung, Verhalten und Organisationsebene sind verbunden durch das Band einer bestimmten *Ideologie*, d.h. eines bestimmten Bündels von Einstellungen, die miteinander verflochten sind und die am Ende das ausmachen, was wir als ›rechtsextrem‹ bezeichnen. Dazu gehören Antipluralismus und Antiparlamentarismus, dazu gehört Antisemitismus hier in Deutschland. Es gehört extremer Nationalismus, Chauvinismus dazu, es gehört Ethnozentrismus dazu, d.h. die eigene Gruppe über alle anderen zu stellen, und Fremdenfeindlichkeit. Das Wichtigste vielleicht überhaupt: Alle rechtsextremen Ideologien und Ideologiefragmente zeichnen sich durch *Anti-Egalitarismus* aus, d.h. durch eine Verleugnung der Gleichheit, der Behauptung von Ungleichheit unter den Menschen, unter den Nationen.

Wenn es in der Bundesrepublik so etwas wie eine konsistente, in sich stimmige, über längere Zeit hinweg stabil bleibende rechtsextreme Ideologie gibt, dann gilt dies nur für eine sehr kleine Minderheit der Bevölkerung. Nur bei dieser Minderheit finden wir die verschiedenen Aspekte – Antipluralismus, Antisemitismus, Fremdenfeindlichkeit, extremen Nationalismus, Anti-Egalitarismus und vielleicht anderes, nur hier ist die Ideologie vollständig. Bei größeren Minderheiten lassen sich Anteile dieser Ideologien finden. Wir können beispielsweise – je nachdem, wen wir fragen – hohe Prozentsätze für Fremdenfeindlichkeit sowie vergleichsweise hohe Prozentsätze für antisemitische Äußerungen feststellen. Auch haben Umfragen hohe Prozentsätze für antiparlamentarische Aussagen ergeben. Der

Anteil derer aber, die über eine fest in der Persönlichkeit verankerte, unveränderliche Ideologie verfügen, liegt nach unseren Messungen nur bei einem bis maximal 4% der Bevölkerung. Das sind die echten Ideologen. Weitere etwa 15% sind sozusagen »Anrainer«, die z.B. fremdenfeindliche Äußerungen in Umfragen von sich geben, die ethnozentrisch argumentieren. Die Stabilität, die Konsistenz ihres Denkens ist aber über die Zeit gesehen sehr gering. Wir haben es hier mit Vorurteilen zu tun, die stark situativ beeinflusst sind. Diese Menschen bilden den beeinflussbaren Rand, während der harte Kern der Ideologen fast nicht beeinflussbar ist.

Bei den Wahlen sind die Ergebnisse schwankend. Das beste Beispiel ist die DVU in Sachsen-Anhalt, die aus dem Nichts auf knapp 13% Stimmenanteil kam und dann wieder ins Nichts zusammenfiel. Solche Phänomene haben wir wiederholt erlebt.

Wer sind die Träger rechtsextremer Einstellungen, einschließlich der Randgruppen? Kommen sie wirklich aus der Mitte der Gesellschaft? Haben sie das Bürgertum bereits erobert? Was die Einstellungsebene angeht, lautet die Antwort ganz klar: Nein. Träger rechtsextremer Einstellungen sind ganz überwiegend Leute mit einem im Durchschnitt sehr geringen formalen Bildungsabschluss – typischerweise Hauptschulabschuss oder ohne Abschluss –, mit einer geringen Berufsqualifikation, sehr jungen Alters, sehr oft männlich – vor allen Dingen, wenn wir auf die Wähler oder auf die Aktivisten schauen. Bei der Einstellung gibt es kaum Unterschiede zwischen den Geschlechtern, sehr wohl aber auf der Verhaltensebene.

Es ist das so genannte *Prekariat* – die ›sozial Abgehängten‹ oder solche, die dies befürchten –, das eher dazu tendiert, solche rechtsextremen Einstellungen zu entwickeln und dazu, rechtsextreme Parteien zu wählen. Mit 20% der Arbeitslosen hat ein weit überdurchschnittlicher Anteil beispielsweise in Mecklenburg-Vorpommern die NPD gewählt, und es gibt bestimmte Altersgruppen, in denen NPD oder DVU weit überdurchschnittlich gewählt werden. Dies war in Sachsen der Fall, wo die NDP von 30% der Altersgruppe der 18-25-Jährigen gewählt worden ist. Hier von der ›Mitte der Gesellschaft‹ zu sprechen, wäre dennoch irreführend, denn das ist ein normativer Begriff, kein empirischer.

Zur Organisationsebene des Rechtsextremismus Folgendes: Die NPD hat bundesweit etwa 6.000 Mitglieder, in Brandenburg sind es etwa 300. Es ist eine sehr kleine Partei mit einer über Jahre hinweg verfolgten Politik der Kaderbildung. Daher ist sie viel schlagkräftiger als andere, konkurrierende rechtsextreme Parteien wie etwa die »Republikaner« oder die DVU. Die relativ wenigen Parteimitglieder sind beim Aufbau ihrer Parteiorganisationen und deren Aktivitäten relativ erfolgreich. Die DVU hatte über 8.000 Mitglieder, aber die sind ganz überwiegend nicht aktiv, denn es handelt sich hauptsächlich um die Abonnenten der *Nationalzeitung* des

Verlegers *Gerhard Frey*, des Vorsitzenden der DVU. Als Partei im eigentlichen Sinn existiert die DVU überhaupt nicht, im Gegensatz zur NPD, die eine bemerkenswerte ›national-sozialistische‹ Wende durchgemacht hat. Sie mischt Elemente des extremen Nationalismus, des Antisemitismus und des Ethnozentrismus mit Elementen von sozialistischer Propaganda.

Was tun gegen den Rechtsextremismus? Einstellungen sind extrem schwer beeinflussbar, das weiß jeder Pädagoge und Sozialpädagoge. Änderungen der Einstellungen zu erreichen, ist nur in sehr langen Prozessen möglich, und man erreicht bei weitem nicht alle. Was wir – mehr als bisher geschehen – tun können, ist die Errichtung von *Verhaltens-Tabus.* So wie es ein Gewalt-Tabu gibt, sollte es auch ein Diskriminierungs-Tabu geben und ein Tabu, verbal Gewalt anzuwenden. Dabei müssten wir alle mehr Bürgermut zeigen, wenn wir uns in entsprechenden Situationen befinden. Mir ist klar, dass dies leichter gesagt als getan ist. Ich stimme immer mit Beifall zu, wenn es jemand fordert – in der konkreten Situation ist es manchmal sehr schwierig.

Roland Czada: Ich sehe einen Widerspruch auf unserem Podium: Sie, Herr Falter, sagen, das Prekariat sei empfänglich für die rechtsextremistische Ideologie. Herr Heye sagt, dieses Gedankengut dringt ins Bürgertum ein. Wenn es stimmt, was Herr Falter auch unter Bezug auf Umfrageergebnisse berichtet – was sollte dann das Bürgertum, das nicht in dieser prekären sozialen Lage ist, für dieses Bündel von rechtsextremistischem Gedankengut empfänglich machen?

Uwe-Karsten Heye: Es ist ja richtig, dass die Intensivtäter von rechts nicht diejenigen sind, die ohne Arbeit, ohne Job sind. Es ist im Zweifel die Erwachsenenwelt, die sie zu dem macht, was sie sind. Es ist noch kein Neonazi vom Himmel gefallen, und ich habe auch aus keinem Kinderwagen einen Zweijährigen rufen hören: Ausländer raus! Es gibt eine Erwachsenenwelt, die dahinter steht und die ihre Führungsarbeit in dieser Hinsicht macht. Es ist zu kurz gegriffen, das Problem als ein Jugendproblem zu definieren. Das mag es auch sein, aber in allererster Linie ist die Ursache darin zu suchen, dass in den neuen Bundesländern zu DDR-Zeiten eine gründliche Auseinandersetzung mit dem Nationalsozialismus nicht wirklich stattgefunden hat. Unter dem Titel »Antifaschismus« erinnerte man sich vor allem daran, dass die ersten, die als *Gruppe Ulbricht* aus Moskau kamen, in der Tat im antifaschistischen Widerstand gegen den NS-Staat eine Rolle gespielt haben. Ebenso wie die Adenauer-Republik sagte aber die DDR später: Wer sich in unser sozialistisches System einordnet, der gilt als rehabilitiert, und seine weniger ruhmreiche Vergangenheit wollen wir vergessen.

Weiter spielt es eine wesentliche Rolle, dass die DDR ein sehr autoritäres Regime war. Ich habe nicht den Eindruck, dass in den neuen Ländern ein großes Potential für einen zivilgesellschaftlichen Widerstand gibt. Das muss man erst mühsam in Bewegung setzen. Dort ist eine andere Mentalität vorherrschend, und wir haben eine andere Lage im Osten. Ich möchte in der ›Schuldfrage‹ nicht mit dem Finger auf die neuen Länder zeigen, denn die NPD ist eine Sumpfblüte aus dem braunen Sumpf Westdeutschlands, und die Führungsfiguren kommen alle von dort; dieses Zusammenspiel muss man deutlich sehen.

Roland Czada: Rechtsextremistisches Gedankengut ist ja auch im Westen statistisch nachweisbar, und auch entsprechende Gewalttaten gibt es im Westen. Was ist denn das Spezifische im Osten, in den neuen Ländern?

Jörg Schönbohm: Zunächst einmal: *Den* Osten gibt es nicht. Die Menschen in Thüringen fühlen sich dem Westen viel näher als die Leute in Mecklenburg-Vorpommern. Und die Brandenburger fühlen sich den Sachsen nicht so nah wie den Sachsen-Anhaltinern. So gibt es auch *die* DDR-Identität nicht. Aber es gibt Erfahrungen aus der DDR, die sich jeweils in unterschiedlichen Bereichen ergeben haben. Seit 1990 beschäftigt mich dieses Thema, wobei *Richard Schröder* immer ein Mann ernstzunehmender Worte und überzeugender Urteile ist. Er ist nicht nur Theologieprofessor, er war auch der erste Vorsitzende der SPD-Fraktion in der Volkskammer. In seinem Buch *Irrtümer der Deutschen Wiedervereinigung* arbeitet er die jüngste Vergangenheit auf. Sehr viele Menschen verließen die DDR als Flüchtlinge, bevor die Mauer gebaut wurde. Das war ein erheblicher *brain drain*, der soziale Qualitäten und gesellschaftliche Verhaltensweisen stark beeinflusste. Selbständige Handwerksbetriebe konnten z.B. von den Erben nicht fortgeführt werden, sondern wurden in Produktionsgenossenschaften zusammengeführt. So wurden die Träger des bürgerlichen Mittelstandes, Handwerker und Selbständige, bedrängt und in ihrer sozialen Existenz vernichtet. Diese soziale Infrastruktur regeneriert sich nun langsam. Wir haben in Brandenburg eine Selbständigenquote von 11,6%, was gegenüber dem Bundesdurchschnitt schon sehr respektabel ist.

Entscheidend ist allerdings auch die unterschiedliche Lage der Generationen. Wie werden denn die Jugendlichen angeleitet, wenn sie Eltern haben, die arbeitslos geworden sind und sich bereits zum zweiten oder dritten Mal auf einen Beruf vorbereitet haben? Das Wort »Qualifizieren« hat in den neuen Ländern keinen guten Klang mehr. Viele Menschen haben sich immer wieder neu qualifiziert für eine Aufgabe, waren dann kurzzeitbeschäftigt und wurden irgendwann wieder arbeitslos. Jetzt, da wir eine industrielle Basis geschaffen haben, ist absehbar, dass uns demnächst qualifizierte Facharbeiter fehlen werden, weil ein Teil in den Westen abgewandert ist, während ein anderer Teil der älteren Generation sich nicht mehr um die eigene Qualifikation bemüht. Was da wachsen soll, braucht also seine Zeit.

Herr Falter fordert, bestimmte Tabus zu errichten. Für mich ist die Frage der Gewaltbereitschaft und wie wir mit ihr umgehen, besonders wichtig, und ein Tabu der Gewaltausübung das Entscheidende. 33% aller Gewaltstraftaten in meinem Land wurden von Jugendlichen und Heranwachsenden begangen, obwohl ihr Anteil an der Bevölkerung viel geringer ist. Das ist ein auch zivilisatorisches Problem, und so möchte ich davor warnen, ausschließlich die rechtsextremistischen Gewalttaten zu betrachten. Wir müssen gegen jede Gewalt einschreiten, weil sie immer umschlagen kann.

Aber ich muss auch um Verständnis bitten, denn diese Gesellschaft wurde durch zahlreiche, unvergleichliche Umbrüche erschüttert. Kombinate mit 7.500 Mitarbeitern verschwanden in kürzester Zeit. Jetzt ist es z.B. gelungen, durch Ansiedlung von Solarfabriken wieder Arbeitsplätze zu schaffen, und manche gehen nach zehnjähriger Arbeitslosigkeit wieder einer geregelten Arbeit nach. Die Zusammenhänge dieser Entwicklungen muss man erkennen.

Als Innenminister bin ich sehr viel in Schulen, kümmere mich um die Freiwilligen Feuerwehren und die Sportvereine, aber auch um die Jugendarbeit, denn in diesen Bereichen müssen wir präventiv tätig werden. Dort finden wir eine wachsende Bereitschaft der Menschen, sich einzubringen, sei es in lokalen Bündnissen oder im Ehrenamt. 150.000 Brandenburger von insgesamt 2,9 Mio. Einwohnern sind ehrenamtlich tätig, bringen sich in alle möglichen Aufgaben ein. Dort wächst etwas, und darum habe ich Sorge, dass die Überbetonung der Probleme bei manchen zu Resignation führen könnte. Als Optimist sage ich: Wir haben etwas bewegt, wir müssen weitermachen.

Roland Czada: Herr Falter, wenn es stimmt, dass auf dem Land der Rechtsextremismus deutlich stärker ausgeprägt ist als in der Stadt, und Sie sagen: Die *Vereine* sind ein *Schutz* gegen den Rechtsextremismus, so klingt das widersprüchlich, denn auf dem Land gibt es doch eine Vielzahl von Vereinen und bürgerschaftlichen Aktivitäten.

Jürgen Falter: Ein Blick in die deutsche Geschichte bzw. konkret in die Zeit des Aufstiegs des Nationalsozialismus zeigt, dass die NSDAP in den evangelisch geprägten ländlichen Gebieten am stärksten war. Die Partei war am erfolgreichsten, wo es ihr leichtfiel, in bestimmte Organisationen einzubrechen. Auf dem Land, wo mit wenigen Leuten ein Verein übernommen werden konnte, war dies am einfachsten. Im Landkreis Rothenburg ob der Tauber-Land beispielsweise konnte am 3. Juli 1932 die NSDAP 83% der Wähler gewinnen. Dagegen erhielt sie in den katholischen Wahlkreisen des Oldenburgischen Münsterlands, in Vechta und Cloppenburg, bei dieser Wahl die niedrigsten Stimmenanteile. Was bedeutet das? Es gibt bestimmte Barrieren, wie hier z.B. ein großer Prozentsatz praktizierender Katholiken, die es für rechtsextreme Organisationen schwer machen einzudringen. Sind diese Barrieren nicht da, ist das Vordringen der Rechtsextremen relativ leicht. Andere Barrieren konnten auch bestimmte evangelische Gruppen verkörpern, die aber insgesamt seltener sind, oder auch ein hoher Organisationsgrad in den Gewerkschaften. Bestimmte Organisationen ›immunisierten‹ offenbar ihre Mitglieder, schaffen Resistenz. Das galt schon am Ende der Weimarer Republik, das galt während der Geschichte der alten Bundesrepublik, und es gilt bis heute. In den neuen Bundesländern dagegen liegt der Anteil der Mitglieder in einer der Kirchen nur zwischen 20 und 30%, dort fehlen solche Barrieren. Auf dem Land ist es für den Rechtsextremismus aber häufig auch deshalb einfacher, weil bestimmte Freizeitangebote fehlen.

Jürgen Falter

Uwe-Karsten Heye: Bei diesem Problem ist vor allem eine *nationale* Anstrengung zu fordern. Dies ergibt sich zum einen aus der Tatsache, dass es aus den neuen Ländern eine weiterhin dramatische, ökonomisch bedingte Abwanderung von Ost nach West gibt. Zum andern bietet der dramatische Rückgang der Geburtenrate in den neuen Ländern dazu Anlass, der u.a. bewirkt, dass die Schülerjahrgänge immer kleiner werden und immer mehr Schulen geschlossen werden müssen – insbesondere im ländlichen Bereich. So wird die kulturelle Versorgung, die ohnehin in den ländlichen Gebieten schwächer ausgeprägt ist, zusätzlich ausgedünnt, und man muss sich vorstellen, dass in wenigen Jahren ganze Dörfer aufgegeben werden müssen, weil es nur noch einzelne Alte geben wird. Viele, die bleiben und nicht gehen können, haben das Gefühl, als ›Verlierer‹ zurückzubleiben, ausgegrenzt zu sein von jeder Möglichkeit, eine ökonomische Besserung für das eigene Leben bewerkstelligen zu können. Dieses zusätzliche Problem der neuen Ländern muss man im Blick behalten. Diese Länder brauchen Hilfe in der Bewältigung ihrer sozialen und strukturellen Probleme.

Jörg Schönbohm: Diese Hilfe erhalten wir bereits, etwa mit den Sonderbedarfs-Bundesergänzungszuweisungen (SoBEZ). Ich bin dankbar, dass diese Zuweisungen seit 2002 erfolgen; sie wird es voraussichtlich bis zum Jahr 2019 geben. 2007 erhält das Land Brandenburg 1,2 Mrd. Euro aus diesen Bundesmitteln, um die Infrastruktur und die kommunalen Finanzen zu verbessern. Damit werden wir haushälterisch und sorgsam umgehen, um die Defizite bei der Infrastruktur und in den Kommunalstrukturen auszugleichen.

Dem hohen Bedarf an Facharbeitskräften begegnet unsere Landesregierung mit einem Qualifizierungsprogramm, damit ein größerer Teil der Schulabgänger auch ausbildungsfähig wird, denn wir haben in vielen Bundesländern mit 10% bis 20% einen zu hohen Anteil von jugendlichen Schulabgängern, die nicht ausbildungsfähig sind.

Roland Czada: Herr Schönbohm, Sie sind zu den Therapien übergegangen: Qualifizierung, Entwicklung des ländlichen Raumes. – Herr Heye, Ihnen zufolge müsste die Zivilgesellschaft Ansätze bieten, die gesellschaftliche Auseinandersetzung mit dem Rechtsradikalismus zu führen, unabhängig von den Polizeimitteln des Staates. Inwieweit spielt es eine Rolle, dass in der DDR keine Tradition der Zivilgesellschaft gepflegt wurde? Wächst jetzt Ihrer Ansicht nach eine neue Zivilgesellschaft? Was kann man tun, um gerade im Osten zivilgesellschaftliche Aktivität voranzubringen?

Uwe-Karsten Heye: Jedenfalls darf man nicht die Situation eintreten lassen, dass in bestimmten ländlichen Bereichen die NPD die letzte verbliebene Sozialstation ist, weil sich sonst keiner kümmert. Ein Blick nach Vorpommern zeigt, dass dort die demokratischen Parteien keine Rolle mehr spielen. Dies konnte dort die NPD in Wählerstimmen für sich umsetzen, was dann nicht mehr verwundert. Wir müssen die Frage beantworten, wie das zu ändern ist, wie man Begeisterung für den demokratischen Staat wecken kann, die in Partizipation und Teilnahme einmünden könnte. In Mecklenburg-Vorpommern z.B. hat die SPD mit rund 2.000 Mitgliedern weniger Angehörige als ein Ortsverein in einer beliebigen Stadt Nordrhein-

Westfalens. Ich kann nachvollziehen, dass nach dem zweiten Desaster einer alliierten und sozialistischen Diktatur, die auf die Nazi-Diktatur folgte, viele Menschen es ablehnen, sich überhaupt politisch zu engagieren. Aber die demokratischen Parteien *müssen* wieder so etwas wie eine Begeisterung für den demokratischen Staat und die demokratische Gesellschaft in Bewegung setzen, und das gerade bei jungen Leuten.

Jörg Schönbohm: Würden wir diese Diskussion in Perleberg, in Pritzwalk, in Senftenberg, in Spremberg, in Cottbus oder im Potsdamer Land führen, so würden wir feststellen: Es gibt sehr viele Menschen, die sagen: Ja, es ist unser Land, unsere Gesellschaft, und wir haben Verantwortung. Zwar ist das urbane Leben noch nicht wieder so lebendig wie im Westen. Aber ich verweise auf das Beispiel des Fußballclubs 1. FC Energie Cottbus und seine Bedeutung für die Region. Der Bundesliga-Verein mit dem geringsten Etat behauptet sich in der oberen Tabellenhälfte. Darauf sind wir Ossis unglaublich stolz, und wenn das Stadion voll besetzt ist, ist die Stimmung grandios. Eine Zeit lang kam es zwar auch zu gewalttätigen Ausschreitungen, aber unsere Beamten konnten diese mit Erfolg zurückdrängen.

Wir brauchen Erfolgserlebnisse, und wir müssen der Region zeigen, dass wir sie unterstützen. Die Zivilgesellschaft in den kleineren ländlichen Räumen hat sich sehr gut entwickelt, aber das Problem ist das weite Land. In der Uckermark – 3.000 km^2, 135.000 Einwohner – leben statistisch 45 Einwohner pro Quadratkilometer. Hier gibt es Gegenden, die weniger als 10 Einwohner je Quadratkilometer haben. Diese Bereiche gelten im Verständnis der Europäischen Union fast als Wüste. Es gibt aber Leute, die sagen: Da gehen wir gerade hin, weil es dort ganz anders ist. Im Oderbruch gibt es Dörfer, in denen früher 400 Einwohner lebten. Jetzt leben da noch 200 Menschen, aber diese Dörfer werden nicht aufgegeben. Die Menschen werden dort bleiben, ein Teil wird wiederkommen. Wir müssen einfach alles daran setzen, zu verhindern, dass sich in den ausgedünnten Gebieten rechtsradikale Subkulturen entwickeln.

Roland Czada: Im *Zweiten Periodischen Sicherheitsbericht der Bundesregierung* vom November 2006 wird die »Mobilisierung zivilgesellschaftlicher Kräfte in der Abwehr der ›Normalisierung‹ von Rechtsextremismus« gefordert. Dazu werden Beispiele wie die Bundesprogramme *CIVITAS*, *ENTIMON* und *XENOS* sowie das *Bündnis für Demokratie* angeführt. Für wie Erfolg versprechend halten Sie diese Projekte? Sind die Leute in einem Dorf, in dem es immer weniger Einwohner gibt, mit solchen Programmen erreichbar?

Jörg Schönbohm: Bisher ist noch nicht evaluiert worden, was das Ergebnis dieser Aktivitäten ist. Wie gesagt: Änderungen von Einstellungen sind schwer zu bewirken. Daneben ist wichtig, Verhaltensänderungen zu erzielen und dem Mitläufertum zu begegnen. Die kommunalen Präventionsbündnisse – wir haben in Brandenburg 97 – haben hier eine wichtige Aufgabe. Die Programme sind erfolgreich, wo sie gezielt eingesetzt werden, und die positiven Ergebnisse verbreiten sich punktuell – wie Ölflecken, wobei sich die Frage stellt, wie viele solcher ›Ölflecken‹ brauchen wir, um das ganze Land zu erreichen?

Publikum: Jugendliche, die das heutige dreigliedrige Schulsystem mit seinen Selektionsmechanismen durchlaufen, stehen ständig vor der Frage, ob sie darin bestehen können oder nicht. Welche Konsequenzen ergeben sich daraus für das Thema Rechtsextremismus?

Jürgen Falter: Auf europäischer Ebene sind rechtsextreme Einstellungen vergleichend untersucht worden. Die Bundesrepublik nimmt dabei mittlere Plätze ein, d.h. wir sind nicht besonders herausragend. Diese Verteilung lässt keine Abhängigkeit von unterschiedlichen Schulsystemen – ob Einheitsschule, gegliedertes Schulsystem oder die extrem harte Selektion wie in Frankreich – erkennen.

Uwe-Karsten Heye: Ich sage nicht, dass unser Schulsystem den ›neuen Nazi‹ schafft, aber die Statistiken zeigen, das dieses Schulsystem zusätzliche ›Verlierer‹ schafft. Eine ›Kultur der zweiten und dritten Chance‹ gibt es weder im Schulbereich noch bei den Unternehmern: Wer einmal Pleite gemacht hat, ist weg vom Fenster. Wir müssen lernen, dass immer wieder neue Anläufe möglich sind, und dazu ermutigen, neue Anläufe zu machen, und das gilt für Schüler genauso wie für gescheiterte Selbständige.

Publikum: Herrn Falter zufolge geht es bei unserem Thema vor allem um ›Prekarität‹, also um Arbeitslosigkeit, Mangel an Bildung usw., was mir nicht ausreichend erscheint. Es geht m.E. auch um *Männlichkeit*, denn offensichtlich gibt es kaum weiblichen Rechtsradikalismus. Verbirgt sich dahinter möglicherweise eine Suche nach mehr Autorität, nach mehr Linienführung, nach mehr Wir-Gefühl?

Jürgen Falter: Ich sagte bereits: Unter den *Wählern* rechtsextremer Parteien gibt es überdurchschnittlich viele Männer und unterdurchschnittlich viele Frauen. Bei der Verteilung rechtsextremer *Einstellungen* gibt es so gut wie keine Unterschiede zwischen Männern und Frauen. Unter den Mitgliedern rechtsextremer *Organisationen* ist dagegen der Anteil der Männer weitaus höher als der der Frauen. Zur Erklärung dieser Unterschiede kommt eine Reihe von möglichen Einflussfaktoren in Betracht, etwa die Sozialisation, die Anerziehung einer weiblichen Rolle: Die Frau betätigt sich in der Politik weniger stark als der Mann. Das gilt bei Mitgliedern aller Parteien bis heute. Nur 25% der Parteimitglieder der CSU etwa sind weiblich. Möglicherweise hat dies mit dem Frauenbild der Parteien zu tun, über die wir sprechen. Parteien, die die ›harte Männlichkeit‹ des SS-ähnlichen Machos in den Vordergrund stellen, sind nicht besonders anziehend für emanzipierte, selbstbewusste Frauen, sondern eher für einen kleinen Teil von Frauen, die sich ›aufgehoben‹ fühlen in diesem Milieu. Erklärungsansätze müssen auf soziale Rollenverständnisse rekurrieren, nicht auf genetische Prädispositionen, und auch die Angebotsseite in den Blick nehmen. Bestimmte Parteien sind insgesamt weniger attraktiv für Frauen als andere. Andere Parteien sind für Frauen attraktiver: Die Grünen werden heute beispielsweise stärker von Frauen als von Männern gewählt.

Uwe-Karsten Heye: Die Mädchen machen zunehmend bessere Schulabschlüsse als die Jungen, und unter denen, die ohne einen Abschluss aus der Schule gehen, sind mehr junge Männer als Mädchen. Wir erleben, dass in den neuen Ländern aus den Bereichen, wo sich eine rechtsradikale Jugendkultur durchgesetzt hat, die Mädchen aus den Regionen verschwinden; sie ziehen weg. Dasselbe Phänomen haben wir bei den Migranten. Weibliche Jugendliche mit Migrationshintergrund machen insgesamt bessere Abschlüsse als die männlichen, so dass hier schon die Forderung erhoben wird, eine ›Jungenförderung‹ zu betreiben, um dieses Problem zu lösen. Das ist eine spannende Entwicklung ...

Publikum: Ein Aspekt, der zeigt, dass es gerade in den Großstädten eine neue Qualität im Auftreten des Rechtsextremismus gibt, ist die kostenlose Verbreitung von rechtsextremer Musik vor den Kneipen der Stadt an Jugendliche. Dabei scheint es gar nicht vorrangig um die entsprechenden Inhalte zu gehen. Über die Musik wird der Zugang zu den Jugendlichen gesucht und ihre Bereitschaft herausgefordert, sich mit den Inhalten und ästhetischen Formen, die es da gibt, zu beschäftigen. Solche CDs werden bei weitem nicht von Angehörigen des ›Prekariats‹ bzw. von › Bildungsverlierern‹ gehört. Wir dürfen den städtischen Raum nicht vernachlässigen.

Publikum: Leider gab es nicht nur im Osten, sondern auch in Niedersachsen und im angrenzenden Westfalen zahlreiche NPD-Aufmärsche, so in Hildesheim, Göttingen, Vechta und in Osnabrück bei der Wehrmachtsausstellung. Ein neuer Versuch, die NPD verbieten zu lassen, wäre m.E. richtig, denn an der Verfassungsfeindlichkeit dieser Partei besteht überhaupt kein Zweifel. Derzeit profitiert die NPD weiterhin von ihrem Parteienstatus, indem ihr Finanzmittel zufließen, die zur Verbesserung der Parteiorganisation und ihrer Jugendarbeit verwendet werden.

Innenminister Schönbohm sagte, Brandenburg habe viele Indizierungsanträge für rechtsextremistische Musik gestellt. Aber Indizierung heißt ja nicht verbieten, das ganze Zeug gehört aber verboten, nicht nur indiziert.

Uwe-Karsten Heye: Das Problem vieler Großstädte heute ist das leider ungelöste Problem des Umgangs mit den neuen Migranten in Deutschland. In Berlin z.B. haben wir ausgeprägte ›Gegenwelten‹, die zueinander keine Beziehung haben. Wir haben ein Maß an Perspektivlosigkeit für die jungen Leute – wo immer sie auch herkommen – im Westen der Stadt. Und wir haben ein bestimmtes, rechtsradikal geprägtes Selbstbewusstsein im Osten der Stadt. Insofern ist Berlin immer noch eine geteilte Stadt. Dies ist ein Problem vieler deutscher Großstädte. Wir müssen endlich klarmachen, dass wir ein Einwanderungsland sind, und erst, wenn dies gelungen ist, können wir auch Forderungen an diejenigen richten, die zu uns kommen.

Zur Forderung nach einem neuen NPD-Verbotsantrag: Meine Befürchtung ist, dass, wenn es zu einem Verbot käme, wir uns mit dem Thema nicht mehr beschäftigten und der Rechtsextremismus sich politisch unter der Wahrnehmungsgrenze weiterentwickeln würde. Es ist richtig, sich offen und öffentlich mit dem rechtsradikalen Problem in diesem Lande auseinandersetzen und eine Haltung dazu einzunehmen.

Jürgen Falter: Wir haben einiges zur Diagnose, zur Beschreibung des Problems gesagt, und wir haben etwas über mögliche Therapien gesagt. Den Bereich der Erklärungen haben wir noch kaum berührt. Zwei Bemerkungen möchte ich dazu machen. Zum einen: Es sind nicht in der überwiegenden Zahl Protestwähler, die für die NPD und für die DVU oder die Republikaner stimmen, sondern *Überzeugungs*wähler, d.h. ihr Denken stimmt wenigstens in Teilen mit dem überein, was diese Parteien ihnen offerieren. Das gilt für zwei Drittel der Wähler, ein Drittel sind tatsächlich die Protestwähler, die relativ leicht wieder zurückzugewinnen sind, indem man die Ursachen des Protests beseitigt. Das Problem der Überzeugungswähler ist so nicht in den Griff zu bekommen. Dies ist nur möglich, indem wir rechtsextremistische Positionen weiterhin gesellschaftlich negativ sanktionieren oder tabuisieren, so dass solche Parteien überhaupt nicht mehr in den Bereich der Denkbaren, Wählbaren kommen. Wir müssen weiterhin diese ›Hygiene‹, diese Form von historischer, sozialer Hygiene walten lassen. Das hat lange Zeit gut funktioniert, und nur dort, wo diese negative Sanktionierung in der Öffentlichkeit fehlt, können die Rechtsextremisten gewinnen.

Es gibt auch Positives zu berichten: Eine seit mehr als 10 Jahren laufende Untersuchung des Instituts für Demoskopie Allensbach hat aufgrund von Meinungsumfragen die Einstellung der Bevölkerung gegenüber Rechtsextremen erforscht. Von allen sozialen, ethnischen oder politischen Gruppen, die dort beurteilt werden sollten, erhielten die Rechtsextremen die negativsten Ergebnisse. Über drei Viertel der Befragten geben Rechtsextreme als diejenige Kategorie an, neben der sie keinesfalls wohnen möchten. Dies zeigt, dass immer noch ein hohes Maß an Ablehnung besteht – im Osten übrigens noch stärker als im Westen. Die hohe Ablehnungsquote ist während des gesamten Untersuchungszeitraums sehr stabil geblieben, während sich gleichzeitig eine Tendenz zur Liberalisierung der Einstellung gegenüber anderen Gruppen zeigte. Das Tabu hält also teilweise, aber eben nicht mehr flächendeckend, und wir müssen uns überlegen, wie dies wiederherzustellen ist.

Libanon zwischen den Fronten – Wie kann der Friede in der Region gewonnen werden?

Podiumsveranstaltung im Rathaus der Stadt am 21. Juni 2007

Prof. Dr. Volker Perthes	Direktor der Stiftung Wissenschaft und Politik (SWP), Berlin
Rami G. Khouri	Publizist, Direktor des Issam Fares Institute for Public Policy, American University of Beirut
Birgit Kaspar	Hörfunkjournalistin, Beirut – Gesprächsleitung

Birgit Kaspar: Den Menschen im Libanon und in den nahöstlichen Nachbarstaaten erscheint der Frieden seit Jahren als eine Fata Morgana. Manchmal meint man, ihn am Horizont erkennen zu können, und später stellt man fest, dass es sich wieder um eine Täuschung gehandelt haben muss. Dabei ist der Wunsch der Menschen im Libanon und in der Region groß, dass dieser Frieden endlich Realität wird. Es geht vor allem darum, ein ganz normales Leben führen zu können, keine Angst davor haben zu müssen, dass Bomben fallen oder hochgehen; es geht darum, den Lebensunterhalt geregelt verdienen zu können und seine Kinder ohne Angst in die Schule schicken zu können, und dass die Kinder eine Ausbildung bekommen. Es geht darum, dass man überhaupt eine Lebensperspektive hat und die Zukunft planen kann. Das ist für die Libanesen und die meisten anderen Menschen in der Region im Augenblick leider Wunschdenken.

Der Libanon befindet sich mit Israel immer noch im Kriegszustand; es existiert lediglich eine offizielle Waffenruhe. Die libanesische Regierung hat immer wieder betont, keinen Separatfrieden mit Israel abschließen zu wollen, d.h. sie wartet darauf, bis auch die Syrer und vor allem die Palästinenser zu einem friedlichen Ausgleich mit Israel kommen.

Der Gemüsehändler in meiner Straße begrüßte mich vor Tagen mit einer Tirade der Verzweiflung: »In welchem Land leben wir eigentlich?«, fragte er, und klagte:

> »Hier gibt es keinen Staat, hier gibt es viele kleine Staaten. Wir haben viele kleine Könige in diesem Land, die alle regieren wollen. Daneben haben wir noch die vielen Ausländer, die auch glauben, dass sie am besten wissen, was für den Libanon gut ist, und die glauben, dass dieses Land ihnen gehört.«

Damit ist die aktuelle Lage im Libanon auf den Punkt gebracht. Seit dem Krieg zwischen der *Hisbollah* und Israel im Sommer 2006 ist dieses kleine Land mit seinen vier Millionen Einwohnern noch tiefer gespalten, noch instabiler denn je. Zwar sichern die UN-Blauhelme der UNIFIL einerseits die Landgrenze zu Israel und andererseits die Seegrenze – wobei neben anderen Staaten auch die deutsche Marine vertreten ist. Aber innerhalb dieser Grenzen brodelt es immer mehr, und man muss wirklich Sorge haben, dass die Situation explodieren könnte.

Die vom Westen unterstützte Regierung von Ministerpräsident *Fuad Siniora* steht gegen die Opposition, die vom Iran und Syrien unterstützt wird. Die Opposition wird angeführt von der radikal-schiitischen Hisbollah und dem christlichen General *Michel Aoun*. Seit fünf schiitische und ein christlicher Minister die Regierung verlassen haben, ist diese kaum noch handlungsfähig. Im Augenblick haben wir eine Situation, in der die Regierung zwar noch mit internationalen Kräften kooperiert, d.h. mit westlichen Regierungen, von denen sie auch unterstützt wird. Aber im Inneren passiert eigentlich nicht mehr viel. Es läuft nur noch eine Art Krisenmanagement, bei dem die Leute spüren, dass nichts vorangeht. Beispielsweise kommt der Wiederaufbau des Landes nicht voran. Wenn das so weitergeht, wenn keine Trendumkehr im Libanon stattfindet, wird der Libanon statt zu einer Vorzeigedemokratie im Nahen Osten zu einem gescheiterten Staat wie Irak oder Somalia.

Die Libanesen haben, während sie versuchen, diese innenpolitische Situation zu verdauen, gleichzeitig Angst vor einem neuen Militärkonflikt mit Israel, der nicht ausgeschlossen werden kann. Das wurde mir erst vor kurzem wieder an einem Wochenende klar. Sonntags verbringen die Familien, Erwachsene und Kinder, ihre Zeit oft an den Stränden. Plötzlich, wie durch eine magische Hand gesteuert, packten alle ruhig und zielstrebig ihre Sachen und verschwanden. Ich erfuhr, dass sie durch Verwandte per Telefon die Nachricht erhalten hatten, dass Palästinenser zwei Raketen auf den Norden Israels abgeschossen hatten. Zunächst befürchtete man, es wäre die Hisbollah gewesen und es dauere nur noch kurze Zeit, bis israelische Militärflugzeuge am Himmel erscheinen würden und Bomben abwürfen. Mich fragte eine libanesische Mutter von vier Kindern verzweifelt: »Was machen wir hier? Was ist das für ein Leben? Sind die Bedingungen, unter denen wir hier leben, nicht ein Wahnsinn?«

Dieses Spannungsverhältnis zwischen innen- und außenpolitischer Krise und den Menschen, die eigentlich ein ganz normales Leben führen möchten, kennzeichnet in etwa die gegenwärtige Lebensrealität im Libanon.

Rami G. Khouri: Vieles Schreckliche beeinträchtigt aktuell den Alltag der Menschen im Libanon. Dennoch ist der Libanon zurzeit einer der interessantesten Orte im Nahen Osten, da er all die unterschiedlichen Konflikte und Spannungen, die die Region definieren, einfängt. In mancher Hinsicht ist Beirut mit Berlin zu Zeiten des Kalten Krieges vergleichbar, und zwar als ein Ort, an dem symbolisch politische Konfrontationen der neuen ideologischen Gruppierungen stattfinden, die sich in der gesamten Region gegenseitig auf politischer und militärischer Ebene bekämpfen, oft in Form von lokalen Stellvertreterkriegen.

Ein neuer, regionaler *Kalter Krieg* bestimmt den Nahen Osten, und seine Ausläufer treffen im Libanon aufeinander. Zwei Machtgruppierungen stehen sich heute in der Region konfrontativ gegenüber: Auf der einen Seite die Vereinigten Staaten mit Israel und einigen arabischen Regimen sowie dem größten Teil Europas, auf der anderen Seite die iranisch-syrische Gruppierung, die von islamistischen Bewegungen unterstützt wird. Die konkurrierenden politischen Kräfte beider Lager lassen sich nicht selten – wie in Palästina, Libanon, Somalia oder im Irak – sogar innerhalb eines Landes finden, wo sie häufig eine breite lokale Unterstützung finden.

Im Libanon überlappen sich zum einen lokale, regionale und globale Konfrontationen. Nur unter großen Schwierigkeiten stellt sich das Land im Innern auf die sich verändernden heimischen demografischen Bedingungen und die globalen ideologischen Entwicklungen ein. Der zahlenmäßige Anteil der Schiiten und Sunniten nimmt gegenüber den christlichen Maroniten weiter zu. Entsprechend müssten die Regelungen der politischen Machtverteilung angepasst werden. Dies ist die anhaltende lokale Dynamik, die den Libanon schon seit langem beherrscht. Gleichzeitig ist das Wachsen der Hisbollah zu einer starken und glaubwürdigen nichtstaatlichen Bewegung – vielleicht sogar zu der einzigen wirklich kompetenten politischen Organisation in der arabischen Welt – eine neue Herausforderung für die traditionelle Machtelite, die von den Sunniten und den Christen dominiert wird.

Die Allianz von Michel Aoun, einem führenden christlichen Politiker, mit der Hisbollah macht die Dinge noch komplexer, da traditionelle, religiös geprägte Abgrenzungen sich nach und nach mit ideologischen vermischen. Da die Hisbollah sich immer weniger in der Lage sieht, Israel, das 2006 fast vollständig aus dem Süden des Libanon verdrängt wurde, aktiv militärisch herauszufordern, verlagert sie ihre Aufmerksamkeit und Kräfte auf die innenpolitischen Auseinandersetzungen und sichert sich so ihren angemessenen Anteil im konsensorientierten Machtverteilungssystem im Libanon.

Dieser innenpolitische Machtkampf vermischt sich mit der zweiten Auseinandersetzung im Libanon, dem *Stellvertreterkrieg* zwischen Syrien-Iran, den Alliierten und Unterstützern von Hisbollah und den USA mit Israel: Der Israel-Hisbollah-Krieg im letzten Sommer war teilweise ein Stellvertreterkrieg zwischen den USA und dem Iran.

Der dritte Kampf im Land ist der zwischen syrischen und libanesischen Interessen, die im Zusammenhang mit dem syrischen Rückzug im Mai 2005 neu definiert wurden, als die Ermordung des ehemaligen Premiers *Rafik Hariri* einen libanesischen Volksaufstand gegen die Kontrolle des Landes durch Syrien entfachte. Viele der seither geschehenen Morde und Bombardierungen im Libanon sind Syrien zugeschrieben worden, was von Damaskus immer bestritten wurde.

Ein vierter Kampf schließlich findet zwischen der von Amerika unterstützten libanesischen Armee und Fatah al-Islam sowie anderen militanten Gruppen mit Al-Qaida-ähnlichen Ideologien und Taktiken statt. Diese Gruppen schwappten teilweise nach dem Irak-Krieg in andere Länder, denn der Irak ist ein riesiger Trainingsplatz für antiamerikanische Terroristen und militante Radikalisten geworden.

Diese vier Kampfplätze im Land sind untereinander und ebenso mit der Situation im Irak, Palästina-Libanon und Syrien eng verwoben. Die Chancen für eine echte Stabilität und ein normales Leben im Libanon stehen nicht gut, falls sich in den amerikanisch-syrisch-iranischen Beziehungen, an der syrisch-israelischen Front, in der Palästina-Frage und bezüglich der Situation im Irak keine Durchbrüche erzielen lassen.

Doch der Libanon ist nicht nur ein Schauplatz größerer ideologischer Kämpfe im Nahen Osten. Im Zeitraum der vergangenen fünf Jahre haben sich im Libanon mindestens fünf deutliche, wahrscheinlich beispiellose politische Entwicklungen ereignet, die potentiell auch auf andere arabische Staaten ausstrahlen:

- *Machtvolle Demonstrationen auf den Straßen* und die starke politische Reaktion vieler libanesischer Persönlichkeiten unmittelbar nach der Ermordung Rafik Hariris im Februar 2005 erzwangen den Rückzug syrischer Truppen aus dem Libanon und sorgten so dafür, dass Damaskus seine direkte Kontrolle über interne libanesische Angelegenheiten aufgab. Die internationale diplomatische Unterstützung für die massiven Demonstrationen durch den UN-Sicherheitsrat half dabei, Syrien zu vertreiben.

- Der Entscheidung des UN-Sicherheitsrats, Untersuchungen zum Hariri-Mord einzuleiten, folgte die *Bildung eines internationalen Tribunals*, um die der Morde Beschuldigten vor Gericht zu bringen. Seither gab es weitere Hilfe bei der Untersuchung anderer Morde. Dieser internationale Prozess der Untersuchungen und Gerichtsverfahren, um diejenigen zur Rechenschaft zu ziehen, die diese Verbrechen begangen haben, wird tief in die innenpolitischen und Sicherheitsstrukturen von eigentlich souveränen Staaten eindringen – in diesem Fall des Libanon und Syriens – und dabei von anderen arabischen Staaten genau beobachtet werden.
- Der Krieg zwischen der Hisbollah und Israel im letzten Sommer führte zu einem wirklichen Unentschieden, da beide Seiten nach 34 Tagen brutaler Angriffe eine Waffenruhe vereinbarten. Die Tatsache, dass ein nichtstaatlicher Akteur wie die Hisbollah Israel gezwungen hat, ein diplomatisches Ende der Kämpfe zu akzeptieren, stärkte die Position der Hisbollah in der arabischen Welt, bestätigte die politische Haltung ihrer Alliierten und Unterstützer – Syrien und der Iran – und lieferte ein Modell des Widerstands, der effektiven Organisation, der strategischen Planung und Umsetzung, das sich schon auf andere militante Bewegungen in der Region ausweitet.
- Die Hisbollah und ihre Alliierten im Libanon gingen seit Ende 2006 auf die Straße, um die gewählte Regierung von Premier Siniora herauszufordern, und schworen, sie zu stürzen und durch eine Regierung nationaler Einheit zu ersetzen, in der die Opposition mindestens ein Drittel der Sitze im Kabinett hält. Solch eine direkte, aber friedliche *Herausforderung auf den Straßen* ist eine neue Entwicklung in der modernen arabischen Politik und stellt einen verblüffenden Präzedenzfall dar. Allerdings scheinen die Hisbollah und ihre Anhänger festzustecken, unfähig, ihre Ziele auf politischem Wege zu erreichen, und nicht willens, sich geschlagen zu geben und ihre Position zu ändern.
- Als Reaktion auf die von der Hisbollah angeführte Herausforderung der Regierungspartei haben sich Siniora und seine politischen Freunde energisch gewehrt und dabei von vielen libanesischen Stimmen und ausländischen Regierungen starken Rückhalt bekommen, besonders von den USA und aus Europa. Die arabische Welt hat selten, wenn überhaupt jemals, einen derart offenen politischen Kampf zwischen Regierung und Opposition gesehen, einschließlich des Spektakels einer legitim gewählten arabischen Regierung, die sich – unterstützt vom Westen und arabischen Ländern – einer starken inländischen islamistischen Herausforderung ausgesetzt sieht, die von Syrien und dem Iran unter-

stützt wird. Aber die Bombardierungen und Morde im Libanon nehmen kein Ende, wie der Mord an *Waleed Eido*, Mitglied der prowestlichen und antisyrischen Regierung, und mindestens neun anderen durch Autobomben in Beirut beweist. Niemand weiß, wer hinter diesen Morden und anderen Angriffen der letzten Zeit steht. Dieser Mord war besonders besorgniserregend, da Eido das erste prominente sunnitische Mordopfer seit Rafik Hariri war. Alle anderen Politiker und Journalisten, die seither durch Bombenattentate ermordet oder verletzt wurden, waren Christen, die offen Kritik an Syrien geübt haben – ein Grund, warum viele Libanesen Syrien hinter diesen Morden vermuten.

Manche Politiker im Libanon haben sofort Syrien und seine libanesischen Alliierten der Morde an libanesischen Mitgliedern des Parlaments und Kabinettsmitgliedern beschuldigt, und zwar mit der Begründung, dies sei ein Mittel, die – mehrheitliche – Unterstützung der Regierung in der Bevölkerung zu verringern, um das Land in Spannung und Instabilität zu versetzen, damit Syrien seine Dominanz und Kontrolle im Libanon wiedergewinnen kann. Einige wenige, auf Seiten der Regierung stehende Minister und Parlamentsmitglieder haben auch den libanesischen Präsidenten *Emile Lahoud*, dessen Regierungsperiode 2004 von Syrien um weitere drei Jahre verlängert wurde, öffentlich der Mitschuld bezichtigt und ihn damit stark isoliert. Er habe, so der Vorwurf, den Plan unterstützt, die parlamentarische Mehrheit davon abzuhalten, im Oktober 2007 einen Nachfolger zu wählen. Die Abgeordneten fürchten, dass die Mordserie zur Beschlussunfähigkeit des Parlaments führen könnte und der prosyrische Lahoud versuchen werde, an der Macht zu bleiben oder eine prosyrische Gegenregierung zu derjenigen Sinioras zu bilden. Sie wiesen auch darauf hin, dass Lahoud sich weigere, die Dokumente für Nachwahlen für die zwei ermordeten Pro-Regierungs-Parlamentsmitglieder, Eido und *Pierre Gemayel*, zu unterzeichnen. Die Regierung antwortete darauf, indem sie für die Nachwahlen ein Datum Anfang August 2007 nannte.

Der Libanon ist nun an vier Fronten gleichzeitig destabilisiert: die Al-Qaida-ähnliche Gruppe *Fatah al-Islam* bekämpft die libanesische Armee im Flüchtlingslager *Nahr al-Bared* im Norden; die Morde an zehn prominenten Personen in den vergangenen zweieinhalb Jahren, die Syrien zu verantworten habe; ein Dutzend nächtens detonierter Bomben in der Region Beirut in den letzten Monaten, die die Bewohner eher terrorisieren und beunruhigen sollten, als sie in großer Zahl zu töten; schließlich die politische Patt-Situation zwischen der Regierung und der Opposition.

Die Vereinigten Staaten unterstützen die libanesische Regierung offen und entschlossen in ihrem Kampf an allen Fronten und stellen sich mit ihren gegen Syrien gerichteten Beschuldigungen einer angeblichen Förderung der Angriffe im Libanon eindeutig hinter sie. Die Fakten bezüglich der Frage, wer hinter der Gewalt, den Morden und der politischen Unbeweglichkeit im Libanon steht, werden wegen der massiven internationalen Untersuchungen unweigerlich irgendwann ans Licht kommen. Zurzeit ist nur eins sicher: der Libanon ist zu einem brutalen Schlachtfeld geworden, auf dem sich lokale und globale Kriegsführer einen immer offeneren Kampf liefern, der keine Anzeichen von Verlangsamung zeigt. Das erschreckende neue Element sind die Kämpfe im Lager Nahr al-Bared. Hier treffen vier separate Konflikte unheilvoll zusammen und zeigen die komplexe Gewaltmatrix, von der der ganze Nahe Osten heute beherrscht ist:

- Das historische, bis in die 1960er Jahre zurückgehende Erbe der Spannungen zwischen verschiedenen libanesischen Kräften und bewaffneten palästinensischen Flüchtlingsgruppen im Land;
- die aktuellen Spannungen zwischen Syrien und dem Libanon, seitdem die syrischen Truppen den Libanon vor zwei Jahren verlassen haben;
- die regionalen ›Metastasen‹ des von den USA geführten Irakkrieges, insofern militante Islamisten in den Libanon zurückkehren, um dort Basislager aufzubauen oder die örtliche Bevölkerung aufzuwiegeln;
- und die ausgreifenden Schläge im ›globalen Krieg gegen den Terror‹ des *George W. Bush*, die die islamistischen Terrorgruppen, die Al-Qaida-ähnliche Ziele und Taktiken verfolgen, sowohl bekämpfen als auch wachsen lassen.

Die Eskalation dieser Konflikte in Form der Auseinandersetzungen bei Tripolis im Frühjahr 2007 war nicht überraschend. Die Fatah al-Islam baute ihre Einheit mehrerer Hundert schwer bewaffneter Kämpfer arabischer und auch asiatischer Herkunft im Lager Nahr al-Bared seit einem Jahr auf, während andere militante Islamisten kleinere Gruppen im Norden und Süden des Libanon formierten. Viele Libanesen beschuldigen Syrien, diese Gruppen aufzuwiegeln, um den Libanon in einem Zustand der Wirren zu halten und um die Aufmerksamkeit vom internationalen Gerichtshof abzulenken, der eingeführt wird, um die Mörder von Hariri und anderen prominenten Libanesen zu verhandeln. Syrien streitet diese Anklage immer vehement ab.

Die Situation des Libanon ist im Vergleich zu anderen arabischen Staaten der Region nicht außergewöhnlich. Dieses ist nur ein weiteres Land, das unter den Spannungen leiden muss, die sich automatisch ergeben, wenn die Regierungsgewalt und ihre Institutionen schwach und ineffizient sind und die meisten Bürger sich stattdessen ihren Religionen, Stämmen oder ethnischen Identitäten oder den Milizen zuwenden. Das Problem wird durch die Unterstützung externer Mächte noch unübersichtlicher, was noch mehr Spannungen und Misstrauen schafft.

Im Libanon steht viel auf dem Spiel. Das Land befindet sich in einem beunruhigenden Stadium der Abrechnung, und es ist nicht klar, ob sein Schicksal von Banden wütender junger Männer mit Waffen, legitimen lokalen Führern oder den Interessen fremder Mächte bestimmt wird. Hier wird der moderne arabische Staat, der in seiner Machart europäischen Mustern folgt, wieder einmal getestet, und er scheint sich dabei nicht gut zu bewähren.

Volker Perthes: Schaut man heute in den Nahen Osten, nach Libanon, Syrien, Israel und in die palästinensischen Gebiete, dann muss aus einer interessierten europäischen Sicht schnell Ernüchterung eintreten, und zwar vor allem hinsichtlich unserer Fähigkeiten, den Gang der Dinge im Nahen Osten überhaupt wirkungsvoll zu beeinflussen – und das, obwohl das europäische Engagement in der Region heute viel stärker ist als während der vergangenen Jahre.

Wir zahlen mehr Geld in die Region hinein – das ist ja das bevorzugte Mittel europäischer Politik – und wir engagieren uns auch sicherheitspolitisch in der Region. Europäische Polizisten haben in den letzten eineinhalb Jahren den einzigen funktionierenden Grenzübergang zwischen dem Gazastreifen und Ägypten offengehalten. Deutschland hat zum ersten Mal eigene Soldaten in den Nahen Osten geschickt, nämlich Marineeinheiten, die in der UN-Truppe für den Libanon eine Rolle spielen. Der deutsche Außenminister hat versucht, seinen Einfluss geltend zu machen, indem man Syrien zu einem konstruktiveren Verhalten im Nahen Osten bewegt. Auch die Bundeskanzlerin hat durch starke politische Unterstützung versucht, die derzeitige Regierung im Libanon zu stabilisieren.

Gleichzeitig zum gestiegenen Engagement der Europäischen Union und zu den Bemühungen, das so genannte Nahost-Quartett für den Friedensprozess wieder zu beleben, scheint aber die Hoffnung zu schwinden, dass aufgrund dieser Aktivitäten Frieden und Stabilität eintreten könnten. Es ist, als ob die heutige Situation im Nahen Osten nur dazu taugte, Positionen wie von Birgit Kasper, Rami Khouri und mir zu bestätigen, die wir unabhängig voneinander und von sehr unterschiedlichen Standpunkten aus am Ende des Libanon-Krieges im Jahr 2006 vertreten haben: Wir waren uns einig darin, dass neue gewaltsame, militärische Auseinandersetzungen bevorstehen, wenn es nicht sehr bald einen politischen Prozess gibt, der allen Beteiligten – den Libanesen, den Syrern, den Israelis und den Palästinensern – eine echte Perspektive eröffnet. Es war nur nicht vorhersehbar, von wo die Auseinandersetzungen ausgehen würden: ob von Israelis gegen Palästinenser, ob von Palästinensern gegen Israelis, ob zwischen Libanesen und Israelis, Syrern und Israelis, zwischen Libanesen und Libanesen oder zwischen Palästinensern und Palästinensern. Tatsächlich sind an mehreren dieser Frontstellungen Gewaltausbrüche zu verzeichnen, wobei weiter entfernte Akteure wie die Iraner noch unberücksichtigt sind.

Über jedes der Länder und die dortigen Akteure hinaus gilt es, drei Phänomene in den Blick zu nehmen, die charakteristisch für die Krise in der Region sind. Der Libanon ist ein wichtiger Teil der regionalen Dynamik. Er ist gewissermaßen ein kleiner ›Naher Osten‹, und insofern spiegeln diese sich dort.

Das erste Phänomen ist mit der bisherigen Methode der Konfliktlösung in den letzten Jahren verbunden: Ich nenne es das *Scheitern des Unilateralismus* im Nahen Osten. Viele Journalisten sprechen immer noch gerne vom ›Friedensprozess im Nahen Osten‹. Wir sollten uns aber klarmachen, dass es seit dem Jahr 2000 keinen Friedensprozess mehr gibt, jedenfalls nicht, wenn wir ›Friedensprozess‹ als ein Unterfangen definieren, bei dem die wesentlichen Kontrahenten *miteinander* verhandeln, anstatt nur mit anderen zu reden wie z.B. mit den Europäern, den Amerikanern oder sonstigen externen Akteuren. Im Jahre 2000 sind zuerst die Verhandlungen zwischen Israel und Syrien zusammengebrochen. Danach hat sich Israel unilateral, einseitig, ohne Verhandlungen militärisch aus dem Libanon zurückgezogen. Dann sind die Verhandlungen zwischen den Palästinensern und Israel zusammengebrochen. Seitdem hat es keine ernsthaften Verhandlungen zwischen den Hauptparteien mehr gegeben. Es hat nur eine Serie unilateraler Schritte gegeben, von denen einige durchaus konstruktiv gemeint waren, wie etwa der unilaterale Abzug Israels aus dem Libanon, fünf Jahre später der unilaterale Abzug Israels aus dem Gazastreifen oder auch die fast eineinhalbjährige unilaterale Waffenruhe der *Hamas* gegenüber Israel.

Das Problem auch mit konstruktiven Formen des Unilateralismus, wie z.B. einem einseitigen Rückzug aus besetzten Gebieten, ist in jedem Fall, dass er eine Art *Ideologie* mit produziert, nämlich die Ideologie, auf der anderen Seite keinen Partner zu haben und alles allein machen zu können bzw. zu müssen. Diese Ideologie ist gerade auf der israelischen Seite weit verbreitet: *Arafat* konnte kein Partner sein, weil er mit Terroristen konspiriert, *Mahmud Abbas* kann kein Partner sein, weil er zu schwach ist, die Hamas kann kein Partner sein, weil sie Islamisten sind.

Diese Ideologie, diese Haltung, ist relativ bequem – auch für den Akteur auf der anderen Seite. Denn wer weiß, dass er sowieso nicht der Partner seines Gegners sein kann, muss daher sein Verhalten nicht anpassen. Spätestens seit dem Libanon-Krieg vom Sommer 2006 und seit dem Wiederaufflammen regelmäßiger, anhaltender Konfrontation zwischen Israelis und Palästinensern ist sehr deutlich geworden, dass dieser Unilateralismus nicht trägt, auch wenn er konstruktiv gemeint ist. Letztlich können nur Verhandlungen einen ernsthaften Prozess in Bewegung setzen, und zwar Verhandlungen mit den Gegnern, nicht mit den Freunden. Geschehen ist das bislang nicht, nicht einmal im Libanon als einem der beteiligten Staaten.

Volker Perthes im Gespräch mit Rami Khouri

Das zweite Phänomen sind extrem *schwache Regierungen und Staaten* in der gesamten Region. In Israel haben wir eine Regierung, deren Popularitätsrate bei der Bevölkerung auf dem Rekordniveau von 3% liegt. Im Libanon haben wir eine Regierung, die unter der physischen Belagerung ihrer parlamentarischen Opposition steht und dazu noch die Auseinandersetzungen mit dem Flüchtlingslager Nahr al-Bared im Norden des Libanon zu bestehen hat. Die lokale und regionale Berichterstattung über die Auseinandersetzung in Nahr al-Bared haben sehr deutlich gezeigt, wie fragil das Vertrauen in den libanesischen Staat ist. Immer wieder wurde gefragt, ob diese Auseinandersetzung zu einem neuen Bürgerkrieg dort führen kann. Ich halte es für richtig, dass die libanesische Armee in diesem Fall versucht hat, eine militärische Entscheidung herbeizuführen. Wenn die libanesische Armee nicht die 200-300 Aufständischen bzw. Terroristen militärisch besiegen kann – im Moment sieht es allerdings so aus, als ob der Sieg kurz bevor steht –, dann wird der libanesische Staat an jeder Stelle herausgefordert werden, und niemand wird diesem Staat weitere Autorität beimessen. Für das palästinensische Gebiet kann derzeit von staatlicher Autorität überhaupt keine Rede sein. Die dort bestehende Regierung der nationalen Einheit hat sich gespalten und ihre Handlungsunfähigkeit selbst herbeigeführt. Der gerade aufgebaute Vor- bzw. Protostaat steht deshalb in Frage. Die stabilste Regierung in der Region scheint die syrische zu sein.

Diese Schwäche der Regierungen ist nicht so sehr eine Frage von Persönlichkeiten, also vom Vorhandensein mehr oder weniger geeigneter Politiker. Es ist vielmehr eine *Schwäche des Nationalstaates* zu konstatieren, also von Staatlichkeit schlechthin. In der Sprache der Politischen Ökonomie heißt das: Der Staat stellt nicht mehr jene öffentlichen Güter bereit, die man von ihm erwartet: Wohlfahrt, Sicherheit, Wiederaufbau, und sogar das Kriegführen, das auch eine seiner originären Funktionen ist, liegt nicht mehr in seiner Macht. Sicherheit, Wohlfahrt, Wiederaufbau nach Kriegen haben in den letzten Jahren *Nichtregierungsorganisationen* übernommen. Damit sind nicht Wohlfahrtseinrichtungen wie die Caritas gemeint, sondern nichtstaatliche Organisationen mit eigenen politischen Agenten, Milizen und Parteien. Den Wiederaufbau im Süden des Libanon organisierte nach dem letzten Krieg vor allem die Hisbollah, die diesen Krieg im Wesentlichen auch geführt hatte. In den palästinensischen Gebieten kann der Staat – ähnlich wie in vielen anderen Ländern – Wohlfahrt und Wiederaufbau kaum leisten. Dort agieren externe Akteure wie z.B. die EU und übernehmen Funktionen des Staates. Wie aber soll ein Staat Autorität haben, wenn er seine wesentlichen Funktionen nicht mehr ausüben kann?

Diese Autoritäts- und Funktionsverluste des Staates gehen einher mit der Zunahme des Phänomens des *politischen Konfessionalismus*. Das bedeutet, dass konfessionelle Identitäten politisch werden. Konfessionelle Identität für sich genommen muss sich nicht zum Schaden anderer auswirken. Aber wenn konfessionelle Identitäten politisch werden, werden Mitglieder andere Konfessionen schnell zu Feinden erklärt. Konflikte z.B. geopolitischer Art, die um die Macht in einem Staat oder um die Verteilung von Ressourcen ausgetragen werden, werden plötzlich in konfessionellen Kategorien erklärt. So entsteht z.B. das gefährliche Gerede von einer »schiitischen Achse«, die sich vom Irak über den Iran und Syrien bis in den Libanon ziehe. Bei vielen arabischen Sunniten entsteht dadurch die Wahrnehmung, dass so unterschiedliche Dinge wie die Hinrichtung von *Saddam Hussein* an einem sunnitischen Feiertag und die Belagerung der Regierung in Beirut durch die Hisbollah Teil einer großen Verschwörung der Schiiten gegen die arabischen Sunniten seien. Selbst in Palästina, wo es gar keine Schiiten gibt, wurden politische Gegner schon als Schiiten beschimpft.

Diese Politisierung der Konfessionen ist nicht nur gefährlich, weil sie den Zusammenhalt der davon betroffenen Staaten und Gesellschaften unterminiert. Gefährlich ist auch, dass externe Akteure wie die EU damit nicht mehr umgehen können. Die Europäer haben doch seit 1648 aus guten Gründen ›verlernt‹, mit Konfessionalismus politisch umzugehen. Heute verfügen europäische Staaten über Mittel wie Diplomatie und Entwicklungshilfe, um mit anderen Staaten politisch umgehen zu können.

So schließt die EU z.B. Assoziationsabkommen als Stabilisierungsinstrumente für schwache Staaten nur mit den staatlichen Verhandlungspartnern. Ein solches Abkommen können wir aber nicht mit der *Schia* oder der *Sunna* abschließen.

Das gilt für die ganze Region Naher Osten. Israel kann letztlich nur mit einem palästinensischen Staat Frieden machen – schon dies wäre Grund genug, die Zwei-Staaten-Lösung anzustreben –, und Israel kann nur mit Syrien Frieden schließen, nicht mit den Sunniten, den Schiiten oder der Hisbollah, der Fatah oder der Hamas.

Aus der Sicht des politischen Beraters hieße dies, dass es die wichtigste Aufgabe externer Akteure wäre, die Staaten in der Region wieder zu stärken. Dies kann auf zwei Ebenen geschehen.

Zum einen kann man die staatlichen *Institutionen* direkt stärken. Für Europäer heißt das, vor allem in den palästinensischen Gebieten und im Libanon anzusetzen. In den palästinensischen Gebieten haben die Europäer in den letzten eineinhalb Jahren nicht das getan, was von ihnen erwartet wurde, und so einen großen Teil ihrer Glaubwürdigkeit verspielt. Im Libanon haben die Europäer sich möglicherweise zu einseitig auf die politische Unterstützung der Regierung konzentriert. Auch mir ist diese Regierung sympathisch, aber es ist die Frage, ob es die Aufgabe externer Akteure sein sollte, eine politische Partei bevorzugt zu unterstützen.

Das zweite Instrument ist das der *Diplomatie*. Die deutsche EU-Ratspräsidentschaft hat sich bemüht, der Nahost-Diplomatie einen neuen Anstoß zu geben. Die Wiederbelebung des ›Nahost-Quartetts‹ war richtig, allerdings nicht ausreichend. Es wird weiterhin notwendig sein, dass Europäer, Amerikaner, die Vereinten Nationen und die Russen von außen versuchen, einen neuen politischen Prozess auf den Weg zu bringen, der als Ziel den Frieden zwischen Israel und allen seinen Nachbarn beschreibt – nicht nur zwischen Israel und den Palästinensern, sondern auch zwischen Israel und Syrien sowie dem Libanon. Man sollte sich nicht einreden lassen, dass der Konflikt im Nahen Osten, der im Grunde genommen ein territorialer Konflikt ist, unlösbar sei. Diejenigen, die das sagen, wollen ihn zumeist nicht lösen oder finden es zu kompliziert, es zu versuchen.

Die Befolgung dreier *Prinzipien* scheint mir essentiell, wenn wir im Sinne von »den Frieden gewinnen« über die Aktivitäten externer Akteure wie Deutschland oder die Europäer in der Region und im Libanon reden.

Das erste Prinzip: Wo immer man versucht politisch anzusetzen – ob beim nahöstlichen Friedensprozess, bei den Palästinensern oder im Libanon –, müssen alle Akteure mit einbezogen werden, die relevant und unmittelbar von einem Konflikt betroffen sind, denn wer nicht einbezogen wird, kann jeden Friedensprozess unterminieren. Das gilt für Staaten wie Syrien, aber auch für nichtstaatliche Akteure wie Hisbollah oder Hamas, die wir nicht mögen müssen, die aber reale Faktoren der Politik sind. Wenn wir Frieden und Stabilität gewinnen wollen, kommen wir an ihnen nicht vorbei. In diesem Zusammenhang müssen wir auch einen Weg finden, um das Regime in Damaskus aus dem Käfig zu befreien, in welchen es sich selbst befördert hat. Das internationale Rafik-Hariri-Tribunal ist errichtet worden, um die Mörder des ehemaligen libanesischen Ministerpräsidenten zu bestrafen. Doch wenn ein Staatsführer angeklagt ist – wie beispielsweise *Milošević* in Den Haag –, wird dies nicht dazu führen, dass dessen Herkunftsstaat kooperiert. Wir werden – auch wenn das nicht dem normativ zu Wünschenden entspricht – auch beim Hariri-Tribunal eine ›biblische Lösung‹ finden müssen. Politisch können wir überzeugt sein, dass die Regimespitze in Damaskus für den Mord an Hariri genauso verantwortlich war wie Herr *Gaddhafi* für die Explosion des *Pan American*-Jets über Lockerbie. Dennoch haben wir akzeptiert, dass Gaddhafi uns einen Oberstleutnant auslieferte, der in Den Haag vor Gericht gestellt und verurteilt worden ist. Aus realpolitischer Sicht war es notwendig, mit dem Staat Libyen wieder ins Geschäft zu kommen. Wahrscheinlich brauchen wir für Syrien eine ähnliche Lösung.

Das zweite Prinzip ist – und das ist für externe Akteure auch kurzfristig möglich –, zu versuchen, *Gesprächsfähigkeit* zwischen lokalen Akteuren herzustellen. Im Nahen Osten sind teils selbst verhängte Gesprächsblockaden feststellbar, die aus lang andauernden Feindschaften resultieren. Gesprächsfähigkeit herzustellen, heißt nicht nur, zwischen Syrien und Israel einen Friedensprozess auf den Weg zu bekommen, der ebenfalls Auswirkungen auf den Libanon haben würde, sondern auch zwischen *lokalen* Parteien in einzelnen Ländern. Darum ist es richtig, dass der neue französische Präsident *Sarkozy* und sein Außenminister die libanesischen Parteien nach Paris eingeladen haben. Die Schweizer haben daraufhin nach Montreux eingeladen – wir werden sehen, wohin die Libanesen lieber fahren werden. Es gibt also von Seiten der europäischen Akteure Bemühungen, einen solchen Dialog zwischen den Parteien herzustellen.

Das dritte Prinzip schließlich hat mit der Art zu tun, wie wir über die Region nachdenken und über sie diskutieren. Ich möchte an die Europäer appellieren, sich von *manichäischen Vorstellungen* vom Nahen Osten, von Bildern, die immer nur zwei Parteien sehen, freizumachen. Die alte Sichtweise machte die Analyse zwar einfacher, aber umso weniger korrekt. Der Nahe und Mittlere Osten bestehen eben nicht nur aus Sunniten oder Schiiten, aus Radikalen oder Moderaten, aus Friedensfreunden oder Friedensgegnern, aus Westlern oder Antiwestlern. Richtig ist, dass die Menschen im Nahen Osten Schiiten, Sunniten, Christen, Drusen und Juden sind. Aber sie nicht nur dies, sondern sie haben *multiple Identitäten*: Sie sind Gläubige oder weniger Gläubige, sie sind Studenten, Professoren oder

Journalisten, sie sind Arbeitslose oder Jugendliche oder Alte, Habende oder Mittellose – das alles spielt eine Rolle und nicht nur, welche konfessionelle Angehörigkeit sie haben. Sie sind in der Regel auch nicht nur Moderate oder Radikale, denn Menschen sind in der Regel radikal oder moderat immer nur unter bestimmten Bedingungen und bei bestimmten Themen. Moderat sind sie, wenn sie annehmen können, dass in Verhandlungen auch ihre eigenen legitimen Interessen in Betracht gezogen werden. Wenn sie sicher sind, dass das nicht der Fall ist, werden aus den Moderatesten sehr schnell einmal Radikale oder manchmal auch ein Terrorist.

Birgit Kaspar: Ich möchte gern an einem Punkt anknüpfen, den sowohl Rami Khouri als auch Volker Perthes angesprochen haben, nämlich die Souveränität des Libanon. Nach dem Krieg im Sommer 2006 erging die UN-Resolution 1701, die u.a. das Ziel hat, die Souveränität des Libanon zu stärken. In gewisser Weise wurde das realisiert, indem die libanesische Armee zum ersten Mal an die Grenze Israels vorgedrungen ist. Aber das Land ist im Innern sehr viel instabiler geworden, und damit ist die Souveränität vielleicht in einem stärkeren Maße gefährdet, als sie es vorher war. Zwei Parteien im Land haben etwas zu verlieren. Die Hisbollah befürchtet, dass UN-Resolutionen dazu benutzt werden, sie zu entwaffnen und ihr damit die für sie zentrale Widerstandsideologie zu rauben. Die antisyrische Siniora-Regierung befürchtet demgegenüber die Rückkehr der Syrer durch die Hintertür in den Libanon und an diesem Punkt das Ende ihrer Souveränität. Hier haben wir zwei verschiedene Souveränitätsbegriffe. Welche Möglichkeiten bestehen, dies zu überbrücken und sich gegenseitig den Grund für die Ängste zu nehmen?

Rami G. Khouri: Die Situation in der Region hat nicht nur mit Ideologie oder Religion zu tun, sondern in der Tat mit der Souveränität und der Struktur von Staaten im Nahen Osten. Was im Libanon passiert, ist eine andere Form dessen, was die Amerikaner und Engländer im Irak machen. Die angloamerikanische Attacke auf den Irak wurde nicht eindeutig von der internationalen Gemeinschaft unterstützt. Diese Attacke zog einen Krieg und eine Menge Probleme nach sich und erwies sich als dramatische Form westlicher bzw. internationaler Intervention in einem für bestimmte Leute problematischen Land. Was im Libanon und in Syrien zu beobachten ist, ist eine ganz ähnliche Form von westlicher und internationaler Intervention. Diese ist zwar vom Sicherheitsrat legitimiert, verfolgt aber die gleichen Ziele: in ein arabisches Land zu gehen, um dort etwas von außen zu bewirken.

Betrachtet man den Sudan, Somalia oder Algerien, so erkennt man in der gesamten Region ähnliche Traditionen von Gewalt und vergleichbare

Probleme. Es stellt sich die Frage, warum der Nahe und Mittlere Osten die letzte Region auf der Welt ist, in der diese Art von gewaltreichen, auseinanderbrechenden und undemokratischen Staaten existiert. Eine Antwort ist, dass wir dort Staaten vorfinden, die ihre eigene Bevölkerung nicht ausreichend zufrieden stellen können. Die Lösung kann daher nur darin bestehen, eine angemessene Kombination aus Souveränität und Bürgerrechten zu verwirklichen. Wir brauchen wirklich *souveräne* Staaten, die ihre eigenen Geschicke bestimmen. Und wir brauchen Staaten, deren Bürger das Gefühl haben können, dass der Staat auf ihre Bedürfnisse eingeht. Die Abwesenheit von souveränen Staaten mit Bewohnern, die sich wirklich als Bürger fühlen, sorgt dafür, dass sich die jetzigen Probleme fortsetzen und wir weiterhin Interventionen in Form von Armeen oder Resolutionen von außen haben.

Birgit Kaspar: Demnach hätten wir gut gemeinte UN-Resolutionen, die das Maß der Souveränität eigentlich steigern sollten, aber diese Mittel werden von Staaten der internationalen Gemeinschaft benutzt, um eigene Ziele durchzusetzen. Im Fall des Libanon unterminieren sie damit die Souveränität des jeweiligen Staates. Wozu taugen dann Instrumente wie UN-Resolutionen?

Volker Perthes: Rami Khouri fragte, warum im Nahen Osten so wenig souveräne Staaten existieren, und Birgit Kasper fragte, warum die dortigen politischen Akteure Angst haben. Meine Antwort darauf ist, dass dort verlässliche Institutionen fehlen. Warum veranstalten Regierungen in der Region – zum Beispiel in Ägypten – Wahlen, wenn anschließend der Oppositionskandidat verhaftet wird und fünf Jahre ins Gefängnis kommt, weil er 7,6% der Stimmen erhalten hat? Warum handeln Regierungen so? Ich glaube, sie befürchten, freie Wahlen zu verlieren und anschließend keine Chancen zu haben, als Opposition zu überleben oder in Pension zu gehen. Auch in Europa verliert niemand gern Wahlen; jeder wird bemüht sein, das mit allen Mitteln zu verhindern – manchmal auch mit politischer Manipulation. Aber letztlich haben wir es in Europa mit den Regeln verlässlicher Institutionen zu tun, die für alle politischen Akteure gelten.

Die Frage der Souveränität sehe ich nicht ganz so kritisch, weil ich keine sehr großen Erwartungen bezüglich der normativen Kraft der Vereinten Nationen und des UN-Sicherheitsrates habe. Natürlich ist der Sicherheitsrat auch ein Ort, wo internationale Konflikte ausgetragen werden und wo internationale Machtgewichte ins Spiel kommen. Dies ist schließlich das Treffen der fünf stärksten Staaten dieser Welt plus zehn anderer Staaten, die für eine kurze Zeit von zwei Jahren jeweils dazugehören. Insofern geht es hier natürlich um internationale Machtpolitik. Man diskutiert und beschließt, Konflikte politisch zu managen, um sie nicht militärisch austragen zu müssen. Große Staaten setzen sich im Sicherheitsrat auch mal über die Souveränität kleinerer Staaten hinweg. Neu daran ist, dass es den Sicherheitsrat als Gremium gibt, in dem man diskutiert *und* eine Form von

Volker Perthes und Moderatorin Birgit Kaspar

internationaler Legalität schafft, die gelegentlich auch mit Waffengewalt durchgesetzt wird, wie das Beispiel der UNIFIL-Mission im Süden des Libanon zeigt.

Ich habe keine Bedenken gegenüber der Einrichtung eines internationalen Tribunals für den Libanon durch den Sicherheitsrat. Es ist richtig, dass dies – bei einer sehr engen Lesart von staatlicher Souveränität – die Souveränität des Libanon verletzt. Aber es gibt wichtige libanesische Akteure, die die Mehrheit im Parlament haben und wollen, dass der Sicherheitsrat diese Resolution 1701 verabschiedet und ein internationales Tribunal einsetzt. Beispiele aus anderen Nachkriegsstaaten haben gezeigt, dass die Staaten überfordert wären, wenn sie solche Tribunale allein und selbstständig in ihren Ländern durchführen sollten. Von den Jugoslawen konnten wir nicht erwarten, dass sie das Jugoslawien-Tribunal in Belgrad oder einer anderen Stadt allein organisieren und durchführen: die Richter hätten viel zu viel Angst gehabt. Versucht worden ist das im Irak. Saddam Hussein ist abgeurteilt worden durch Richter aus dem eigenen Land. Aber wir haben gesehen, unter welchen Umständen dies geschah. Richtig war sicherlich, Saddam Hussein zu verurteilen. Aber es war kein Prozess, der rechtstaatlichen Kriterien entsprach, die Richter konnten nur unter massiver Bewachung der amerikanischen Armee tagen und urteilen. Insofern ist es keine falsche Entscheidung, solche Tribunale außerhalb der Länder anzusiedeln, wie es im Falle einiger afrikanischer Staaten gehandhabt wird. Dass die Entscheidung für ein Tribunal im Libanon durch den Sicherheitsrat getroffen wurde, kann dazu führen, dass die innenpolitische Situation erleichtert wird. Die libanesischen Akteure könnten nun sagen, da die Entscheidung von außen gekommen ist, müssen wir uns darum nicht mehr streiten und können dazu übergehen, andere Entscheidungen zu treffen.

Rami G. Khouri: Die Entscheidung des UN-Sicherheitsrates, ein Libanon-Tribunal zur Verurteilung der Mörder von Hariri und anderen Opfern einzurichten, wird von der libanesischen Regierung akzeptiert. Sie kann nun zur Tagesordnung übergehen und sich wichtigeren Themen widmen. Die Regierung wäre ohnehin zu schwach gewesen, eine Entscheidung in dieser Angelegenheit zu treffen oder ein solches Tribunal eigenständig durchzuführen. Das zeigt einmal mehr, wie fragil der libanesische Staat gegenwärtig ist. Die Einrichtung dieses Tribunals ist aber nicht entscheidend wichtig, denn diese wie auch andere Einzelfragen sind nur Teile eines strukturellen, chronischen Problems im Libanon, das größer ist als der Streit über einzelne Punkte.

Eine große Enttäuschung der zurückliegenden Jahre war die Rolle Europas bzw. die Weigerung der Europäer, ihre Rolle wahrzunehmen. Ich weiß, dass Europa – wie auch die arabische Welt – keine monolithische Einheit ist. Es gibt dort verschiedene Erfahrungen, Strömungen und Befindlichkeiten. Betrachtet man aber das moderne Europa der letzten zwei Generationen, so erschien es den meisten Menschen im Nahen Osten als ein Garant der Fairness, des Wissens, der Gerechtigkeit und des verlässlichen Handelns und Verhandelns. Diese tradierte Bild Europas als eines fairen und aktiven Partners ist ernsthaft erschüttert. Die Mehrheit der Leute bei uns hat das Gefühl, dass sich Europa in vielen Dingen rapide dem amerikanisch-israelischen Lager anschließt.

Diese Entwicklung lässt sich z.B. am Schicksal der *Erklärung von Venedig* aus dem Jahr 1980 ablesen. Darin hatte die Europäische Gemeinschaft die Anerkennung des Selbstbestimmungsrechts der Palästinenser gefordert und somit einen eigenen Standpunkt gegenüber den USA vertreten. Heute ist es so, dass sich Europa fast vollständig in dem von Amerika dominierten Nahost-Quartett neutralisiert hat. Der Unterschied zwischen der Erklärung von Venedig und der heutigen Rolle Europas ist für die Menschen im Nahen Osten gewaltig, und er wird als sehr problematisch beurteilt. Europa oder die Europäer sollten sich dessen klar werden und, bezogen auf Aktivitäten im Nahen Osten, ihre politische Unabhängigkeit wiedergewinnen.

Europa müsste zum ›Gewissen‹ des internationalen Rechts, der Gerechtigkeit und der Fairness werden, und zwar für alle Parteien: Für Israelis, für Araber, für die Türken oder für die Iraner. Ein erster Schritt dazu wäre, dass Europa geschlossen das Nahost-Quartett verlässt. Europa sollte klarstellen, dass das Quartett eine Fiktion ist, an der es nicht länger mitwirkt, um seinen guten Namen nicht weiter beschädigen zu lassen.

Volker Perthes: Auf die Frage, ob eine neue, internationale Friedenskonferenz, die auch verbindliche Beschlüsse fasst, für die Region sinnvoll wäre, möchte ich behaupten, dass es einen Zeitpunkt geben wird, an dem eine solche Konferenz gebraucht wird. Derzeit gibt es allerdings keine Chance dafür, dass diese Konferenz stattfinden kann. Eine solche internationale Konferenz muss sehr gut vorbereitet werden, denn falls sie scheitert, würde sie den Grad an Enttäuschung noch einmal potenzieren. Die Vorbereitung ist eine Aufgabe der internationalen und regionalen Akteure. Bemerkenswert ist, was Saudi-Arabien in den letzten Monaten versucht hat, sowohl in Bezug auf den Libanon als auch auf den allgemeinen arabisch-israelischen Konflikt und auf den Versuch, in Palästina eine Einheitsregierung zustande zu bringen. Saudi-Arabien muss an den internationalen Bemühungen, eine Konferenz hinzubekommen, beteiligt sein.

Im Unterschied zu Rami Khouri bin ich der Meinung, dass sich Deutschland bzw. Europa keineswegs aus dem Nahost-Quartett zurückziehen sollte; wenn überhaupt jemand, so sollten die USA austreten. Drei Parteien im Quartett versuchen, auf dem Boden des internationalen Rechts Legalität herzustellen, und sie beharren weiterhin auf der Forderung, dass die Besatzung aufhören muss. Meine Position ist, dass das Quartett auch weiterhin gebraucht wird, wenn ein Frieden im Nahen Osten erzielt werden soll. Wenn Israel Teil dieser Friedenslösung werden soll, braucht es eine internationale Kraft, die Einfluss auf das Land hat. Dies sind im Zweifelsfall eher die USA als die Europäer.

Rami Khouri irrt m.E., wenn er sagt, die Europäer hätten sich in den letzten Jahren ins amerikanische Lager begeben. Die wichtige Funktion der Europäer in den multilateralen Bemühungen um einen Friedensprozess ist, jene Kräfte in den USA und Israel zu unterstützen, die einen fairen Frieden wollen. Da gibt es nicht *das* amerikanische Lager, sondern es gibt in Amerika das richtige und das falsche Camp. Und auch in Israel gibt es das richtige und das falsche Lager. Es ist die europäische Aufgabe, die richtigen Lager zusammenzubringen.

Wenn wir über eine Lösungsformel für den Konflikt im Nahen Osten nachdenken, möchte ich dazu folgenden Vorschlag machen: Es gibt hier die drei »S« und das »I«, das sind die grundlegenden, legitimen nationalen Interessen der vier Kernbeteiligten Israel, Palästina, Syrien und Libanon, nämlich die *Sicherheit Israels*, die *Staatlichkeit Palästinas*, die *Souveränität des Libanon* und die territoriale *Integrität Syriens*. Betrachtet man diese vier grundlegenden, nationalen Ziele der Akteure, so erkennt man, dass sie sich nicht widersprechen, sondern sich gegenseitig unterstützen. Selbstverständlich würde ein palästinensischer Staat der Sicherheit Israels dienen. Selbstverständlich würde die Souveränität des Libanon es erleichtern, dass Palästinenser und Israelis miteinander ins Geschäft kommen. Selbstverständlich würde die territoriale Integrität Syriens es leichter machen, die libanesische Souveränität zu wahren. Der Konflikt ist also nicht unlösbar. Er kann nur unter Wahrung auch der schwierigen nationalen Interessen aller Beteiligten gelöst werden.

Rami G. Khouri: Zur Frage nach der Verantwortung für die Morde an Hariri und anderen Politikern kann ich berichten, dass auch im Libanon darüber diskutiert wird, wer davon einen Vorteil hat. Eine eindeutige Antwort gibt es nicht. Einig ist man sich, dass ein Resultat dieser Morde – wie auch das der Bombardierungen – darin besteht, den Libanon in einem Unruhezustand zu halten, indem die Menschen weiter leiden. Verschiedene Urheber der Morde, die damit für die anhaltende Schwäche des Libanon verantwortlich wären, sind denkbar, darunter zunächst Syrien, dann Israel (manche behaupten, mit Unterstützung der USA); ferner kommen militante, mit Al-Qaida in Verbindung stehende Gruppen in Frage, und die vierte Möglichkeit wären mafiaähnliche, kriminelle Gruppen, die u.a. mit illegalen Bankgeschäften rein kommerzielle Interessen verfolgen. Auch gibt es den Verdacht, es seien libanesische Gruppen gewesen, denen Hariri zu stark geworden sei. Mein Eindruck ist, dass die UN-Untersuchung sehr seriös und professionell ist. Mehrere hundert Mitarbeiter ermitteln seit zwei Jahren hochprofessionell. Ich hoffe, dass die Untersuchung mit klaren Beweisen und Aussagen zu einzelnen Personen, Organisationen oder Staaten abgeschlossen werden wird. Ziel dieser Untersuchung wie auch anderer UN-Resolutionen ist es in erster Linie, die Mörder Hariris zu finden, vor Gericht zu bringen und zu verurteilen. Weiteres Ziel ist aber, das syrische Regime zu schwächen und sicherzustellen, dass es schwach bleibt, solange es sich nicht dem Westen öffnet. Dieser zweite Punkt steht natürlich nicht in der Resolution. Nach meinem Eindruck wird die Resolution auch benutzt, um an Syrien ein Exempel für andere Staaten zu statuieren. Man müsste ein Regime nicht unbedingt abschaffen, wenn es gelänge, dessen Verhalten zu ändern; ein Beispiel dafür ist *Gaddhafis* Libyen.

Über Gruppen wie *Fatah al-Islam*, nach der gefragt wurde, hört man im Libanon etwa seit dem Sommer 2005. Es wurde berichtet, dass solche Gruppen immer wieder in den Flüchtlingslagern auftreten. In einigen Fällen sind sie dort in der Bevölkerung verankert, in anderen Fällen isoliert. Ich würde Fatah al-Islam nicht als »radikal-islamische« Gruppen bezeichnen, sondern als radikale *militante* Gruppen, die Al-Qaida ähnlich sind. Diese Gruppen haben nichts mit dem alltäglichen Islam und dem Leben der Muslime zu tun. Ihre Mitglieder kommen aus dem gesamten Nahen und Mittleren Osten und aus Südostasien. Überraschend war, wie gut sie bewaffnet sind und mit welcher Intensität sie kämpfen. Vermutlich hat ihnen jemand mit sehr viel Macht geholfen. Das könnten ein arabischer Nachbarstaat, eine starke politische Gruppe aus dem Libanon, andere Staaten und Geheimdienste oder ähnliche, international operierende und gut organisierte militante Gruppen gewesen sein. Im Libanon gibt es viele Menschen, die den syrischen Sicherheitsdienst beschuldigen, Fatah al-Islam zu steuern. Von Syrien wird das natürlich rundheraus bestritten.

Viele Menschen in den arabischen Ländern unterstützen diese in kriminelle terroristische Aktivitäten involvierten Gruppen zwar nicht direkt. Aber es ist nur ein schmaler Grat zwischen der weit verbreiteten Unterstützung islamischer Bewegungen und der Unterstützung von Al-Qaida-ähnlichen militanten Gruppen. Angesichts einer Regierung wie im Libanon, die direkt von den USA unterstützt wird und diese militanten Gruppen bekämpft, besteht die Gefahr, dass die Menschen, die auf diesem schmalen Grat wandeln, dazu übergehen, auch militante Gruppen zu unterstützen – allein deswegen, weil die Regierung den USA nahesteht. Dieses ist genau der Punkt, wo es eine Wechselwirkung zwischen dem amerikanischen ›Krieg gegen den Terror‹ und dem Entstehen neuer Formen terroristischer Gewalt gibt.

Die daraus zu ziehende Konsequenz wäre, keine Region und kein Land im Nahen Osten ohne wirkliche souveräne Kontrolle und Gewalt zu belassen, denn dieser Zustand war ja im Libanon eingetreten. Eine weitere Lehre wäre, der Situation der Flüchtlinge, die zum Teil länger als sechzig Jahre in diesem Zustand leben und unter die sich militante Gruppen sehr einfach mischen können, mehr Aufmerksamkeit zu widmen. So muss man befürchten, dass eine große Zahl von Flüchtlingen aus dem Irak nun in umliegende Staaten geht und die dortigen Gesellschaften zu radikalisieren beginnt. Das könnte der Anfang einer Entwicklung wie im Libanon sein: Millionen von Menschen, die in ihren eigenen Ländern zu Kriminellen werden, und wenn diese Menschen in ihren schwierigen Umständen allein gelassen werden, müssen wir mit schlimmen Konsequenzen rechnen.

Publikum: War der Krieg Israels gegen die Hisbollah bzw. gegen den Libanon auch eine Vorbereitung eines möglichen Angriffs gegen den Iran? Und falls dieses zutrifft: Müsste dann nicht schnellstmöglich eine internationale Friedenskonferenz initiiert werden?

Publikum: Zur Lösung des Konflikts ist eine Stärkung der beteiligten *Staaten* gefordert worden. Andererseits hieß es aber auch, *alle* relevanten Parteien sollten miteinander reden. Unter den relevanten Parteien sind auch nichtstaatliche, quasi private Gewaltakteure. Eine Stärkung der Staaten würde doch wohl in erster Linie die Durchsetzung des staatlichen Gewaltmonopols bedeuten, d.h. die privaten Gewaltakteure müssten entwaffnet werden. Wer soll diese Akteure entwaffnen? Und wie können vor diesem Hintergrund Gespräche zwischen den Parteien aussehen? Wenn es schon in Nordirland, also mitten in Europa und unter der Herrschaft der britischen Krone, jahrzehntelang nicht gelungen ist, die IRA zu entwaffnen, wie soll so etwas dann in einer weitaus komplizierteren Situation wie im Nahen Osten gelingen? Ist das nicht zu optimistisch gedacht?

Volker Perthes: Als Politikberater muss man über Lösungen nachdenken, selbst wenn diese Lösungen nur geringe Umsetzungschancen haben. Man muss zeigen, wo es mögliche Ansätze gibt. Das Problem, alle Akteure an einen Tisch zu holen und zugleich staatliche Autorität zu entwickeln, ist auf unterschiedlichen Ebenen anzugehen. An einem Dialog im Libanon muss natürlich die Hisbollah teilnehmen, und ein Dialog in Palästina kann auf die Hamas nicht verzichten. Bei einer regionalen Friedenskonferenz müssen nicht Hisbollah und Hamas beteiligt sein, sondern die Staaten der Region. Die Gesprächsfähigkeit muss auf zwei unterschiedlichen Ebenen hergestellt werden, die nicht vermischt werden dürfen. Wenn die Hisbollah in einen souveränen libanesischen Staat integriert werden kann, wird es umso eher möglich, dass der Libanon auf regionaler Ebene sich verantwortlich mit seinen Nachbarn auseinandersetzen kann.

Der Vergleich zu Nordirland bzw. zur IRA ist durchaus treffend, obwohl man dort zehn Jahre für eine Friedenslösung brauchte. Der Oslo-Prozess begann 1993. Das zeigt: Man braucht einige Geduld für solche Vorgänge. Zehn Jahre sind nicht viel, um einen Bürgerkrieg beizulegen.

Ob eine regionale Friedenskonferenz aktuell zum richtigen Zeitpunkt käme, ist schwer zu beantworten. Ich habe mehrfach darauf gedrungen, eine solche Konferenz durchzuführen, 2000, 2001, 2002 vor dem Irak-Krieg und nach dem Scheitern der syrisch-israelischen und der syrisch-palästinensischen Verhandlungen. Damals wäre eine Friedenskonferenz richtig gewesen, denn man war sehr viel weiter, insbesondere auch zwischen Israel und seinen Nachbarn. So wie die Akteure sich heute darstellen, sehe ich keine Chance, unmittelbar eine Konferenz einzuberufen.

Ich denke nicht, dass der Krieg zwischen Israel und Libanon eine Vorbereitung auf einen Angriff auf den Iran war. Die iranische Regierung sollte sich dennoch nicht zu sicher sein, dass ein amerikanischer Schlag gegen den Iran unter der Bush-Regierung nicht mehr möglich ist. Und es ist Aufgabe der Europäer, dieses der iranischen Regierung klarzumachen.

Rami G. Khouri: Zum Krieg zwischen Israel und Hisbollah im Sommer 2006 noch eine Anmerkung: Sowohl Israel als auch Hisbollah waren auffallend gut auf diesen Krieg vorbereitet. Die Rolle des Irans und des Westens dabei ist nicht ganz klar. Fest steht, dass für den Krieg beide Seiten bereit waren und dass beide Seiten durch den Krieg auch einen Teil ihrer Kriegsziele erreicht haben.

Was die privaten Gewaltakteure betrifft, so muss man zunächst feststellen, woher diese Gruppen kommen und was sie tun. Die Hisbollah etwa ist deshalb so mächtig, weil sie die israelische Besatzung ablehnt, weil sie die Israelis aus dem Libanon vertreibt und weil sie die Palästinenser unterstützt. Sie verkörpert eine wachsende, überregionale islamistische Identität. Sie vermittelt zugleich das Gefühl einer starken panarabischen Identität, und sie steht für die Selbstfindung der Schiiten. Außerdem ist Hisbollah ein Beispiel dafür, dass man für die Bevölkerung auf effiziente, nicht korrupte Weise etwas leisten kann. Und sie repräsentieren in der Region ein starkes Gefühl von aktiver Konfrontation gegenüber den USA. Ob man Hisbollah mag oder nicht, es wäre dumm, diese Umstände außer Acht zu lassen. Um solche privaten Gewaltakteure zu entschärfen, muss man die Situationen kennen, aus denen sie kommen und diese dann verändern.

Birgit Kaspar: Es besteht Einigkeit darüber, dass die Konfliktparteien im Libanon und im Nahen Osten miteinander reden müssen, wenn sie zu einer friedlichen Lösung kommen wollen. Einig sind wir uns darin, dass die staatlichen Institutionen im Libanon und in den anderen Staaten der Region gestärkt werden müssen, damit es Ansprechpartner auch für die westlichen Vermittler gibt. Die westlichen Staaten müssen sehr darauf achten, nicht den Dialog zu blockieren und nicht jene Institutionen zu schwächen, die eigentlich gestärkt werden sollen, indem sie eigene politische Ziele verfolgen und ihre ideologischen Muster in den Nahen Osten bringen. Wir sollten aufhören, an Symptomen zu laborieren. In der augenblicklich verfahrenen Situation im Nahen Osten bedarf es eines ganz neuen, großen und von allen Beteiligten ehrlich gemeinten Anlaufes. Dann wird Frieden auch im Nahen Osten möglich.

Jakob von Uexküll, London / Hamburg

Globale Herausforderungen für Erde und Menschheit: Welche Antworten sind notwendig?

Statement bei der gleichnamigen Podiumsveranstaltung in der Aula der Universität am 16. September 2007

Die globalen Herausforderungen entstehen heute vor allem durch das Durchbrechen von Grenzen – »das Ende des Anderen« (*Ulrich Beck*). Die Folgen unserer Entscheidungen und Nicht-Entscheidungen sind zum ersten Mal in der Geschichte global. Wir können also nicht wie früher Hilfe von außen erwarten. Die Folgen unserer Handlungen sind auch weiter reichend als je zuvor: sogar geologische Zeiträume sind dadurch moralisch relevant geworden. Wie gehen wir mit dieser einmaligen Verantwortung um, ohne von ihr erdrückt zu werden? Können wir sie irgendwie managen?

Der wissenschaftliche Konsens sagt noch »Ja«, aber nur wenn wir in den nächsten Jahren – nicht mehr Jahrzehnten – auf sehr vielen Gebieten radikal umsteuern. Märkte und technologischer Fortschritt allein werden es nicht schaffen. Die häufige Frage nach der Rolle *der* Wirtschaft geht ins Leere, denn »die Wirtschaft« gibt es gar nicht. Wirtschaftsakteure reagieren auf den globalen Wandel genauso differenziert wie andere Menschen – einige sind pro-aktive Problemlöser, andere suchen mit allen Mitteln alte Besitzstände vor der kreativen Zerstörung zu bewahren, auch wenn dadurch die Sintflut droht.

Die Folgen der wirtschaftlichen Globalisierung sind noch am ehesten zu beherrschen, denn sie sind kein Naturereignis, sondern politisch gewollt und mit Hilfe von detaillierten Regelwerken durchgesetzt. Wäre z.B. das WTO-Abkommen tatsächlich ein globales Freihandelsabkommen, bräuchte es nur wenige Seiten, um den Übergang zu regeln. Aber es umfasst Tausende von Seiten und Ausnahmeregeln. Der US-Ökonom und Alternative Nobelpreisträger *Hermann Daly* beschreibt die wirtschaftliche Globalisierung als den letzten Versuch, den natürlichen Grenzen des Wachstums zu entkommen, indem man in den ökonomischen und ökologischen Raum anderer Länder hineinwächst.

Diese Grenzen sind aber jetzt endgültig erreicht. Das Klima-Chaos erlaubt kein Entkommen. Die Folgen der ökologischen Globalisierung sind nicht steuerbar. Geldschulden können gestundet oder umgeschuldet werden, auch die Folgen eines finanziellen Bankrotts sind bald überwunden, wie viele historische Beispiele zeigen. Aber mit schmelzenden Gletschern kann man nicht verhandeln, und Folgen eines Umweltbankrotts können ewig nachwirken! Ökonomische Gesetze können Naturgesetze nicht brechen. Die Ideologie der Marktherrschaft und die zunehmende Kommerzialisierung aller Lebensbereiche haben dazu geführt, dass auch viele Entscheidungsträger diese Grundwahrheit vergessen haben.

Der Klima-Bericht von Sir *Nicholas Stern* beschreibt den Klimawandel als das größte Marktversagen aller Zeiten. Es handelt sich aber zugleich auch um ein beispielloses *Politik*- und *Medien*versagen, denn das Klima-Chaos ist ja nicht von informierten Bürgern gewählt worden. Im Gegenteil! Schockiert von den zunehmenden Katastrophenmeldungen lehnen immer mehr Menschen die Gesamtrichtung ab.

In den neoliberalen Vorreiter-Ländern USA und Großbritannien sind weniger als 20% der Menschen der Meinung, dass die Globalisierung im Ganzen positiv ist.[1] Das ist eigentlich nicht erstaunlich, denn auch US-Mütter sind heute unglücklicher, US-Kinder ungesunder als vor einer Generation! Die Erklärungen großer Jugendkonferenzen des letzten Jahrzehnts wenden sich zunehmend gegen die Kommerzialisierung des Lebens und fordern »kommerzfreie Räume«. In der schwedischen Stadt Örebro wurde kürzlich nach einem Referendum das Anbringen von Werbung auf den öffentlichen Verkehrsmitteln verboten. In Sao Paolo, Brasilien, wurde dieses Jahr jegliche Außenwerbung als visuelle Umweltverschmutzung untersagt.

Die Idee, dass *mehr* Konsum besser ist als *weniger* Konsum, beginnt Unterstützung zu verlieren. Die britische Zeitung *The Guardian* berichtete kürzlich von einem Dorf, das versucht, seine CO_2-Emissionen zu verringern:

> »Plötzlich fühlt sich das Ehepaar mit einem Zweithaus in Barbados schuldig anstatt beneidet, und die Werte der bürgerlichen Mittelschicht beginnen sich zu verändern. ›Gebraucht‹ und ›aus zweiter Hand‹ wird positiver gesehen als neu und glänzend, und der Nachbar zu Besuch, der sagt ›Puh, es ist warm hier‹, erweckt Unbehagen anstatt Stolz.«

Laut einer kürzlich erstellten, internationalen Umfrage der britischen Berater-Firma *Accountability* wollen die Hälfte der Befragten – auch in den USA und Großbritannien – nicht eine größere, sondern eine kleinere

Auswahl an Konsumgütern und fordern, dass klimaschädigende Produkte nicht mehr angeboten werden.

Die Zahl der Menschen, die den Klimawandel schon heute als größte oder zweitgrößte Gefahr für sich sehen, hat sich seit Anfang 2007 verdreifacht, laut einer anderen internationalen Umfrage, die kürzlich von dem Potsdamer Klimaforscher *Hans Joachim Schellnhuber* vorgestellt wurde.

Jakob von Uekküll

Immer mehr Menschen haben andere Werte und Freiheitsbegriffe als die des Marktes. Die sozialen und ökologischen Kosten der Marktherrschaft sind ihnen zu hoch geworden. Sie wollen natürlich nicht zurück zur staatlichen Planwirtschaft. Aber sie haben andere Ziele und Prioritäten als die eines ›globalen Konsumenten‹.

Es ist schwierig, schrieb der Begründer der Transpersonellen Psychologie *Abraham Maslow*, Werte wie Großzügigkeit, Liebe und Mitmenschlichkeit in einer Gesellschaft zu leben, deren Regeln, Institutionen und Informationsströme auf die Förderung geringerer menschlicher Eigenschaften ausgerichtet sind.

Wir haben daher jetzt die Wahl, entweder weiterhin mit kleinen Reformen *business as usual* zu betreiben und vielleicht dabei noch reicher zu werden – wie ein erfolgreicher Pokerspieler auf der sinkenden Titanic –, oder wir können die Zukunft ernst nehmen und jetzt umsteuern.

Privat und beruflich können wir dabei schon recht viel verändern, um ein Teil der Lösung zu werden. Aber wir wissen, dass dies nicht ausreichen wird. Wir müssen uns zugleich gesellschaftlich und politisch engagieren, um die Regeln, Institutionen und Informationsströme so zu ändern, dass sie unseren höchsten Werten entsprechen und unsere persönlichen Veränderungen unterstützten, statt sie zu erschweren.

Die Vorteile für Vorreiter sind offensichtlich. Die deutschen Gesetze zur Verbesserung der Luftreinheit ermöglichten den Aufbau einer international führenden Filter-Produktion. Das weltweit vorbildliche deutsche *Energie-Einspeise-Gesetz* hat erfolgreiche neue Industrien mit Hunderttausenden von neuen Arbeitsplätzen geschaffen und hier zehnmal soviel CO_2 vermieden wie das Kyoto-Abkommen, zum einem erheblich niedrigeren Preis.

Das Hauptproblem heute ist keine der großen globalen Krisen, sondern dass wir diese nicht *lösen*, obwohl wir das Wissen, die Arbeitskraft und die Ressourcen dazu haben. Warum? Viele Umfragen zeigen, dass große Mehrheiten problembewusst und handlungsbereit sind – auch dazu, große Schritte zu machen. Was hält sie zurück? Die Antwort ist eindeutig: der feste Glaube, dass dies nicht ausreichen wird, weil die Entscheidungsträger in Politik und Wirtschaft nicht mitziehen werden.

Wir müssen also jetzt durch eigenes Vorangehen mehr Menschen davon überzeugen, dass sie Veränderungen erreichen können und ihre Schritte sich lohnen!

›Vorangehen‹ heißt aktiver Einsatz für *best policies*, bestmögliche nationale und internationale Lösungen. Jedes existierende Gesetz, jede Regelung, jedes Abkommen, jede Institution, auch jede Gewohnheit muss unter dem Aspekt seiner Zukunfts- und Umweltverträglichkeit neu überprüft und bei Bedarf geändert werden.

Die Basis unseres Handelns kann nur jener Wert sein, der allen Menschen gemeinsam war und ist: die tief gefühlte Verpflichtung, unseren Kindern und deren Kindern eine bessere Welt zu übergeben. Unsere Vorfahren hatten manchmal entsprechende Institutionen, in Indien z.B. »Räte der Seher in die Zukunft«, um die Interessen kommender Generationen bei ihren Entscheidungen zu berücksichtigen. Das Verunreinigen des Trinkwassers etwa war dort ein Kapitalverbrechen.

Wie schnell unsere moderne Zivilisation zusammenbrechen kann, zeigte sich nach dem Hurrikan *Katrina* im *Superdome*-Sportstadion von New Orleans, als junge, kräftige Männer die knappen Trinkwasservorräte an sich rissen, während Frauen, Kinder und alte Menschen hilflos zuschauten.

Wir brauchen heute ein neues Verständnis von Gefahren und Risiko-Hierarchien. Der Klimawandel ist nicht nur ein Umweltrisiko, sondern bedroht unsere Sicherheit, Menschenrechte, Hunger- und Armutsbekämpfung und vieles mehr. Ulrich Beck weist darauf hin, dass in der Weltrisikogesellschaft der »Versicherungsschutz paradoxerweise mit der Größe der Gefahr abnimmt«.

Die Öko-Bilanz kommt in dieser Hierarchie *vor* der Wirtschaftsbilanz. Nicht die erneuerbaren Energien sind noch zu teuer, sondern der Verzicht auf die maximale Nutzung der Sonnen- und Windenergie von heute – die morgen für immer verloren sind – ist verschwenderisch und verantwortungslos. Auch die Sklaverei war einmal profitabel und politisch korrekt, aber eine kleine Gruppe von Menschen – nur von ihrem Gewissen beauftragt – machte daraus eine ethisch-moralische Frage und erreichte ihre Abschaffung.

Wir müssen heute zugeben, dass der *Club of Rome* mit seinen Warnungen vor den Grenzen des Wachstums größtenteils Recht hatte und dass wir die seitdem vergangenen 30 Jahre größtenteils verschwendet haben. Unsere imposante moderne Gesellschaft steht auf einer sehr schwachen Basis, und auch das höchste Hochhaus stürzt ein, wenn das Fundament zerbricht.

Wir beginnen jetzt die schwierigste Reise, die die Menschheit je unternommen hat. Wir müssen und können eine Erdgemeinschaft von Weltbürgern bauen, auf der Basis des Teilens von besten Lösungen und Technologien, Reziprozität und Zusammenarbeit. Wir brauchen eine neue industrielle Revolution, die unsere Produktions- und Konsumtionssysteme umgestaltet – etwa auf der Basis der Kreislaufmodelle, wie sie von *Michael Braungart* entwickelt wurden. Diese Herausforderung bietet zugleich die größte wirtschaftliche Chance aller Zeiten! Die Behauptung, eine solche Wende sei unbezahlbar, ist Unsinn, denn alles, was eine Gesellschaft tun kann, das kann sie auch finanzieren. Länder wie die USA und Großbritannien gaben für die Bekämpfung des Faschismus ca. 20% ihres damaligen jährlichen Bruttonationaleinkommens aus, d.h. viel mehr als die höchsten Schätzungen der Kosten für die Bekämpfung des Klimawandels.

Unsere Hauptaufgabe ist die Entwicklung integrierter Antworten. Eine effektive Energie-Effizienz-Revolution z.B. erfordert eine tief greifende ökologische Steuerreform. Wohlstandsmehrung kann nicht länger bedeuten, unseren wirklichen Reichtum – eine gesunde Erde – zu opfern im Austausch für Computer-Ausdrucke, die uns erzählen, wie reich wir angeblich sind. Für viele sind die Konsequenzen schon spürbar. In Australien werden aufgrund von Wassermangel ganze Städte evakuiert. Auch in Teilen Italiens und Frankreichs gab es im Sommer 2007 Wassernotstände.

Der globale Wandel erfordert auch neue Institutionen, wie den *World Future Council* als Sprachrohr zukünftiger Generationen. Außerdem brauchen wir z.B. dringend die jetzt in Gründung befindliche internationale Organisation zur Beschleunigung der Einführung erneuerbarer Energien – IRENA (*International Renewable Energy Agency*). Denn Fortschritt brauchte immer entsprechende Organisationen; Visionen brauchen ›Fahrpläne‹.

Auch in China und Indien beginnen die Debatte und die Veränderungen, denn die Kosten des *business as usual* werden dort schon untragbar. So berät *Herbert Girardet*, mein Kollege im World Future Council, die Erbauer der ersten Ökostadt Chinas, Dongtan. Sechs weitere Ökostädte sind in Auftrag gegeben worden – ein kleiner Anfang, aber ein Anfang.

In Indien wird der World Future Council nächstes Jahr eine Konferenz über nachhaltige Entwicklungsmodelle abhalten, mit Beteiligung der Zentralregierung. Welche Rechte und Pflichten der Menschen, welche Lebensqualität, welche Kombinationen von Markt und Staat sind vereinbar mit dem Gebot, dass unsere Produktion und unser Konsum die gemeinsame Zukunft nicht bedrohen dürfen? Das ist jetzt die entscheidende Frage für uns alle.

Die CO_2-Reduzierungen, die die Wissenschaft für unerlässlich hält, sind inzwischen weitreichender als jene, die die großen Umweltverbände zu fordern wagen. Wo wird sich z.B. die Wirtschaft positionieren? Noch weiter hinten, oder vorn, um das wachsende Vertrauens-Vakuum zu füllen?

Die Schaffung von Lebensqualität mit weniger Energie und Ressourcen muss unser Ziel sein, wenn wir eine Zukunft voller Konflikte vermeiden wollen. Wir brauchen ein Wirtschaften auf der Basis von Reife und Zusammenarbeit, nicht von Unreife und Gier. Nicht maximaler Produkt-Besitz, sondern optimierte Dienstleistungen werden die Kriterien des ethischen Verbrauchens sein.

Wie der britische Premierminister *Gordon Brown* sagt: »*Leadership defines reality*«. Wenn wir versagen, dann wird die Realität sowohl Demokratie als auch Marktwirtschaft hinwegfegen. Wir können und müssen jetzt den gesetzlichen und institutionellen Rahmen für den schnellen Umbau unserer Energie-, Transport-, Landwirtschafts- und Produktionssysteme auf eine zukunftsfähige Basis schaffen.

Wir müssen auch zukünftigen Generationen Werte, Traditionen und Institutionen vermitteln, die das vielfältige Leben auf der Erde unterstützen statt bedrohen. Große Aufgaben aber, wie der Pionier der amerikanischen Anti-Sklaverei-Bewegung *William Channing* sagte: Es gibt Zeiten in der Geschichte, in denen Mut die höchste Weisheit ist!

Was für ein Recht haben wir, der Nachwelt Bürden aufzuerlegen, die wir selbst nicht tragen wollen? Es wird behauptet, wir brauchen keine Verzichtsdiskussion, aber natürlich brauchen wir sie! Ein Kilo Rindfleisch zu produzieren, braucht 13.000 Liter Wasser. Eine nordamerikanische Katze frisst so viel Rindfleisch wie ein Einwohner Costa Ricas. Können wir uns dies in Zeiten zunehmender Wasserknappheit leisten? Natürlich nicht!

Welche CO_2-Emissionen sind überlebensnotwendig, welche sind Luxus? 25% dieser Emissionen entstehen durch die Abholzung der Tropenwälder – offensichtlich ein unhaltbarer und unbezahlbarer Zustand.

Auch das beste Management kann unter falschen Rahmenbedingungen nur wenig erreichen. Nur mit unterstützenden gesetzlichen Regelungen können die Kräfte des Marktes entfesselt werden, um den Übergang zu einem neuen Modell zu erreichen, bevor es wirklich zu spät ist.

Führende Klima-Wissenschaftler fassen die derzeitige Lage wie folgt zusammen: Unsere Modelle sagen die Entwicklungsmuster des Klimawandels korrekt voraus, unterschätzen aber immer wieder die Größenordnung und Geschwindigkeit. Wenn wir den weiteren Temperatur-Anstieg jetzt nicht stark begrenzen – was gewaltige Anstrengungen erfordern wird –, so werden wir durch das Schmelzen des Permafrost-Bodens und andere so genannte ›Positive Feedback-Mechanismen‹ unaufhaltsam eine Erde schaffen, die nur noch für einen kleinen Bruchteil ihrer Bevölkerung bewohnbar sein wird.

Aber nicht nur negative Entwicklungen können sich beschleunigen!

In Krisenzeiten sind große Schritte manchmal leichter als kleine – weil sie als problemrealistisch gesehen werden und so begeistern und mobilisieren können.

Die Kluft zwischen unseren Werten und unserem Leben wird immer größer. Das Klima-Chaos ist ja nur ein Beispiel dafür, dass wir unter einem Systemfehler leiden.

Der *peak oil*, der baldige Höhepunkt der globalen Ölvorräte – noch vor wenigen Jahren nur von einigen Außenseitern vorhergesagt –, wird jetzt von den meisten Öl-Experten akzeptiert. Die rapide steigenden Preise und Verteilungskämpfe werden riesige Herausforderungen aufwerfen. Finanzexperten schätzen, dass 70-80% des Wertes ihrer Investment-Fonds auf der Erwartung zukünftiger Kapitalflüsse basieren. *Peak oil*, Klima-Chaos und die globale Wasserkrise können diese Erwartungen sehr schnell abstürzen lassen. Die kommende, unaufhaltbare Masseneinwanderung von Klimaflüchtlingen aus Nordafrika und anderen Regionen wird in Europa Ausmaße erreichen, die unsere Mitmenschlichkeit auf sehr harte Proben stellen werden. Unsere derzeitigen Probleme werden dagegen lächerlich erscheinen.

Keine leichte Herausforderung, aber die Antworten sind vorhanden. Ich sage das ganz bewusst, weil ich seit fast 30 Jahren mit dem Alternativen Nobelpreis solche »Projekte der Hoffnung« auszeichne. Die über 100 Preisträger bieten auf vielen Gebieten praktische Lösungsansätze für die großen Herausforderungen von heute. Dass dieser Preis seiner Zeit voraus ist, zeigte sich vor einigen Jahren, als *Wangari Maathai* den Friedensnobelpreis erhielt – genau 20 Jahre, nachdem sie unseren Preis bekommen hatte.

Wie viel einfacher hätten wir es heute, wenn wir die »unangenehme Wahrheit« (*Al Gore* über den Klimawandel) nicht so lange verdrängt hätten! Erst vor wenigen Jahren haben wir z.B. den erfolgreichsten Photovoltaik-Forscher der Welt mit dem Alternativen Nobelpreis ausgezeichnet – weil kein einziger Physik-Nobelpreis auf dem Gebiet der Solarenergie-Forschung vergeben worden ist.

Es gibt natürlich noch immer Menschen, die den Kopf in den Sand stecken. So forderte etwa die Zeitschrift *Wirtschaftskurier* kürzlich, dass die Energie-Politik der Bundesregierung »für eine notwendige und berechtigte Balance zwischen den Belangen der Wirtschaft, konkret auch der Energiewirtschaft, und den Bedürfnissen für das Klima sorgen muss.«[2] Die Gleichsetzung der Interessen einiger Unternehmen mit der Stabilisierung des Welt-Klimas zeigt ein erschreckendes Ausmaß von ideologischer Verblendung.

Die nötigen Veränderungen müssen bei uns selbst beginnen, im Wiederentdecken der Eigenschaft, die die alten Israeliten *hochma* nannten, d.h. die Fähigkeit zu fühlen und zu handeln, als ob die Zukunft von jedem von uns abhängt.

Eine Anthropologin erzählte mir, dass sie in Australien Frauen von Ureinwohnern (*Aborigines*) fragte, ob sie nicht neidisch seien, weil sie an vielen Zeremonien der Männer nicht teilnehmen durften. Sie antworteten: »*Men make ceremonies, women make babies*«. Ihre Antwort spiegelt aber nicht nur das Selbstbewusstsein der dortigen Frauen, sondern auch eine Tragödie ihres Volkes. Denn die althergebrachten Zeremonien sollen eine heile Welt für die Kinder garantieren. Aber sie funktionieren nicht mehr. Die Naturvölker, ob Aborigines oder Indianer, haben schon vor Jahrzehnten gemerkt, dass die Natur und das Klima nicht mehr so sind wie früher. Weder ihre Welt noch ihre Weltanschauung ist noch intakt. *Bill Mollison*, der Alternative Nobelpreisträger und Begründer der Permakultur, berichtete schon bei der Preisverleihung 1981 von solchen beunruhigenden Veränderungen in seiner australischen Heimat. Aber damals konnten solche Botschaften gegen unseren Fortschrittsglauben noch wenig ausrichten. Heute, wo Nachrichten wie »Das Klima spielt verrückt« und »überall Extreme« auch aus Norddeutschland kommen, können wir sie nicht länger verdrängen.

Die Tatsache, dass Sie heute Abend hier sind, zeigt, dass Sie Antworten suchen. Während die Politiker noch Pläne für 2030 machen, haben Sie die Möglichkeit, sofort mit der Umsetzung zu beginnen, inspiriert vielleicht von dem klugen und mutigen Mädchen *Anne Frank*, das, im kriegerischen Amsterdam versteckt, in ihrem Tagebuch notierte: »Wie wundervoll ist es doch, dass niemand auch nur einen einzigen Augenblick warten muss, um zu beginnen, die Welt zu verbessern.«

---

1 Financial Times [London], Ausgabe vom 23. Juli 2007.
2 Vgl. Wirtschaftskurier [Garching bei München], Ausg. Juli/August 2007.

Hans-Gert Pöttering, Brüssel / Straßburg

Europa sieht Deutschland: 50 Jahre europäische Einigung als Friedensprozess

Festvortrag zum Tag der Deutschen Einheit im Rathaus der Stadt am 3. Oktober 2007

Vorbemerkung — Die Anforderungen an den Frieden ändern sich, aber der Friede bleibt immer das Ziel aller Politik, die der Menschenwürde verpflichtet ist. Meine Amtszeit als Präsident des Europäischen Parlaments habe ich unter die Aufgabe gestellt, da wo es mir mit meinen Möglichkeiten gegeben ist, die Würde jedes einzelnen Menschen zu betonen und diese zu stärken, wann immer es geht. Dies gelingt natürlich nur, wenn wir alle mithelfen bei der richtungweisenden geistigen Führung und dem erforderlichen praktischen Engagement. Die Osnabrücker Friedensgespräche sind Baustein für ein menschenwürdiges Europa. Für das Europäische Parlament möchte ich meinen großen Respekt und meine Anerkennung für diese Arbeit, die Sie hier mit den Friedensgesprächen leisten, zum Ausdruck bringen.

I. — Der Rückblick in die Geschichte politischer Ordnungsversuche in Europa ist eigentlich nicht besonders motivierend. Unser Kontinent hat noch nie eine Friedenszeit von der Länge gekannt, wie wir sie seit 1945 erleben. Heute dürfen wir unseren Jugendlichen mit gutem Gewissen sagen, dass sie ihr ganzes künftiges Leben in Europa wahrscheinlich im Frieden erleben werden. Die europäische Friedensordnung, die wir mit dem Westfälischen Frieden von 1648 verbinden, hat Gutes für diese Region bewirkt: Ich erinnere nur an die so genannte Alternation, den Wechsel der Landesherrschaft zwischen einem katholischen und einem evangelischen Bischof. Das hat nicht nur viel zur Ökumene bei uns beigetragen, sondern diese Alternation hat auch eine wirklich europäische Bedeutung: Die Alternation der Osnabrücker Bischöfe hat zur gesamtdeutschen Kulturentwicklung beigetragen.

Aber die politischen Strukturen, die 1648 entstanden, waren nicht von Dauer. Frankreich und Schweden wurden die Garantiemächte des Friedensvertrages. Frankreich vergrößerte sein Territorium zu Lasten Habsburgs, Schweden zu Lasten der norddeutschen Fürsten. Deutschland wurde der Kontrolle der europäischen Führungsmächte unterworfen. Das konnte nicht gut gehen. Heute sind Frankreich und Deutschland gleichberechtigte Partner in der Europäischen Union, und auch Schweden gehört seit 1995 der Europäischen Union an. Heute droht niemand mehr Kindern – wie es im 17., 18. und manchmal noch im 19. Jahrhundert üblich war – mit dem Satz: »Die Schweden kommen!« Wir sind »zu unserem Glück vereint«, wie es in der *Berliner Erklärung* vom 25. März 2007 so schön formuliert ist.

Anders als 1648 – und anders als 1919, um ein Beispiel zu nennen, das uns näher liegt – ist die Friedensordnung der Europäischen Union auf dem Grundsatz der Gleichheit und Partnerschaft gegründet. Sie ist auf Recht und Demokratie gegründet und sie strebt zu gemeinsamen Zielen und Projekten. Dies alles war in früheren Jahrhunderten nicht so. Der Erfolg des einen Landes war der Verlust des anderen. Mit den verwirrenden Mechanismen der Machtbalance versuchten die Staaten sich gegenseitig in Schach zu halten. Misstrauen wurde institutionalisiert. Es war immer wieder nur eine Frage der Zeit, bis der eine oder andere Staat aus diesem europäischen Zwangskorsett ausbrechen wollte. Dabei half es wenig, dass die wichtigsten Staaten Monarchien waren, die miteinander zumeist verwandt war.

Die Situation in Europa nach den großen Siegen Napoleons schildert der große deutsche Historiker *Golo Mann* so:

> »Zwischen allen diesen Mächten [England, Frankreich, Österreich, Russland, Preußen; *HGP*] war Feindschaft, offener oder latenter Krieg; ein negatives Verhältnis, welches das politische Spiel beherrschte. [...] Die Feindschaft zwischen Frankreich und England war eine alles überschattende. Eben darum gab es immer wieder vage Kontaktnahmen zwischen ihnen, verursacht durch die Vorstellung, daß, wenn sie sich einigten, der Friede ewig und die Welt ihr Besitz sein würden. Es war Feindschaft zwischen Frankreich und Österreich, alte klassische Renaissancefeindschaft. Aber zweimal schon hatten sie im vergangenen Jahrhundert versucht, ihr ein Ende zu machen und gemeinsam dem Kontinent das Gesetz vorzuschreiben: im Siebenjährigen Krieg [1756-1763] und [nochmals] 1797. Es war Feindschaft zwischen Preußen und Österreich, deutsche und europäische Feindschaft; der Gedanke hörte aber nicht auf, in den Köpfen deutscher Patrioten zu wühlen, daß eine Vereinigung dieser beiden Mächte – eine Vereinigung aller Deutschen – stärker sein würde als das gesamte

> übrige Europa. Auch zwischen Frankreich und Preußen war [...] Feindschaft; die Allianz dieser beiden Fortschrittsstaaten aber eine Lieblingsidee der Französischen Revolution. Endlich war Feindschaft zwischen Frankreich und Rußland. Und die Idee war, daß eine Vereinigung dieser beiden Mächte nicht Europa allein, sondern Afrika und Asien beherrschen und das britische Imperium brechen könnte.«[1]

Das war über Jahrhunderte die Realität, und wie man sich auch arrangierte und die Machtbalance herstellte, am Ende kollabierte sie. Der Krieg war die Folge, und die Leidenden waren die Menschen. Später gelang es keinem der totalitären Regime, mit seiner Ideologie die Unterwerfung ganz Europas zu erzwingen. Weder der barbarische Nationalsozialismus noch der menschenverachtende Kommunismus haben Europas Vielfalt brechen und die Freiheit der Europäer dauerhaft zerstören können.

Europa lebt in Vielfalt weiter und sucht doch nach dem Nutzen durch Einheit. Nach dem Zweiten Weltkrieg mit seinen 55 Millionen Toten, 35 Millionen Verwundeten, 3 Millionen Vermissten, weit über fünfzig Millionen zwangsweise entwurzelten und vertriebenen Menschen musste endlich ein neuer Anfang gefunden werden. Niemand hat es besser formuliert als *Jean Monnet*, der im Rückblick auf 1945 meinte, nun sei »eine Vereinigung der Interessen der europäischen Völker und nicht einfach die Aufrechterhaltung des Gleichgewichts dieser Interessen« endgültig notwendig geworden. Ich bin fest davon überzeugt: Diese Methode, die mit seinem Namen verbunden ist, bleibt weiterhin die erfolgsträchtigste Methode für die europäische Integration.

Man stelle sich vor, die Bundesrepublik Deutschland mit ihren sechzehn Bundesländern hätte nicht über diesen Bundesländern das einigende Dach des Bundes, mit Bundesregierung, dem Bundestag, dem Bundesrat, dem Bundesverfassungsgericht: Wenn es dieses Dach über der Bundesrepublik Deutschland nicht gäbe, gäbe es keine einigende Struktur. Unser Land wäre geprägt von Auseinandersetzungen: Norden gegen Süden, die Schwachen gegen die Starken, und dazu kämen noch die regionalen parteipolitischen Auseinandersetzungen.

Deswegen brauchen wir auch ein Dach wie die Europäische Union. Und wir brauchen ein starkes Europäisches Parlament. Das Europäische Parlament ist schon heute, ohne es besonders loben zu wollen, in vielen Fragen die führende Kraft der europäischen Einigung. Wir brauchen einen Ministerrat und einen europäischen Gerichtshof in Luxemburg. Jean Monnet hat es so formuliert: »Nichts ist möglich ohne die Menschen. Nichts dauerhaft ohne Institutionen.« Die Grundlage ist das Recht. Das Recht sichert den Frieden. Und die Demokratie in unseren Mitgliedstaaten ist – keine Garantie, aber – ein weiteres Mittel für den Frieden in Europa, zumindest auf den Teilen unseres Kontinents, die die Europäische Union bilden. Wir wissen, dass auf dem Balkan, einem Gebiet, das nicht zur Europäischen Union gehört, der Frieden in den achtziger und neunziger Jahren nicht gesichert war.

Von Jean Monnet können wir immer wieder den langen Atem lernen, den es braucht, um die europäische Einigung voranzubringen. Man braucht Ausdauer. Man muss ein Marathonläufer in Europa sein. Im Bonner Haus der Geschichte wird eine handschriftliche Notiz von Jean Monnet vom 1. Februar 1953 aufbewahrt. Er schrieb: »Wir sind erst am Anfang der Anstrengungen, die Europa erfolgreich erbringen muss, um schließlich Einheit, Wohlstand und Frieden zu erleben.«

Auch das können wir von Jean Monnet lernen: Durchhaltevermögen. Vier Jahre, meine Damen und Herren, nachdem er seine Notiz verfasst hatte, wurden die *Römischen Verträge* unterschrieben, am 25. März 1957. Niemand hätte diese Wendung der europäischen Geschichte 1953 für möglich gehalten. 1954 scheiterte die Europäische Verteidigungsgemeinschaft. Auch heute sollte sich niemand von aktuellen Krisen aus der Fassung bringen lassen: Es sind Krisen in der europäischen Integration, aber es sind keine Krisen der europäischen Integration. Ich sage dies auch im Hinblick auf ein Nachbarland, nämlich Polen, mit dem wir ja als Deutsche gewisse Kontroversen haben. Es ist immer falsch zu sagen: die Polen, die Deutschen, die Franzosen, die Briten. Es gibt stets auch unterschiedliche Orientierungen.

Nach den Schrecken des Zweiten Weltkrieges waren Jean Monnet und Frankreichs Außenminister *Robert Schuman* zutiefst davon überzeugt, dass das Problem der Revanche gelöst werden musste, wenn Europa sich dauerhaft erholen sollte. Es musste zugleich die Fixierung auf das bisherige Souveränitätsdenken überwunden werden. Die Idee, dass Sieger und Besiegte gemeinsam die Kontrolle über Kohle und Stahl ausüben sollten, war revolutionär. Kohle und Stahl waren in Frankreich, und nicht nur dort, die Symbole des deutschen Militarismus. Die besetzten deutschen Bodenschätze unter eine gemeinsame Verwaltung zu stellen, das war eine ungeheuere Idee, die mit dem Schuman-Plan vom 9. Mai 1950 der erstaunten Welt präsentiert wurde. Es war eine der größten und klügsten Leistungen der französischen Diplomatie: Dem besiegten Deutschland wurde die Hand gereicht. Aus der negativen Kontrolle über Deutschland konnte eine positive Kontrolle *mit* Deutschland werden. Aus der Sicherheit gegeneinander wurde die Sicherheit *mit*einander.

Für die demokratische westdeutsche Nachkriegsregierung unter Bundeskanzler *Adenauer* war das französische Angebot nicht nur ein Strohhalm, um die Deutschen nach der Schande, die Hitlers nationalsozialistisches Verbrecherregime über unser Volk gebracht hatte, wieder in den Kreis der zivilisierten Völker zu führen. Es war auch die einzige Chance, seinen eigenen Traum eines freien und geeinten Europa Wirklichkeit werden zu lassen.

Mit der Europäischen Gemeinschaft von Kohle und Stahl wurde 1951 ein Anfang gemacht. Es war ein Neuanfang für Europa, der alles andere als in der logischen Konsequenz der bisherigen jüngeren europäischen Geschichte gelegen hatte. Im Gegenteil: Die Einigung Europas, wie sie mit der Montanunion begann und seit den Römischen Verträgen von 1957 durch fünf gute Jahrzehnte hindurch vorangekommen ist, war im Grunde gegen die europäische Geschichte gesetzt. Die europäische Einigung ist ein utopisches Projekt. Die Idee der Einigung Europas wurde zur erfolgreichsten konkreten Utopie in der Geschichte Europas. Es wird immer wieder gesagt, dass der Friede auf Erden eine Utopie sei. Der Frieden bleibt gewiss eine unerfüllte Idee, wenn die Friedensidee nicht auf die Bedingungen ihrer Verwirklichung bezogen wird. Denn entscheidend ist der Weg, entscheidend ist, wie man den Prozess des Friedens gestaltet.

Hans Gert Pöttering

Europa ist nicht etwas, das wie eine reife Frucht vom Himmel fällt. Europa ist tägliches Bemühen. Europa wird nicht nur durch die Entscheidung der Staats- und Regierungschefs gestaltet, und auch nicht nur durch die Entscheidung der Europäischen Kommission oder des Europäischen Parlamentes. Europa, das ist ein Weg der tausend und abertausend kleinen Schritte. Wenn man diesen Weg geht, wird dabei Vertrauen geschaffen. Und in dem Zusammenhang möchte ich eine meiner schönsten Erfahrungen mit dem Europäischen Parlament ansprechen: Es gab im Europäischen

Parlament im Wesentlichen keinen Widerspruch gegen die Einigung Deutschlands. Widerspruch gab es in einigen Hauptstädten in Europa. Die Persönlichkeiten sind heute nicht mehr da, die sich damals dagegengestellt haben. Im Europäischen Parlament gab es diesen Widerspruch, von Einzelstimmen abgesehen, nicht, weil sich im Europäischen Parlament durch die Zusammenarbeit Vertrauen entwickelt hatte. Vertrauen ist das Wichtigste in der Politik auf jeder Ebene, im Rat einer Stadt wie auch auf europäischer Ebene.

Nach allem, was Europa in den vergangenen fünfzig Jahren erlebt hat, wissen wir mit Bestimmtheit: Freiheit, Einigung und Anerkennung der Vielfalt gehören zu den Bedingungen für den Frieden in Europa. Freiheit und Einigung sind die friedensstiftenden Bedingungen für das Wohlergehen in der kulturellen Vielfalt, so wie wir uns an ihr in Europa erfreuen. Manchmal mögen wir uns an dieser kulturellen Vielfalt auch reiben. Aber im Kern bereichert sie uns doch alle, die wir in Europa leben. Die kulturelle Vielfalt ist unser Markenzeichen als Europäer. Aber Freiheit und Einigung sind die Bedingungen, damit dieses besondere Kennzeichen Europas uns allen zum Wohl gereicht, »zu unserem Glück«, wie es in der Berliner Erklärung heißt, »vereint«. Frieden hat eine zutiefst kulturelle Dimension. Kulturelle Dimension bedeutet, dass die Menschen zum Dialog fähig sind. Dialog muss immer gewaltfrei sein; Dialog bedeutet zunächst: Zuhören, Lernen, Verstehen. Wenn man weiß, wie die anderen denken, dann kann man auf der Grundlage des Verstehens und der gegenseitigen Interessenabwägung gemeinsam handeln. Und das gemeinsame Handeln geht nur durch den Kompromiss. Wer mit dem Kopf durch die Wand will, nur seine eigene Meinung durchsetzen will, der wird nicht nur persönlich scheitern, sondern dann wird Europa scheitern.

II. — Die Europäische Union ist ein komplexes und kompliziertes Regierungssystem. Die Austragung von Konflikten in diesem System ist oft langwierig. Aber wie langwierig ist es in der Bundesrepublik Deutschland, ehe Bundestag und Bundesrat und all die, die mitwirken in einer bundesstaatlichen Ordnung, zu Ergebnissen kommen, und um wie viel schwieriger ist es dann in einer Europäischen Union mit 27 Staaten und nahezu 500 Millionen Menschen? Vieles ist undurchschaubar und zum Teil unzulänglich, wir wissen das. Wir sollten über diese Schwierigkeiten eigentlich kaum überrascht sein. Sie spiegeln wider, wie kompliziert und komplex Europa ist. Seine Nationen haben sich aufgemacht, ihr Interesse und ihr Schicksal zusammenwachsen zu lassen. Europa bedeutet ja nicht nur die 27 Staaten, sondern Hunderte von Regionen und Tausende von Städten und Gemeinden, deren Beitrag gar nicht hoch genug eingeschätzt werden kann. Die Nationen haben sich aufgemacht – das ist ein großer geschichtlicher Vorgang, der naturgemäß nicht in kurzer Zeit zum Ziel führen kann. Er kann auch nicht ohne innere Widersprüche stattfinden.

Seit dem Ende des Zweiten Weltkrieges ist dieser Prozess der richtige und beste Weg, den unser Land gehen konnte. Deutschland hat, wie unsere Partner auch, vom Prozess der europäischen Einigung nachhaltig profitiert, ideell und materiell: Die Absatzmärkte für deutsche Produkte sind gewachsen und damit wurden viele stabile Arbeitsplätze geschaffen; der politische Einfluss Deutschlands wurde zum Nutzen gemeinschaftlicher Ziele gemehrt; die kulturelle Bereicherung Deutschlands durch die europäischen Partner entspricht der Förderung des kulturellen Ansehens von Deutschland in den anderen europäischen Staaten. Europas Einigung bleibt Deutschlands oberstes Interesse.

Auch an einem Tag wie heute, an dem wir uns über die Einheit unseres Vaterlandes in Freiheit freuen, dürfen wir niemals vergessen, dass wir diese Einheit unseres Landes nicht ohne den Freiheitswillen der anderen erlangt hätten. Ohne *Solidarność*, diese mutige, menschenrechtsorientierte Arbeiterbewegung in Polen, und ohne die geistig-moralische Unterstützung des großen Polen *Johannes Paul II.*, der seinen Landsleuten zugerufen hat: »Habt keine Angst!«, ohne den Freiheitswillen der Esten, der Letten, der Litauer, der Tschechen, der Slowaken, der Ungarn und der Völker des ehemaligen Jugoslawiens und vieler anderer wäre dieser große Wandel in Europa, der auch die Einheit Deutschlands ermöglicht hat, nicht möglich gewesen. *Michael Gorbatschow* hat diesen Prozess nicht gefördert, aber er hat die Panzer nicht dagegen rollen lassen. Das bleibt sein historisches Verdienst. Und eine kluge Führung mit *Helmut Kohl* und mit Unterstützung der Opposition hat dazu beigetragen, dass wir die Einheit unseres Vaterlandes am 3. Oktober 1990 erleben konnten.

Als am 1. Mai 2004 drei Nationen, die von der Sowjetunion okkupiert waren, nämlich Estland, Lettland und Litauen, als die Warschauer Pakt-Staaten Polen, die Tschechische Republik, die Slowakei, Ungarn, Slowenien und nun auch in diesem Jahr Bulgarien und Rumänien der Europäischen Union beitraten, wurden sie nicht Mitglied einer Organisation, sondern einer Wertegemeinschaft. Diese Wertegemeinschaft gründet auf der Würde des Menschen, auf der Eigenverantwortlichkeit der Person; sie gründet auf der Demokratie, auf der Rechtsordnung und der sozialen Marktwirtschaft, und diese handelt durch Solidarität und Subsidiarität. Dass dieses möglich war – dieser Wandel in Europa, die Überwindung des menschenverachtenden kommunistischen Systems in den achtziger und neunziger Jahren – und wir heute in der Europäischen Union in Freiheit leben, ist ein Umstand, über den wir uns jeden Tag erneut freuen sollten.

Was die wirtschaftliche Dimension der Europäischen Union betrifft, bin ich auf etwas gestoßen, das der aus dem Amt scheidende britische Botschafter uns Deutschen zum Abschied gesagt hat. Sir *Peter Torry* sagte an unsere Adresse:

> »Die Erweiterung der EU und die Globalisierung gelten in Großbritannien als etwas Positives. In Deutschland werden sie eher als Bedrohung gesehen, obwohl kein Land mehr davon profitiert als Deutschland. Ihre qualifizierten Arbeitskräfte, Ihre Technologie und Industrie haben Sie zum Exportweltmeister gemacht.«

Man mag dem nicht zustimmen, aber so sieht uns ein Europäer, und ich glaube, dass die Richtung stimmt.

Es gibt immer wieder große Diskussionen in der Europäischen Union über deren Ziele. Der französische Staatspräsident *Nicolas Sarkozy* hat die Einrichtung eines *Rates der Weisen* vorgeschlagen, der sich mit der Frage der Zukunft Europas befassen soll. Nicolas Sarkozy war einst ein Kollege von mir im Europäischen Parlament. Wir haben seither Kontakt gehalten und haben zu Beginn seiner Amtszeit im Élysée-Palast ein sehr offenes Gespräch geführt. Ich stimme seinem Vorschlag durchaus zu, aber ich denke, wir können nicht wissenschaftlichen Instituten – die ich sehr schätze – die Entscheidungen über die Zukunft der Europäischen Union überlassen. Dort werden Anregungen erarbeitet, aber die Entscheidungen müssen am Ende durch die politisch Verantwortlichen getroffen werden.

Europa ist in ständiger Veränderung; vor zwei Jahren führten wir die Debatte darüber, ob wir eine gemeinsame europäische Energiepolitik brauchen. Damals wurde dies in Deutschland radikal abgelehnt. Und heute steht Deutschland in dieser Frage und der Frage des Klimaschutzes mit an der Spitze der Entwicklung. In Brüssel fand unlängst eine große Tagung mit Abgeordneten des Europäischen Parlaments und mit Parlamentariern aus allen 27 nationalen Parlamenten der Europäischen Union über die wichtige Frage des Klimaschutzes und die zu bewältigenden Aufgaben statt. Alle waren sich einig: Kein Land kann die Fragen des Klimawandels allein lösen. Aber wenn wir uns jetzt auf europäischer Ebene – in einer guten Zusammenarbeit zwischen den nationalen Parlamenten und dem Europäischen Parlament und unter bestmöglicher Einbeziehung der Landesparlamente sowie der kommunalen Parlamente – an die Gesetzgebung machen, wird es sehr schnell zu einer Auseinandersetzung kommen. Auf der einen Seite zwingen uns die Ursachen des Klimawandels zur Reduzierung des Schadstoffausstoßes, im Wesentlichen von CO_2. Aber wenn wir diesem hehren Ziel dienen wollen, dann hat das auf der anderen Seite auch eine ganz konkrete Gesetzgebung zur Folge, und das wird dann vielen wehtun. Dann wird es wieder heißen: »Ja, in Brüssel wird zu viel reguliert«. Aber da müssen wir entscheiden, was wir wollen. Ob wir in der

Frage des Klimaschutzes einen gemeinsamen Beitrag leisten wollen, und was wir gemeinsam dafür tun.

Ich meine, beim Klimaschutz in der Welt liegt eine wunderbare Führungsaufgabe für uns Europäer. Deswegen hat es am 8. und 9. März beim EU-Frühjahrsgipfel zwischen den Staats- und Regierungschefs diesbezüglich eine Vereinbarung gegeben. Und anders als sehr mächtige Männer auf dieser Erde bin ich der Ansicht: Wir brauchen verbindliche Regelungen. Regelungen im Rahmen der Vereinten Nationen und Regelungen, die uns wirklich weiterführen. Dieses ist, wie ich finde, eine große Friedensaufgabe, die wir als Europäer wahrnehmen können. So wachsen dem sich verändernden Europa gelegentlich neue Aufgaben zu, was gleichzeitig auch zur Überlegung führt, ob es nicht Aufgaben gibt, die man auf die nationale oder gar die regionale und kommunale Ebene zurückverlagern kann.

Die Bezeichnung ›Europäische Union‹ ist die gute begriffliche Fassung eines vorbildlosen politischen Prozesses. Weder der Begriff der Föderation noch der Begriff der Konföderation passen zur Beschreibung der Europäischen Union. In der Politikwissenschaft wird heute oft der Begriff des europäischen Mehrebenensystems verwendet, um die Strukturen der EU zu erfassen. Es ist ein Prozess ganz eigener Art, der sowohl horizontal als auch vertikal zwischen den unterschiedlichen Ebenen und unterschiedlichen Institutionen entstanden ist. Immer wieder muss die Balance neu austariert werden – zwischen den Kommunen, den Regionen, den nationalen Mitgliedstaaten und der Ebene der EU, aber auch zwischen den Organen der EU, die unterschiedliche Verantwortungen repräsentieren.

Das Europäische Parlament steht im Zentrum des Gefüges, als das Organ, das die EU-Kommission kontrolliert und kontrollieren muss. Das Europäische Parlament hat sich immer für ein möglichst hohes Maß an Durchschaubarkeit und Demokratie eingesetzt. Wir vertreten fast 500 Millionen Unionsbürgerinnen und -bürger und sind ihnen gegenüber rechenschaftspflichtig. Alle unsere Sitzungen sind öffentlich und ihre Ergebnisse öffentlich zugänglich. Ich wünschte mir, dass die Medien mehr Gebrauch davon machen würden und ausführlicher aus dem Europäischen Parlament berichteten. Wenn die nationalen Parlamente eine stärkere Mitwirkung in der europäischen Politik einfordern, so tun sie dies zu Recht. Zum einen, weil die Europapolitik längst überall ein Teil der Innenpolitik geworden ist – so sehen es auch alle Umfragen in den Staaten der EU. Zum anderen aber fordern die nationalen Parlamente mehr Rechte, weil sie sich oftmals von ihrer jeweils eigenen nationalen Regierungsbürokratie unzulänglich über europapolitische Vorgänge informiert fühlen. Da Europarecht vielfach in nationales Recht übertragen werden muss, sind die demokratische Kontrolle und das Prinzip der Öffentlichkeit auf allen Ebenen und bei der Zusammenarbeit zwischen allen Organen zwingend.

Nur so werden die Legitimität der Europäischen Union und damit ihr friedenssichernder Charakter gestärkt.

Wir haben in den Diskussionen über den Europäischen Verfassungsvertrag miteinander gelernt, dass es nicht ausreicht, der EU Aufgaben zu übertragen oder ihre Ziele ein für allemal festzulegen. Wir müssen die EU auch in die Lage versetzen, ihre Aufgaben effizient und transparent zu erledigen. Wir wollen ein Europa, das funktioniert und Leistungen für seine Bürger erbringt. Deshalb wird das Europäische Parlament stets der Motor der europäischen Einigung bleiben. Wir wollen uns darin von niemandem übertreffen lassen, aber wir werden auch nicht ruhen, auf das Gemeinsame in Europa hinzuarbeiten. Denn wir wissen aus aller geschichtlichen Erfahrung: Nur ein starkes und handlungsfähiges Europa wird von den Menschen in der Europäischen Union anerkannt. Nur ein starkes und handlungsfähiges Europa kann Partner der Welt sein und seine globalen Aufgaben erfüllen.

Deshalb unterstützt das Europäische Parlament mit allem Nachdruck den raschen Abschluss des Europäischen Reformvertrages. Und ich sage es hier, die Realisierung, die Unterzeichnung und dann die Ratifizierung dieses Reformvertrages ist die Priorität der Prioritäten. Mit dem portugiesischen Ministerpräsidenten und gegenwärtigen Präsidenten des Europäischen Rates *José Sócrates* bin ich einig, dass wir beim kommenden EU-Gipfel in Lissabon eine politische Vereinbarung erreichen müssen, so dass dann der Reformvertrag unterzeichnet werden kann. Und wir streben mit Kommissionspräsident *José Manuel Barroso* an, dass die EU-Charta der Grund- und Menschenrechte, die Teil der Europäischen Verträge werden soll, feierlich im Europäischen Parlament unterzeichnet wird.

Wir werden uns auch weiterhin über die vertraglichen Grundlagen der EU hinaus für die Einigung Europas einsetzen. Wir müssen Europa und seine Bürger weiter zusammenführen. Zwischen den Institutionen der EU, den Institutionen der Mitgliedstaaten und den Unionsbürgern muss wieder mehr Vertrauen wachsen. Wir müssen wieder mehr gemeinsam tun, anstatt vorrangig darüber besorgt zu sein, Europas Einigung könnte zu weit gehen. Niemand will die Nationen Europas abschaffen. Die Vielfalt Europas, kulturell und politisch, ist unsere Stärke. Aber wir wollen auch das Gefühl der Zugehörigkeit zur Europäischen Union stärken.

Es hat mich tief bewegt, als ich vor einigen Monaten in der Knesset, dem israelischen Parlament, mit der europäischen Hymne begrüßt wurde. Die Regierungschefs haben auf dem EU-Gipfel zur Verfassungsfrage die Symbole, die Hymne und die Sterne, die Europafahne, aus dem Vertrag genommen. Wenn es hilft, dass dieser Vertrag in den Niederlanden angenommen wird, dann wird man dies bedauernd akzeptieren müssen. Aber im Europäischen Parlament wird umso mehr die Europäische Hymne,

Beethovens *Ode an die Freude*, gespielt, und man lässt die Fahnen wehen, weil das zum Ausdruck bringt: Wir Europäerinnen und Europäer gehören zusammen.

Symbole sind wichtig, konkrete Taten sind es ebenso. Vor allem gilt dies für konkrete Fortschritte im sozialen und wirtschaftlichen Leben. Wir wollen das Leben der Menschen in Europa verbessern und die Grundlagen hierfür sichern. Wir wollen, dass die Europäer sich in Europa wohl fühlen und hier gerne leben. Gerade im Zeitalter der Globalisierung ist die Verbundenheit mit der eigenen Heimat ein großes und richtiges Anliegen. Unsere politische Identität besteht heute aus mehreren Ebenen: der lokalen und der regionalen, der nationalen, aber auch der europäischen Identität.

Wenn wir heute durch Europa reisen, junge Menschen oder wir als Erwachsene auch der anderen Generation, ist es selbstverständlich, dass wir eine gemeinsame europäische *Währung* in vielen Ländern gebrauchen. Der Umgang miteinander ist um vieles einfacher geworden. Deshalb ist über die wirtschaftspolitische und finanzpolitische Bedeutung des Euro hinaus der Euro ein Friedenswerk. Viele haben gesagt, der Euro werde keine starke Währung. Heute sagen manche, der Euro sei zu stark, er solle gar nicht so stark sein. Ich sage, ohne den Euro wäre Europa nicht derart wettbewerbsfähig in der Welt. Die jungen Menschen spüren hoffentlich, wenn sie durch Europa reisen, was der Euro für sie bedeutet.

Denken Sie zurück an die *Grenzkontrollen*. Ich erinnere mich gut an die Grenze zu den Niederlanden in den 70er- und zu Anfang der 80er-Jahre. Wir haben damals gesagt: Wir müssen die Sicherheit verbessern, die Zusammenarbeit der Polizei muss besser werden, aber Grenzkontrollen sollte man abschaffen. Es war ein mühsamer Prozess, aber dann ist es schrittweise gelungen. So haben dann am Ende die Regierungen mit Unterstützung des Parlaments die Grenzkontrollen abgebaut und wir haben heute die Reisefreiheit in Europa.

Ganz bewusst haben wir als Europäisches Parlament uns auch vor dem diesjährigen Beginn der Sommerferien dafür eingesetzt, dass die Roaming-Gebühren beim *Telefonieren* aus dem europäischen Ausland entscheidend reduziert werden konnten. Ich weiß, dass dies nicht eine neue Welt schafft. Viele Menschen haben ganz andere Sorgen, als hin und her zu reisen und zu telefonieren. Aber es ist doch ein Beispiel dafür, dass und wie Europa funktioniert und funktionieren muss. Wir leben in einem gemeinsamen Markt, da darf es für den Verbraucher nicht zweierlei Maß geben. Die Reduzierung der Roaming-Gebühren ist ein kleines Beispiel der großen Friedensidee, die den Einigungsprozess auch weiterhin antreibt.

Eine große Schwierigkeit in Europa sind die unterschiedlichen Mentalitäten. Nehmen Sie die Debatte zum *Verfassungsvertrag* als Beispiel. Frankreich wollte nicht den Gottesbezug, weil dieser nicht dem laizistischen französischen Staatsverständnis entspricht. Wenn Sie dann aber in Polen eine genau entgegengesetzte Meinung hören, dann zeigt das, wie unterschiedlich im Ideellen und Spirituellen und Religiösen die Mentalitäten sind. Bekanntlich hat das französische Volk den Verfassungsvertrag abgelehnt, und bei der Debatte war unter anderem die Befürchtung groß, dass polnische Klempner den französischen Klempnern die Arbeitslöhne wegnehmen. Was die EU betrifft, gibt es wichtige psychologische Fragen. Obwohl die Wirklichkeit so ist, dass man, wie Statistiken sagen, wenigstens 4.000 Klempner in Frankreich bräuchte, empfinden die Franzosen den polnischen Klempner als eine Bedrohung. Das hat Auswirkungen auf Entscheidungen wie bei dem Referendum. Deshalb empfehle ich: Seien wir geduldig mit den Völkern Europas.

Zu Europas Rolle in der Welt noch einige Gedanken: Wir haben jetzt an 17 Orten in der Welt *europäische Friedensmissionen*. Ob es sich um Bosnien-Herzegowina handelt oder um den Kosovo, um Polizeimissionen, bevor die Hamas den Gaza-Streifen übernommen hat, oder um den Polizeiaufbau in Afghanistan, dies alles sind sehr wichtige Friedensmissionen. Und so äußerte selbst der Präsident des irakischen Repräsentantenrats aus Bagdad *Mahmoud Al-Mashhadani* bei einem Besuch in Brüssel: »Man erwartet von euch Europäern, dass ihr uns helft, nicht nur materiell, sondern politisch, dass der Irak in hoffentlich nicht allzu ferner Zeit die Kontrolle über das eigene Land übernehmen kann.«

Für uns im Europäischen Parlament ist es wichtig, dass wir eine *vorsorgende Sicherheitspolitik* betreiben. So habe ich z.B. mit der Präsidentin des Panafrikanischen Parlamentes, Frau *Gertrude Mongelan* aus Tansania, vereinbart, dass wir bei dem Europa-Afrika-Gipfel Ende 2007 in Lissabon die portugiesische Präsidentschaft darum bitten wollen, dass beide Präsidenten der Parlamente – sie als Präsidentin des Panafrikanischen Parlamentes und ich für das Europäische Parlament – auf dem Gipfel sprechen können. Bei meinem Gespräch mit Frau Mongelan habe ich erfahren, dass weder die nationalen Parlamente in Afrika noch das Panafrikanische Parlament über vernünftige Bürostrukturen verfügen, geschweige denn über Mitarbeiter. Wie aber will man Regierungen kontrollieren, wenn man nicht einmal die Parlamente so ausstattet, dass eine Kontrolle möglich ist? Deswegen ist es unser Angebot an die afrikanischen Kolleginnen und Kollegen, beim Aufbau von demokratischen Institutionen zu helfen. Es gilt zu verhindern, dass Diktatoren gegeneinander kämpfen und die Menschen den Preis bezahlen müssen. Das ist vorsorgende Politik, und dieser Aspekt der Politik sollte viel mehr im Vordergrund stehen.

Wenn wir es mit den Menschenrechten und der Menschenwürde ernst meinen, dann müssen wir sie auch in der Welt verteidigen. Nun sind wir nicht die Lehrmeister der Welt. Aber wir müssen z.B. darauf bestehen, dass die Mörder der großartigen Journalistin *Anna Politkowskaja* in Russland ihrer verdienten Strafe zugeführt werden. Wir haben gerade in dieser Woche darüber diskutiert, dass wir der Militärjunta in Burma entgegentreten müssen. Die große Friedensnobelpreisträgerin *Aung San Suu Kyi*, die den Sacharow-Preis des Europäischen Parlaments bekommen hat, hat unsere Unterstützung verdient. Auch *Alexander Milinkewitsch*, der Oppositionsführer in Weißrussland, verdient unsere Unterstützung, und zwar so lange, bis auch in Weißrussland, der letzten Diktatur in Europa, Freiheit und Demokratie ihre Chance haben. Ich sage, auch als Freund der Vereinigten Staaten, im Hinblick auf die Inhaftierung der Menschen in Guantánamo: Ich bin dafür, dass wir den Terrorismus mit aller Schärfe des Gesetztes bekämpfen und die Terroristen einer gerechten Strafe zuführen, aber jeder Mensch, dem man unterstellt, er habe falsch gehandelt, hat nach unserer europäischen Rechtsordnung den Anspruch auf ein geordnetes Gerichtsverfahren, und das gilt auch für Guantánamo.

Wir sind mit unserer europäischen Einigung noch nicht am Ziel. Für den weiteren Weg und unsere Zukunft ist der Dialog der Kulturen von größter Bedeutung: Es muss uns gelingen, den *clash of civilizations*, den Zusammenprall der Kulturen, zu verhindern. Viele sagen, ein *clash of civilizations* sei unvermeidlich. Aber galt es nicht als auch ›unvermeidlich‹ in der gesamten europäischen Geschichte, dass Deutsche und Franzosen gegeneinander standen – bis dann Persönlichkeiten kamen, die das Ruder in eine andere Richtung lenkten? So muss es auch sein mit dem Dialog der Kulturen. Wir müssen der arabischen und islamischen Welt sagen: Wir wollen mit euch in Frieden und in Partnerschaft leben. Aber dieser Dialog der Kulturen muss auf der Grundlage der gegenseitigen Toleranz geführt werden.

Bei einem Besuch in Saudi-Arabien sprach ich mit dem Vorsitzenden eines Beratungsgremiums des Königs. Dieser hohe islamische Geistliche fragte mich am Ende eines wunderbaren Gespräches: »Wie werden die Moslems in Deutschland, in Europa behandelt?« Meine Antwort war: »Exzellenz, sie sind nicht immer so integriert, wie wir uns das wünschen, aber sie haben in der Regel ihre Gebetshäuser oder auch ihre Moscheen. Aber darf ich Sie etwas fragen? Trifft es zu, dass, wenn in Saudi-Arabien ein Moslem Christ werden möchte, darauf die Todesstrafe steht?«

Ich erhielt keine Antwort, und das war die Antwort. Egal, welcher Glaubensrichtung man angehört: die gegenseitige Toleranz ist die Grundlage für das Zusammenleben der Kulturen und wir müssen das auch aussprechen, sonst wird der Dialog nicht erfolgreich sein.

III. — Die Westfälische Friedensordnung, unsere Friedensordnung, ist mit den Städtenamen Osnabrück und Münster auf immer verbunden. Für uns in Deutschland bedeuteten die Ergebnisse des ersten europäischen Friedenskongresses vor allem eine territoriale Neuordnung der deutschen und europäischen Gebiete. In aller Welt hat sich bis heute der Begriff der ›Westfälischen Ordnung‹ gehalten, um die Idee autarker nationalstaatlicher Souveränität zu beschreiben. Mit der Westfälischen Friedensordnung begann die Herausbildung der einzelnen Nationen in Europa. Heute wollen wir die Nationen nicht überwinden oder gar durch einen europäischen Superstaat ersetzen. Wir wollen vielmehr, dass sich die Nationen und Staaten Europas in gemeinschaftlicher Solidarität miteinander in immer mehr konkreten Feldern auf ihre gemeinsame Zukunft hin verpflichten. Das sind der Sinn und das Ziel der heutigen Friedensordnung unter dem Dach der Europäischen Union.

Längst haben wir uns in Europa in diese Richtung hin aufgemacht, zu unserem Glück, um es noch einmal mit der *Berliner Erklärung* zu sagen. Wir wissen, wie begrenzt die Vorstellung ist, dass ein Staat allein sein Schicksal bestimmen könnte. Wir ringen um die richtige Balance zwischen den Institutionen der Europäischen Union, die die Völker und die Staaten vertreten. Supranationale Formen der Souveränität, wie wir sie in der Europäischen Union praktizieren, sind wirklich ein neues Faktum in der langen Geschichte unseres Kontinents. Wir haben damit auch die wirklich einzige Innovation in der politischen Theorie seit den Tagen des Westfälischen Friedenskongresses geschaffen. Heute beginnt sich in aller Welt der Nutzen der regionalen Zusammenarbeit durchzusetzen. Für viele andere Regionen ist die Europäische Union ein Modell, an dem sich andere regionale Projekte orientieren. Die Europäische Union ist bisher mit dem Bau regionaler Integration am weitesten vorangekommen. Natürlich ist die Europäische Union nicht vollkommen. Da, wo wir Defizite erkennen, auf der nationalen oder auf welcher Ebene auch immer, müssen wir diese Defizite abbauen. Aber, und darin sind wir uns einig, als Friedensprojekt sind wir Inspirationsquelle für andere auf der Welt und müssen den Ehrgeiz bewahren, am Frieden in der Welt mitzuarbeiten. Wenn ich in Brüssel und Straßburg bin, empfange ich Persönlichkeiten aus der ganzen Welt und alle, mit ganz wenigen Ausnahmen, sehen in der Europäischen Union das große Friedensprojekt in Europa und in der Welt.

Von *Immanuel Kant* haben wir gelernt, dass Frieden immer wieder neu gestiftet werden muss. In diesem Ziel weisen uns die Osnabrücker Friedensgespräche eine gute Richtung.

---

1 Golo Mann: Friedrich von Gentz. Gegenspieler Napoleons, Vordenker Europas. Frankfurt / Main 1995 [zuerst 1947], S. 181 f.

Mahmoud H. Zakzouk, Kairo

Der Islam und der Westen: Keine Zukunft ohne Zusammenarbeit

Festvortrag zum Osnabrücker Friedenstag am 25. Oktober 2007 in der Stadthalle Osnabrück

I. Vorbemerkung — Die historische Friedensschließung in Osnabrück liegt nun zwar schon einige Jahrhunderte zurück. Aber entscheidend ist, dass sie bewiesen hat, dass Frieden auch nach einem langen Krieg möglich ist und verwirklicht werden kann. Wir wollen das Gleiche.

Unsere Zeit, so glaube ich, hat die Chance, Geschichte zu machen, wenn es ihr gelingt, eine bessere Globalisierung als bisher durchzuführen. Denn Globalismus bedeutet vor allem auch Weltverantwortung, d.h. die Entwicklung von globaler Solidarität. Im politischen Geschehen und den Auseinandersetzungen unserer Zeit – vor allem zwischen dem Westen und dem Islam – geht es im Grunde nicht mehr nur um Selbstbehauptung und Selbstverteidigung oder um bloße Machtkämpfe, also um Gruppensolidaritäten. Es geht darüber hinaus auch immer wieder um Entscheidungen auf moralischer Ebene, d.h. auf der Ebene der allgemeinen Menschenrechte.

Es besteht kein Zweifel daran, dass die politische Hauptaufgabe unserer Zeit in der Abschaffung jeder Form von Gewaltherrschaft besteht. Wir brauchen vor allem eine bessere Weltordnung, welche fähig ist, sowohl der Gerechtigkeit als auch dem Frieden zu dienen. Für die Friedensschaffung gibt es gute Gründe. Denn, wie man ganz richtig festgestellt hat,[1] wir sitzen nun alle im gleichen Boot der Bedrohung durch langfristige radioaktive Bestrahlung und zunehmende Arbeitslosigkeit und Armut, um nur einige Probleme zu nennen. Was wir alle suchen, ist letzten Endes dasselbe: ein Leben in Würde als Mitglieder einer Gesellschaft.[2] Damit suchen wir in unserer globalisierten Gesellschaft vor allem auch den Frieden in unserer Welt und was mit ihm verbunden ist bzw. ihn voraussetzt: die Respektierung der Rechte aller Menschen und Völker. Man kann zweifellos sogar das ganze Geschehen der Weltgeschichte unter dem Gesichtspunkt dieser ewigen Suche nach sinnvoller Selbstbehauptung betrachten, die aber auch zu Abwegen und dann zu sinnlosen Kriegen führen kann.

I. Krieg und Frieden — Die Sinnlosigkeit des Krieges wird vor allem immer wieder demjenigen klar, der unter seinen entsetzlichen Folgen leidet und daher einsieht, dass Frieden doch immer die bessere und sogar die einzige Lösung bietet. Aber wenn der Krieg längere Zeit zurückliegt, wie jetzt z.B. die beiden Weltkriege, werden seine entsetzlichen Folgen allzu schnell wieder vergessen. Krieg erscheint wieder einmal – vor allem angesichts der empfundenen, aber vielleicht auch nur eingebildeten Bedrohungen von allen Seiten – als die beste Lösung. »*The West against the rest*«, so lautet die neueste Parole; ein neuer Kreuzzug gegen den Islam, ein Kreuzzug, den man lange geleugnet hat, erscheint jetzt immer mehr als einziges Mittel, alle Weltprobleme zu lösen.[3] Wieder einmal hat man den Sündenbock gefunden; früher waren es die Juden, jetzt sind es die Muslime. Wer die Macht hat, hat das Recht. »Wer nicht mitmacht, ist gegen uns.«[4] Deutlicher kann die Botschaft nicht werden. Was ist dagegen einzuwenden – außer Hinweisen auf die Erfahrungen der gesamten Weltgeschichte, die uns lehren, dass Friede, Freiheit und Sicherheit niemals mit Gewalt erreicht werden können, da diese letztlich nur das Gegenteil bewirkt? Denn das, was wir den anderen antun, tun wir letztlich auch uns selber an; es kommt früher oder später auf uns zurück. Doch diese Tatsachen werden gerne immer wieder vergessen.

Die Anerkennung des Anderen in seiner Menschlichkeit, mit seinen berechtigten Ansprüchen auf Freiheit und Würde, ist sogar islamisch betrachtet der Grund, warum die Menschen überhaupt erschaffen wurden und warum sie auch verschieden erschaffen wurden.[5] Der Islam vertritt daher – immer dann, wenn er richtig verstanden und vertreten wird – mit Entschiedenheit die friedliche Lösung des Problems des Anderen und hat das durch seine Praxis des Religions- und Kulturpluralismus im Laufe der Geschichte auch erfolgreich demonstriert.

Zu der Frage, warum für das Problem von Krieg und Frieden in der Welt trotz aller Lektionen der Geschichte immer noch nicht – bis in unsere Tage hinein – eine vernünftige Lösung gefunden werden konnte, hatte bereits der im 14. Jahrhundert lebende arabische Philosoph und Soziologe *Ibn Khaldun* eine modern anmutende Antwort.[6] Er sagt, die Ursache, warum die Menschheit sich immer wieder weigert, von den Lektionen der Geschichte zu lernen, sei ihre korrumpierte Auffassung von Menschlichkeit. An die Stelle der Gruppensolidarität, so argumentiert er, hat die Geschichte der Menschheit den Samen der Menschlichkeit einzupflanzen. Wenn er von der extremen Grausamkeit seiner Ära und der rücksichtslosen Machtpolitik ihrer Herrscher spricht, klingt auch das für unsere Ohren modern genug. Die Menschheit überlebte zwar seine Ära, in der Kriege allerdings immer noch nur einen Teil der Völker betrafen. Aber wird sie auch unsere Ära der Weltkriege überleben können?

Hat aber nicht gerade unsere Zeit andererseits die einmalige Chance, eine echte globale Solidarität angesichts der nun uns alle gemeinsam bedrohenden Gefahren zu entwickeln und damit die Grundlage für eine stabilere, friedlichere Weltordnung zu legen? Der gute Wille zu einer Zusammenarbeit hierfür ist da, und, wie ich glaube, auf beiden Seiten.

Mahmoud Zakzouk, im Hintergrund Moderator Reinhold Mokrosch

Weltverantwortung ist heute für uns nicht länger nur ein Gebot der Religionen, das wir beachten können oder auch nicht. Sie ist für uns heute eine Frage des Überlebens.

Von den bisherigen Überlegungen her betrachtet, ist genau genommen die Verschiedenheit der Menschen, der Völker und der Kulturen auch nicht wirklich als ein Hindernis für das gegenseitige Verstehen und die Zusammenarbeit zu betrachten, sondern im Grunde sogar als eine Voraussetzung dafür. Denn wir können lernen, dass wir gerade auch den Anderen brauchen für eine vertiefte Selbsterkenntnis und Behauptung. Man kann diese Tatsache – deren Erkenntnis allerdings einige Selbstreflexion erfordert – auch die ›Anstrengung des Menschseins‹ nennen, die jedem von uns obliegt.

Aus dieser Perspektive betrachtet zeigt uns die Geschichte der Menschheit, dass tatsächlich die Verschiedenheit der Völker und Kulturen und der friedliche Wettbewerb zwischen ihnen immer ein entscheidender Antrieb für die kulturelle Entwicklung gewesen sind. Zweifellos wurden diese Verschiedenheiten aber auch nur zu oft als Anlässe für Eroberungskriege und Unterdrückung jeder Art benutzt.

II. Der Globalismus und die jetzige Globalisierung[7] — Im Westen gibt es vielfältige Ausgestaltungen seiner Kultur, und ebenso besteht auch die Einheit der islamischen Welt gerade in ihrer großen Vielfalt. In diesem Sinne ist es irreführend, wenn man von der islamischen Welt und dem Westen spricht, als wären diese zwei Monolithen, die völlig voneinander getrennt einander gegenüberstehen.[8]

Hinzu kommt die Tatsache, dass doch in unserem Zeitalter des Globalismus die Völker nicht mehr wie früher nebeneinanderleben, sondern zu einem großen Teil bereits miteinander. Wenn wir uns also um eine erfolgreiche interkulturelle Zusammenarbeit bemühen wollen, gehen wir am besten nicht von irgendwelchen Verallgemeinerungen und Klassifizierungen der Völker, Kulturen und Rassen aus, sondern zunächst eher von unseren Gemeinsamkeiten und vor allem von unserer gemeinsamen Situation.[9] Haben wir in einem Haus das Feuer zu löschen, fragen wir doch auch nicht, wer alles in diesem Haus wohnt und was diese Menschen im Einzelnen genau sind, sondern wir löschen das Feuer so schnell wie möglich und versuchen zu vermeiden, dass es auf die benachbarten Häuser übergreift.

Während in früheren Zeiten die Kriege zwischen einzelnen Ländern oder innerhalb von ihnen stattfanden, hat unsere Ära etwas Neues entwickelt: die Weltkriege und die Atombombe. Die Frage: Krieg oder Frieden – also die Frage: Zerstörung oder Aufbau – betrifft jetzt also mehr oder minder die ganze Welt.[10] Schon allein von daher betrachtet hat heute die globale Solidarität einen eindeutigen Vorrang vor den einzelnen Gruppensolidaritäten.

Nur dann, wenn wir bereit sind, alte Vorurteile abzulegen und dem Anderen und seiner Kultur trotz all seiner Verschiedenheiten grundsätzlich mit Respekt und Toleranz zu begegnen, können wir Wege für die Lösung unserer gemeinsamen Probleme suchen.

Die hierfür geforderte Toleranz ist nicht eine bloße Duldung, sondern, von bestimmten Gesichtspunkten her betrachtet, eine Art von geistigem Waffenstillstand.

Sie ist die Bereitschaft, den Anderen anzuerkennen, Auseinandersetzungen zu beenden, Friedensverhandlungen zu führen und Frieden zu schließen. Der Islam jedenfalls lehrt, dass man dem Frieden eine Chance zu geben hat, wenn man ihn sucht. So hat man prinzipiell immer dann, wenn der Gegner Friedensbereitschaft zeigt, ihm entgegenzukommen.[11] Diese Auffassungen werden von der zentralen Rolle des Friedens im islamischen Denken her verständlich.[12] Wir haben bei unseren Entscheidungen nicht nur an heute und an unsere eigenen kurzfristigen Interessen zu denken, sondern vor allem an die Zukunft, die wir durch unsere heutigen Entscheidungen bestimmen. Und die Zukunft beginnt nicht erst in ferner Zeit, sie beginnt bereits morgen, genau genommen sogar mit jedem Augenblick, und damit unsere Verantwortung für sie.

Die jetzige Form der Globalisierung gefährdet die Zukunft unserer Welt, vor allem auch dadurch, dass sie nicht nur zwischen die Reichen und die Armen, sondern vor allem zwischen den Westen und die islamische Welt mit ihren begehrten Ölschätzen immer mehr einen Keil treibt. Die jetzt vorherrschende Art von bloß wirtschaftlicher Globalisierung besteht, wie die Nobelpreisträgerin *Nadine Gordimer* richtig sagt,[13] nur in der Herrschaft des Kapitalismus und der Supermächte, welche die Welt nach ihren eigenen Wünschen modulieren, und, so möchte ich hinzufügen, nach ihren einseitigen Ideen. Ideen wie z.B. die von verantwortungslosen Politikern zur Förderung ihrer Macht- und Interessenpolitik propagierte Idee von der Erschaffung des so genannten schöpferischen Chaos – vor allem in den muslimischen Ländern – führen zweifellos zum Chaos. Aber wo bleibt die versprochene neue Schöpfung? Ich denke hierbei nicht nur an die zerstörten Länder, sondern auch an die, die sie systematisch zerstören und weiter zerstören wollen. Führt uns die jetzige Art der Globalisierung nicht tatsächlich, wie der bekannte arabische Dichter *Adonis* gesagt hat, immer mehr zu einer Globalisierung der Maschinen und ihrer Kriege, nicht jedoch der Menschen und ihrer Kulturen?[14]

Auf jeden Fall stimmen neueste wissenschaftliche Untersuchungen immer mehr darin überein, dass vor allem die Ursachen des Nahost-Konflikts genau betrachtet nichts zu tun haben mit kulturellen und religiösen Unterschieden. Wie alle politischen Konflikte hat er vor allem politische und wirtschaftliche Ursachen. Anstatt jährlich viele Milliarden von Dollars für Kriege und die weitere Aufrüstung auszugeben, hätte man, wie richtig festgestellt wurde, dieses Geld lieber für die Bekämpfung der Armut, die Hauptursache aller Konflikte, ausgeben sollen. Denn nicht nur irgendeine angebliche Superkultur, sondern die Menschen aller Kulturen haben, wie man richtig sagte,[15] ein Recht auf ihre eigene Kultur, auf ihr eigenes gesellschaftliches, politisches System und auf ein eigenes Wertesystem.

Darüber hinaus hat man schon seit langem auf die gegenseitigen Abhängigkeiten unserer beiden Kulturen hingewiesen.[16] »Die islamische Welt ist«, so erklärte man, »mit der europäisch-amerikanischen durch tausend Fäden verbunden. Löst man die historischen Bande, so sind weder die islamische noch die europäische Welt zu verstehen.« Von diesen Überlegungen her wird auch verständlich, warum jetzt,[17] wie man sagt, die größte Herausforderung für die meisten modernen Kulturen darin besteht, sich selbst zu definieren und zu interpretieren. Diese Selbstdefinition ist wichtig. Denn die Natur des Menschen ist die Kultur, deren Werte wir in unserem Handeln zu verwirklichen suchen. Die Geschichte zeigt uns darüber hinaus, dass es der fortwährende Dialog zwischen den Kulturen ist, der sie lebendig erhält und ihre Erneuerung gewährleistet. Wenn man wirklich praktisch die Gebote der Religionen befolgt, die uns alle zum Frieden auffordern, wenn man sich ernsthaft um Weltverantwortung bemüht, kann man auch dazu beitragen, die Probleme unserer Zeit in einem vernünftigen Dialog und in der Zusammenarbeit zu lösen.

III. Der notwendige Dialog der Kulturen — Es ist vor allem wichtig für einen erfolgreichen interkulturellen Dialog, das zerstörte Vertrauen zwischen beiden Welten wiederaufzubauen.[18] Zu diesem Zweck »müssen«, wie zutreffend gesagt wurde,[19] »vor allem der Hass und die Ignoranz zwischen beiden Zivilisationen analysiert werden. Der Hass auf den Westen begründet sich auf die koloniale Ausbeutung durch den Westen [....]«. Kürzlich bemerkte man daher ganz richtig,[20] dass der Westen mit der so genannten »islamischen Herausforderung« nicht adäquat umgehen kann, solange er keine differenzierten Analysen, sondern nur Pauschalbetrachtungen über »den Islam« anstellt und die islamische Welt fälschlicherweise als homogenes Gebilde betrachtet und als eine einzige Brutstätte des Terrorismus. Der Islam ist, wie auch *Prinz Charles* ganz richtig sagte,[21] etwas ganz Anderes, er ist im Grunde »[...] ein Teil der Vergangenheit und der Gegenwart des Westens in allen Gebieten menschlicher Bemühungen und Anstrengungen. Das, was beide Welten verbindet, ist weitaus stärker als das, was sie voneinander trennt.«

Die beste Lösung des Konflikts bietet sich zweifellos, wie auch *Wolfgang von Erffa* vom Auswärtigen Amt betonte, durch eine Zusammenarbeit mit gemäßigten Vertretern des Islam an.[22] Die weitaus größere Mehrheit der Muslime verurteilt jede Art von Extremismus und Fundamentalismus, da diese nicht nur gegen ihre religiösen Grundlehren verstoßen, sondern darüber hinaus die bestehenden politischen und wirtschaftlichen Probleme vor allem auch in den islamischen Ländern nur vermehren. Allerdings lehnt sie ebenfalls die doppelte Moral von Supermächten ab, die einerseits behaupten, allgemeine Menschenrechte und Demokratie verbreiten zu wollen, andererseits aber gerade in ihrer Politik im Nahen Osten doppelte Maßstäbe anlegen und eine reine Machtpolitik verfolgen. Die Macht des Stärkeren ist aber nicht Recht. Das wird an ihren Resultaten schließlich erkannt. Leider trifft es zu, dass »[...] Aspekte sozialer Gerechtigkeit, der Freiheit von Unterdrückung und Ausbeutung sowie des Rechts auf Selbstbestimmung [...] nicht nur in Verruf geraten [sind], sondern [sie] werden häufig sogar als Terrorismus gebrandmarkt«.[23]

Bei allen Erwägungen politischer, wirtschaftlicher und kultureller Art müssen aber auch die gegenseitigen, ständig zunehmenden Abhängigkeiten der Länder im Auge behalten werden. Was in den anderen Ländern passiert, kann im Zeitalter des Globalismus ungeahnte Folgen für uns selber haben. Was in den anderen Ländern geschieht, betrifft auch uns früher oder später.

Die jetzige Globalisierung brachte eine sich immer mehr ausweitende Kluft zwischen den Armen und Reichen sowie die zunehmende Verwüstung der Umwelt. Anstatt zu der versprochenen ›neuen Weltordnung‹ führte sie zu einer neuen Welt*un*ordnung, wie man ganz richtig sagte. Das Völkerrecht und die immer noch proklamierten allgemeinen Menschenrechte werden, wie ich schon sagte, häufig durch einen klaren Doppelstandard und in unilateralen politischen Entscheidungen beiseitegeschoben. Darunter leidet vor altem die arabisch-islamische Welt, deren Länder, eins nach dem anderen, durch Aggressionskriege und Besetzung zerstört werden, vor allem auch durch den Terrorismus und Gegenterrorismus.

Bei der in unserer Zeit zunehmenden Entmachtung der Kulturwelten und ihrer universalen Werte liegt das gleiche Phänomen der rücksichtslosen Gewalttätigkeit vor wie bei der zunehmenden Ausbeutung und Zerstörung der Erde selber und damit unserer Lebenswelt. Die Erde antwortet uns zwar nicht mit terroristischen Akten, aber mit immer mehr Umweltkatastrophen, welche die ganze Welt zu zerstören drohen.

Es sind nach meiner Überzeugung vor allem die ursprünglichen Friedensbotschaften der Religionen und die aus ihnen entstandenen Kulturen mit ihren universalen Werten, die fähig sind, uns an unsere Verantwortung für die Welt zu erinnern, und die uns helfen können, den bedrohten Frieden und die Weltordnung aufrechtzuerhalten. Anstatt ewig miteinander um die Vorherrschaft zu streiten und die absolute Gültigkeit bloß der eigenen Traditionen zu behaupten, sollten die Religionen lieber ihren nach wie vor gültigen universalen Werten praktisch und konsequent folgen und auf diese Weise ihren Teil zu einem Frieden in der Welt beitragen.

Also, wie *Johan Galtung* sagt: Dialog statt Bekehrung, und gegenseitiges Lernen![24]

IV. Zur Frage der gegenseitigen Feindbilder[25] — Für den Menschen gibt es – islamisch betrachtet – nichts Schwierigeres, aber auch nichts Besseres zu tun, als Frieden zu schaffen, also aus einem Feind einen Freund zu machen.[26] Wir können versuchen, dies dadurch zu erreichen, dass wir – so schwer es auch fallen mag – uns bemühen, auf die böse Tat mit einer guten zu antworten.[27] Dazu gehört allerdings ein fester Glaube und mit ihm die Kunst des Verzeihens und der Großzügigkeit. Denken wir hier an Vorbilder wie *Saladdin*, der die Kreuzritter nach seinem Sieg über sie, anstatt sie zu töten, mit Großzügigkeit und Rücksichtnahme überschüttete und damit aus eigener Kraft den endlosen Zirkel der Gewalttätigkeiten durchbrach. Saladdin folgte hiermit dem Beispiel des Propheten *Mohammed*, der ebenfalls nach seinem Sieg über seine Feinde in Mekka ihnen, anstatt sich an ihnen zu rächen, Frieden und Freiheit angeboten hat.

Das Christentum fordert ja auch dazu auf, den Feind zu lieben – ihm die nötige Aufmerksamkeit zuzuwenden, ihm das nötige Verständnis zu zeigen und wieder und wieder zu verzeihen – und damit das Bild von ihm als Feind auszulöschen.

Dies sind die akzeptierten Ideale unserer Kulturen, zumindest waren sie es einmal. An ihre Stelle sind tatsächlich keine anderen wirksamen Ideale getreten, und insofern sind sie für uns, wenn wir Wegweiser suchen, immer noch gültige, im echten Sinne notwendige, die Not wendende Sinnbilder und Orientierungshilfen. Sie weisen auf die grundsätzliche Einheit der Menschheit hin, die wir durch Menschlichkeit realisieren können.

In der Zeit der Aufklärung, die in der Folge die Moderne und ihre Abwendung von den Machtansprüchen der institutionalisierten Religion hervorbrachte, sprach *Wilhelm von Humboldt* von diesem Ideal der Menschlichkeit und sagte:

> »Wenn es eine Idee gibt, die durch die ganze Geschichte hindurch in immer mehr erweiterter Geltung sichtbar ist, so ist es die der Menschlichkeit, das Bestreben, die Grenzen, welche Vorurteile und einseitige Ansichten aller Art feindselig zwischen die Menschen stellen, aufzuheben und die gesamte Menschheit, ohne Rücksicht auf Religion, Nation und Farbe, als Einen großen, nahe verbrüderten Stamm zu behandeln.«[28]

Aber kehren wir nun wieder zur Betrachtung unserer Zeit zurück, welche, bereits über ein halbes Jahrhundert nach den zwei Weltkriegen trotz ihrer katastrophalen Folgen, dem Krieg leider wieder mehr Chancen geben will als dem Frieden. Ein guter Beginn für einen interkulturellen Dialog ist jedenfalls, wenn wir uns zunächst einmal über die Notwendigkeit des Friedens verständigen können.[29] Dies erfordert allerdings echte Toleranz, den Willen zum Frieden und die Fähigkeit, die andere Kultur als das, was sie ist, zu erfassen und sie zu respektieren. Respekt ist, wie der Philosoph *Kant* sagt, eine Maxime der »Einschränkung unserer Selbstschätzung durch die Würde der Menschheit in einer anderen Person.«[30]

Die demokratischen Errungenschaften, die in 200 Jahren im Westen erkämpft wurden, darf man nicht von heute auf morgen auch alle von den islamischen Staaten erwarten. Aber das Problem liegt tiefer. Der Dialog zwischen unseren beiden Welten wird leider durch die Tatsache erschwert, dass er – vor allem aus machtpolitischen Gründen und nicht nur aus Ignoranz – sabotiert wird. Die gegenseitigen Feindbilder werden nach wie vor von Interessengruppen auf beiden Seiten für politische Zwecke benutzt und ausdrücklich propagiert.[31] Nach der Beendigung des Kalten Krieges zwischen dem Westen und dem kommunistischen Osten trat der zunehmend unlösbare Nord-Süd-Konflikt zwischen den reichen und armen Ländern in den Vordergrund des Geschehens. Daher schuf man – bereits vor dem 11. September 2001 – als Ablenkungsmanöver ein neues Feindbild im Islam. Die daraufhin erfolgten ungerechtfertigten Angriffe auf islamische Länder führten wiederum auf der Seite der Muslime zur Entwicklung bzw. einer Neuauflage des Feindbildes vom kolonialistischen Westen. Terrorismus und Gegenterrorismus waren die Folge. Was das Problem des Terrorismus angeht, hat man übrigens ganz richtig gefragt, wer eigentlich definiert, was »Terror« ist und von wem er verübt wird. Das Völkerrecht, sagt man ganz richtig, würde hier allerdings eine klare Richtschnur bieten.[32] Da man jetzt in der Politik so viel von der angeblichen Gewalttätigkeit der Muslime spricht, möchte ich fragen: Haben die Muslime z.B. auch die beiden Weltkriege verursacht, die über 60 Millionen Menschenleben gekostet haben? Wer hat z.B. im Bosnienkonflikt Tausende von Muslimen vor den Augen der UNO-Truppen ermordet? Damit erwähnen wir nur eins der vielen Beispiele, die zeigen, dass in unserer Zeit unaufhörlich immer wieder zahlreiche Muslime zu Opfern von ungerechtfertigten Aggressionen gemacht wurden.[33] Wie *Hans Küng* auch sagte, hat »kein islamisches Land [...] bisher ein westliches Land angegriffen, wohl aber umgekehrt. Dies [lässt] aus muslimischer Sicht den Westen als Aggressor erscheinen.«[34]

V. Zur Frage der Demokratisierung — Zweifellos ist im Zeitalter des Globalismus eine schnellere politische und wirtschaftliche Modernisierung auch in der islamischen Welt eine Vorbedingung für einen dauerhaften Frieden. Aber man hat ihr dafür auch eine echte Chance zu geben. Die Anpassung an die moderne Zeit erfordert ein gewisses Maß an politischer Stabilität und wirtschaftlichem Wohlstand und lässt sich wie gesagt nicht von heute auf morgen realisieren. Modernisierung und Demokratisierung sind darüber hinaus unabweislich Resultate der selbständigen Entwicklung innerhalb einer jeden Kultur. Wie alle Werte müssen sie freiwillig akzeptiert und von innen heraus verwirklicht werden, um sich erfolgreich durchzusetzen. Dass man aber die Aggressionskriege gegen islamische Länder im Nahen Osten und ihre Besetzung mit der Begründung rechtfertigen will, diese Region demokratisieren zu wollen, lässt sich nicht wirklich rechtfertigen. Durch die Zerstörung von Ländern werden nicht wirklich Demokratien in ihnen aufgebaut, wie auch die jüngsten Ereignisse im Irak uns zeigen. Der Westen hat überdies bekanntlich[35] kein Patent auf Demokratie und Moderne und kann sie nicht nach Belieben exportieren wollen. Hinzu kommt, dass die *Initiative Greater Middle East* weniger als ein neues

Zivilisationsprojekt erscheint, denn als »alte Hegemonialpolitik im neuen Legitimationsgewand.«[36]

VI. Die Frage der verschiedenen Kulturwerte — Damit kommen wir zur Frage der verschiedenen kulturellen Werte. Es ist nur natürlich, dass man sich in der eigenen Kultur heimisch fühlt und versucht, sich mit ihren Werten zu identifizieren. Es ist natürlich, dass man die von der eigenen Kultur erschaffenen Werte, mit denen man aufgewachsen ist und die man verinnerlicht hat, anderen Werten gegenüber bevorzugt. Nicht nur der Westen ist von der Überlegenheit seiner eigenen Werte überzeugt. Aber er neigt leider infolge seiner Vormachtstellung dazu, sie anderen Kulturen aufzwingen zu wollen. Die islamische Welt betrachtet die westlichen Kulturwerte aber nicht als notwendige Anhängsel der importierten westlichen Technologie. Sie ist – bei aller prinzipiellen Aufgeschlossenheit gegenüber westlichen Werten und positiven Errungenschaften der Moderne, welche sie gerne übernehmen möchte – trotz alledem fest entschlossen, an den traditionellen Werten und Überzeugungen ihrer eigenen Kultur festzuhalten. Denn der religiöse Glaube bestimmt nach wie vor ihr Leben in entscheidender Weise. Aber sie will ihrerseits ihre Werte anderen Kulturen nicht aufzwingen. Sie ist im Gegenteil – wie ich schon darlegte – nach den Lehren ihrer Religion dazu verpflichtet, andere Kulturen zu respektieren und ihre Werte zu tolerieren. Denn universale Werte sind ja tatsächlich in allen Kulturen zu finden, wenngleich sie ihrem Entstehen nach kulturspezifisch sind und auf dem Boden einer jeden Kultur entstehen.

Die Weltethos-Erklärung des Parlaments der Weltreligionen steht daher, wie Hans Küng erklärt ,[37] ganz in Übereinstimmung mit dem Geist des Islam. Die goldene Regel der Ethik fordert: »das Wahrnehmen, die Anerkennung, die Annahme und die Hochschätzung [...] des anderen als Bestandteil unseres eigenen Selbstverständnisses.« Dies wird möglich durch Menschlichkeit, Gegenseitigkeit und Vertrauen.

> »Die vier elementaren ethischen Verpflichtungen aller großen religiösen und philosophischen Traditionen sind auch im Koran begründet. Sie fordern: 1) eine Kultur der Gewaltlosigkeit und der Ehrfurcht vor dem Leben, 2) eine Kultur der Solidarität und einer gerechten Wirtschaftsordnung, 3) eine Kultur der Toleranz und des Lebens in Wahrhaftigkeit, 4) eine Kultur der Gleichheit und der Partnerschaft von Mann und Frau.«

»Im Herzen des Islam«, so schreibt daher eine zeitgenössische ägyptische Professorin und Politikerin,[38] »sind Werte, die alle Menschen angehen. Diese generellen Prinzipien sind: Gleichheit, Freiheit, Gerechtigkeit und soziale Solidarität«. Vor allem das wichtigste Prinzip unter ihnen, die Freiheit, wird in einem ständigen Kampf darum stets neu entwickelt. Dieser Kampf ist alt und immer wieder neu. So fragte sich bereits in der Frühzeit des Islam vor 14 Jahrhunderten der für seine Gerechtigkeit berühmte Kalif *Omar* in einem überlieferten Zitat, warum denn die Menschen immer wieder versklavt werden, obwohl jeder Mensch doch frei geboren wird, also seiner Natur nach ein freies Geschöpf ist. Dies sagte der Kalif, als er in einem Streit zwischen dem Sohn des ägyptischen Statthalters *Ibn Al Aas* und einem Ägypter, der von diesem zu Unrecht geschlagen und ins Gefängnis gesteckt wurde, zu entscheiden hatte. Der Ägypter konnte fliehen und bat den Kalifen um Hilfe, der sie ihm auch zukommen ließ.

Die beste Waffe des Menschen im Existenzkampf bleibt jedenfalls nach wie vor seine Vernunft – islamisch betrachtet das Licht Gottes im Menschen –, zumindest nach den Lehren der islamischen Religion. Wenn wir also bereit sind, anstelle von weiteren zerstörerischen Kriegen zwischen den Kulturen den vernünftigen Dialog zwischen ihnen zu wählen, haben wir uns auch unausweichlich mit Fragen nach den Werten und ihrer Gültigkeit für uns zu beschäftigen. Denn der Dialog setzt die Akzeptierung der Werte der Toleranz, des Respekts und des Kulturpluralismus voraus. Entscheidend ist nun die Tatsache, dass der Westen, der sich selber als aufgeklärt, also tolerant versteht, seine Kulturwerte nichtsdestoweniger überall in der Welt mehr oder minder mit Gewalt durchsetzen will. Die islamische Welt will aber auf ihren Glauben und damit auf ihre eigene Identität nicht verzichten und orientiert sich daher trotz aller Modernisierungsversuche auch in der modernen Zeit weiterhin vor allem an ihren traditionellen und kulturellen Werten. Sie bemüht sich daher um die notwendige Wiederbelebung ihrer Religion und Kultur, trotz aller wirtschaftlichen und politischen Instabilität. Vor allem sieht sie in der zeitgenössischen Welt die Rolle der Familie gefährdet, welche aber nach wie vor in der islamischen Gesellschaft eine entscheidende Funktion einnimmt.

Es ist selbstverständlich durchaus möglich und wünschenswert, beides zu sein: im besten Sinne religiös und so weit wie möglich aufgeklärt – jedenfalls vom islamischen Standpunkt her gesehen. Diese Auffassung vertrat bereits der auch in Europa bekannte mittelalterliche arabische Philosoph *Averroes*. Nach seiner Auffassung sollten wir uns stets um das Studium der anderen Kulturen bemühen und das, was wir als wertvoll betrachten, von ihnen mit Dank übernehmen, den Rest aber höflich, ohne verletzende Kritik abweisen.

VII. Rationaler Dialog oder Kulturkampf? — Werfen wir aber wieder einmal einen Blick auf das derzeitige Geschehen. Dies wird leider – infolge der zunehmend chaotischen Zustände – immer mehr vor allem durch

Fundamentalisten und Extremisten auf beiden Seiten bestimmt. Diese stellen nur einen kleinen Bruchteil beider Gesellschaften dar und proklamieren einen Religions- bzw. Kulturkampf, und zwar in zunehmend gewalttätiger Weise. Es geht ihnen aber zumeist, genau betrachtet, weder um die Religion noch um Kultur, sondern um Abkürzungswege zu materiellen und Machtzielen, denen sie aber ein kulturelles oder religiöses Mäntelchen umhängen. Mit ihrer Erzeugung von Furcht und Terror versperren sie aber bedauerlicherweise mit Erfolg den Blick auf das, was wirklich geschieht. Von der Furcht ist dann nur noch ein kleiner Schritt zu Hass und Aggression.

Furcht und Hass sind – vor allem, wenn man sich ihres Ursprungs nicht bewusst wird – das eigentliche Problem, das einer besseren Verständigung und Zusammenarbeit im Wege steht. In Zeiten großer Verunsicherung und existentieller Ängste, so argumentiert auch eine deutsche Friedensforscherin,[39] tendieren wir dazu, unsere Ängste einem Sündenbock aufzuladen. Wie ist es zu erklären, fragt sie sich, dass wir den wenigen muslimischen Extremisten eher als der friedlichen Mehrheit der Muslime glauben? Sie weist dabei auf die entscheidende Rolle der manipulierten Medien hin. Wie auch z.B. kürzlich die *Bertelsmann*-Stiftung in Gütersloh mitteilte,[40] ist – wie ich schon ausführte – nicht wirklich religiöser Fanatismus die Hauptursache für politische Gewalt und Terrorismus. Die zentralen Gründe, so haben Untersuchungen ermittelt, sind vielmehr Armut, Misswirtschaft und Unterdrückung. Bereits seit langem bemühe ich mich darum, zu zeigen, dass der Terrorismus, der wohlgemerkt unsere beiden Welten bedroht, nur dann mit Erfolg bekämpft werden kann, wenn man seine eigentlichen Ursachen erkennt und bekämpft. Eine der Hauptursachen ist zweifellos das bereits seit 60 Jahren andauernde Palästinaproblem. »Die friedliche Lösung der Palästinafrage ist dringend«, schrieb man auch schon vor einigen Jahren in einer Veröffentlichung des Deutschen Instituts für Auslandsbeziehungen, »weil sie [...] als treibender Faktor für den muslimischen Zorn und die muslimische Entfremdung gelten kann.«[41] Der bisherige Kampf gegen den Terrorismus hat die Tatsache, dass viele der so genannten Terroristen sich selber als Freiheitskämpfer verstehen, nicht berücksichtigt. Daher hat man mit der bis jetzt üblichen Methode ihrer Bekämpfung, welche bloß die Symptome, aber nicht die Ursachen berücksichtigt, die Anzahl der Terroristen nicht reduziert, sondern sogar – wie z.B. im Irak – vervielfacht. Durch diese Tatsache werden, wie ich schon sagte, vor allem auch die islamischen Länder sehr benachteiligt, aber nicht nur sie.

Was die Religion des Islam selber betrifft – das ist ausdrücklich zu betonen –, so lehnt sie wie jede Religion grundsätzlich jede Form von Gewalttätigkeit und Terrorismus ab und erlaubt daher keinerlei Art von

Aggressionen, sondern nur Verteidigungskämpfe. Daher sagt auch der bekannte Orient- und Islamforscher *Fritz Steppat* ganz richtig: »Der Islam ist keine Bedrohung für die Welt.« »Aber«, so führt er weiter aus,

> »viele Muslime fühlen sich in unserer Welt bedroht. Aus diesem Gefühl können allerdings irrationale Haltungen und Aggressivität erwachsen. Wenn der Fundamentalismus in der islamischen Welt als Reaktion auf eine historische Situation zu betrachten ist, dürfen wir nicht erwarten, dass er an Bedeutung verliert, bevor diese Situation sich grundlegend verändert.«[42]

Kürzlich betonte die bekannte britische Professorin *Karen Armstrong*[43] in einem Vortrag an der Amerikanischen Universität in Kairo, dass es im Palästinakonflikt nicht wirklich um einen Religionskonflikt, sondern um Land geht. Man verschafft sich jetzt auch generell, erklärte sie, weitere Absatzmärkte mit Hilfe von Gewalttätigkeiten. Nach ihrer Auffassung muss man daher zwischen wirtschaftlichen Vormachtkämpfen und dem Kampf gegen den Terrorismus unterscheiden.

Die Kulturen bzw. Religionen sind jedenfalls – das möchte ich wiederholen – nicht die Ursachen für die verantwortungslosen Handlungen einzelner Gruppen von Extremisten und Fundamentalisten. Wie könnte das auch sein! Es sind doch gerade die Kulturen und ihre Ursprünge, die Religionen, welche uns zu einem zivilisierten und verantwortungsvollen Verhalten erziehen und befähigen – zumindest sollten sie das tun. Durch den vernünftigen Dialog – also Interpersonalität, nicht bloßes Reden miteinander – wird die menschliche Existenz erfüllt. Das Christentum nennt als Grundlage der Interpersonalität die Liebe und der Islam die Barmherzigkeit und Gerechtigkeit gegenüber dem Anderen.

Ein vorbildliches Modell schöpferischer Zusammenarbeit und aktiver Toleranz zwischen den drei Offenbarungsreligionen erschufen die Muslime bekanntlich während ihrer viele Jahrhunderte andauernden Herrschaft in Andalusien.

Der Prophet Mohammed wies bereits auf die große Gefahr hin, welche der Menschheit droht, wenn sie sich nur um ihre jeweils eigenen materiellen Belange, also ihre Gruppeninteressen, und nicht auch mit aller Entschiedenheit um allgemeine soziale Solidarität bemüht. Er symbolisiert in einer Parabel von dem Schiff, auf dem die ganze Menschheit sich befindet, ihr gemeinsames Schicksal. Um den sicheren Untergang dieses Schiffes zu verhindern, sagt er, muss sich der privilegierte Teil der Menschen im Oberdeck des Schiffes um den unterprivilegierten Teil im Unterdeck kümmern. Denn sonst werden diese Menschen in ihrer Verzweiflung das Schiff durch unvernünftige, unbedachte Handlungen schließlich zum Untergang bringen. In unserer Zeit wird die pflegende und bildende Rolle der Kultur bzw. der Religion und ihrer Werte im Grunde genommen deutlicher. Denn immer größere Teile der Gesellschaft stehen nun offensichtlich in der Gefahr, aus dem Auffangnetz der Kultur herauszufallen. Unter solchen Umständen ist es dann leicht möglich, dass sie sich dazu überreden lassen, sich fundamentalistischen und extremistischen Richtungen zuzuwenden.

Auf jeden Fall gibt es auf beiden Seiten des Konflikts trotz allem noch optimistische Tendenzen, welche eine friedliche Lösung für möglich halten und sie befürworten. Im März dieses Jahres hat der Radiosender *BBC* eine Meinungsumfrage[44] veröffentlicht, nach welcher die meisten Menschen in muslimischen und westlichen Ländern dafür sind, dass man sich bemüht, gemeinsam Grundlagen für ein gegenseitiges Verstehen und bessere Zusammenarbeit zu schaffen. Der Westen sollte bei solchen Überlegungen vor allem auch nicht vergessen, dass der Islam für ihn früher bereits ein wichtiger Partner in der Geschichte seiner Entwicklung war. Denn es war die islamische Welt, die einen entscheidenden Anstoß zu der Entstehung dieser westlichen modernen Kultur geleistet hat. Im Mittelalter hat sich Europa bekanntlich von einem zu dogmatischen, erstarrten Denken dadurch lösen können, dass es wichtige wissenschaftliche und kulturelle Impulse von der damals hoch entwickelten islamischen Kultur in Andalusien empfing.[45] Europa hat bekanntlich die griechische Philosophie erst durch arabische Werke kennen gelernt.

Ebenso hat sich selbstverständlich auch die islamische Kultur wie alle Hochkulturen vor allem durch den lebendigen Austausch mit anderen Kulturen entwickelt. Dass sie das auch in Zukunft tut, wird ihr Schicksal bestimmen. Unsere beiden Kulturen verbindet eine lange Geschichte positiver gegenseitiger Beeinflussung – eine Tatsache, welche auch viele bedeutende westliche Historiker und Islamwissenschaftler betonen.

Dies beruht nicht zuletzt auf entscheidenden Gemeinsamkeiten in den Lehren ihrer Religionen, welche ja ihren gemeinsamen Ursprung im Vorderen Orient haben. Der Prophet Mohammed verstand daher den Islam als den letzten notwendigen Eckstein im dadurch vollendeten Haus der Religionen, denn für ihn hatte jede Religion an der Wahrheit teil.

VIII. Schlusswort – Abschließend möchte ich noch einmal Folgendes betonen: Die Politik steht jetzt vor einer entscheidenden Wahl. Entweder wählt sie, wie man es überzeugend formulierte,[46] die gemeinsame Perspektive und damit Zusammenarbeit, oder sie entscheidet sich für die westliche Dominanz im Nahen und Mittleren Osten. Anders ausgedrückt kann sie weiterhin trotz aller Erfolglosigkeit die Strategie »Externer Ordnungsprojekte« wählen, oder sie kann sich dazu entscheiden, ihre Politik auf demokratische Regeln und Völkerrechtsprinzipien zu begründen, denn diese ermöglichen Beziehungen einer kooperativen, friedlichen Koexistenz.[47] Auch Europas Sicherheit[48] ist nach Auffassung vieler europäischer Wissenschaftler ohne die Stabilität der Regionen des Nahen und Mittleren Ostens, ihrer Nachbarregionen, nicht mehr denkbar.

Wir sollten, meine ich, bei allem, was wir tun, vor allem an unsere Jugend denken. Sie ist unsere Zukunft. Sie hat das Unrecht in der Vergangenheit nicht verschuldet und verdient daher, dass wir ihr – und damit dem Frieden in unserer Welt – eine Überlebenschance geben. Indem wir Vorbilder für sie schaffen, können wir dabei helfen, den endlosen Zirkel sinnloser Gewalttätigkeiten zu unterbrechen und dadurch immer größere Kreise des Friedens erschaffen.

---

1 Sabine Schiffer: Projektionsfläche Islam. Hg. v. der AG Friedensforschung an der Universität Kassel, 19. Sept. 2006 [http://www.uni-kassel.de/fb5/frieden/themen/Islam/schiffer2.html].

2 Dieselbe: Islamischer Terrorismus? Hg. von der AG Friedensforschung an der Universität Kassel, 13. Juni 2006 [http://www.uni-kassel.de/fb5/frieden/themen/Islam/schiffer.html].

3 Dieselbe: Was ist mir noch heilig? »Islam und Gewalt« – Zwischen Meinungsfreiheit und Achtung religiöser Gefühle? 12. Juni 2007. Hg. von der AG Friedensforschung an der Universität Kassel [http://www.uni-kassel.de/fb5/frieden/themen/Kirche/islam.html].
Siehe auch Mohssen Massarrat: Die Kreuzfahrer sind voller Ungeduld. »Demokratien« gegen »Islamofaschisten« – Vom Kampfbegriff zur Kriegsallianz. Hg. von der AG Friedensforschung an der Universität Kassel, 15. Jan. 2007 [Zuerst in: Freitag. Die Ost-West-Wochenzeitung. Ausg. vom 12. Januar 2007].

4 Dieter S. Lutz: Frieden durch Angriffskriege? In: Frankfurter Rundschau, Ausg. vom 27. Nov. 2002 [http://www.friedensrat.de/dokumente/fr021127.doc].
Siehe auch Arne C. Seifert / Heinz-Dieter Winter: Die Zeit der schnellen Siege ist passée – Gemeinsame Perspektive oder westliche Dominanz? Hg. v. der AG Friedensforschung an der Universität Kassel [http://www.uni-kassel.de/fb5/frieden/regionen/Nahost/diplomaten2.html, 12. Okt. 2006 [Zuerst in: Neues Deutschland, Ausg. vom 29. Sept. 2006].

5 Koran, Sure 49:13

6 Bensalem Himmich: The Polymath. Kairo 2004 [zuerst Beirut 1997], S. 38 ff.

7 Siehe auch Mahmoud Zakzouk: Der Globalismus in islamischer Sicht. Kairo 2005.

8 Siehe auch Abdel Monem Said: Der politische Islam – eine Herausforderung für den Westen. In: Asharq Al-Awsat, Ausg. vom 6. Juni 2007. [vgl. http://www.asharqalawsat.com/english/].

9 Siehe auch Edward W. Said: Die Phrase vom Zusammenprall der Kulturen. In: Georg Stein / Volkhard Windfuhr (Hg.): Ein Tag im September. Hintergründe, Folgen, Perspektiven. Heidelberg, 2002, S. 187.

10 Siehe auch Schiffer (Anm. 3)

11 Koran, Sure 8:61

12 Siehe hierzu Mahmoud Zakzouk: Friede in islamischer Sicht. In: Andreas Bsteh (Hg.): Friede für die Menschheit. Grundlagen, Probleme und Zukunftsperspektiven aus islamischer und christlicher Sicht (Beiträge zur Religionstheologie 8). Mödling bei Wien 1994.

13 In: Al-Ahram Weekly, Cairo, Ausg. vom 7. Dez. 2006
[vgl. http://weekly.ahram.org.eg/2006/823/fr3.htm]

14 Adonis [Ali Ahmad Esber]: In einem Krieg siegt niemand. In: Stein / Windfuhr (Anm. 9), S. 188.

15 Udo Steinbach: Islam, Menschenrechte und Gewalt. Stein / Windfuhr (Anm. 9), S. 144 f.

16 Carl Heinrich Becker: Islamstudien. Vom Werden und Wesen der islamischen Welt. Bd. 1, Leipzig 1924.

17 Siehe auch Edward Said, a.a.O. (Anm. 9), S. 180.

18 Siehe hierzu Mahmoud Zakzouk: How can trust between the Islamic World and the West be regained? Kairo 2005.

19 Naika Foroutan: Kulturdialog zwischen dem Westen und der islamischen Welt. Eine Strategie zur Regulierung von Zivilisationskonflikten, Wiesbaden 2004.

20 Abdel Monem Said (Anm. 8).
21 Siehe Prince Charles, Prince of Wales: Islam and the West. Speech at the Oxford Centre for Islamic Studies, Oxford, 27th October 1993 [http://www.princeofwales.gov.uk/speechesand articles/a_speech_by_hrh_the_prince_of_wales_titled_islam_and_the_wes_425873846.html]. Derselbe: Unity in Faith. Speech at the University of Al-Azhar, Cairo, March 21, 2006 [http://www.islamonline.net/English/News/2006-03/21/article06a.shtml].
22 Wolfgang von Erffa: Internationale des Terrors. Panislamische Netzwerke im Nahen Osten. In: Kein Frieden für Nahost [=Internationale Politik. Ausg. Okt. 2003. Hg. von der Deutschen Gesellschaft für Auswärtige Politik e.V.].
23 Ludwig Watzal: Der Nahostkonflikt nach dem 11. 9. 2001. In: Stein / Windfuhr (Anm. 9), S. 338.
24 Johan Galtung: Interview mit dem deutschsprachigen Internet-Portal Muslim-Markt, 26. Juli 2007 [http://www.muslim-markt.de/interview/2007/galtung.htm].
25 Siehe hierzu: Horst Bethge: Terrorismus, Fundamentalismus, Islam, Kopftuchträgerinnen ... Neue Feindbilder und wie ihnen zu begegnen ist. Hg. von der AG Friedensforschung an der Universität Kassel, 17. Dez. 2004 – Mohssen Massarrat: Demokratisierung des Greater Middle East. In: Aus Politik und Zeitgeschichte, 45/2005 [http://www.bpb.de/publikationen/Q6E4BX,0,Demokratisierung_des_Greater_Middle_East.html] – Schiffer (Anm. 3) – Galtung (Anm. 24).
26 Koran, Sure 41:34-35.
27 Ebenda
28 In: Paul R. Sweet: Wilhelm von Humboldt oder Die Idee des Menschen. Paderborn 2007.
29 Siehe hierzu auch Mahmoud Zakzouk: A Dialogue with the Pope. Cairo 2006.
30 Kant-Lexikon [1930]. Hg. von Rudolf Eisler. Hildesheim 1964, S. 3.
31 Roman Herzog: Preventing the clash of civilizations. A Peace Strategy for the Twenty-First Century. New York 1999, S. 12.
32 Sabine Schiffer: Projektionsfläche Islam (Anm. 1). Siehe hierzu auch: Khaled Al Horoub, in: Al-Hayat [vgl. http://www.kairo.diplo.de/Vertretung/kairo/de/02/Presseschau__arab__welt/2007/07__Juli__2007/medienspiegel__04__07__2007,property=Daten.pdf].
33 Siehe hierzu auch Schiffer (Anm. 1), über die angebliche orientalische Gewalttätigkeit.
34 Hans Küng: Der Islam und der Westen – Dialog statt Konfrontation. Vortrag in Staufen am 2. November 2006. [http://www.frsw.de/religion.htm#Hans%20Küng:%20Der%20Islam%20und%20der%20Westen%20-%20Dialog%20statt%20Konfrontation].
35 Wolf Lepenies: Dankesrede anlässlich der Verleihung des Friedenspreises des Deutschen Buchhandels 2006 am 8. Oktober 2006 in der Frankfurter Paulskirche. In: Berliner Journal für Soziologie, Heft 1/2007, S. 131-136 [http://www.springerlink.com/cotent/c53057n15l36 7v63/fulltext.pdf]
36 Massarrat (Anm. 25).
37 Hans Küng: Der Islam. Geschichte, Gegenwart, Zukunft. München 2004, S. 778f.
38 In: Al Ahram Weekly, Beyond Winter, 2006, S. 16.
39 Sabine Schiffer (Anm. 1).
40 Aurel Croissant / Nicolas Schwank: Violence, Extremism and Transformation. Hg. von der Bertelsmann Stiftung. Gütersloh 2006 [vgl. http://www.bertelsmann-stiftung.de/cps/rde/xchg/SID-0A000F0A-19898522/bst/hs.xsl/nachrichten_35431.htm].
41 Der Westen und die islamische Welt. Eine muslimische Position. Hg. vom Institut für Auslandbeziehungen (ifa), Stuttgart 2004, S. 89 [vgl. http://universes-in-universe.org/deu/nafas/articles/2004/the_west_and_the_muslim_world].
42 Fritz Steppat: Islam als Partner. Islamkundliche Aufsätze 1944-1996. Hg. von Thomas Scheffler. Beirut und Würzburg 2001, S. 392.
43 S. http://www.aucegypt.edu/academics/facultyresearch/distinctvisitingprof/Pages/default.aspx
44 Schweizer Fernsehen: Tagesschau vom 21. Februar 2007.
45 Siehe hierzu Mahmoud Zakzouk: On philosophy, culture and peace in Islam. Cairo 2003.
46 Seifert / Winter (Anm. 4).
47 Ebenda.
48 Ebenda; siehe hierzu auch Massarrat (Anm. 3) sowie Massarrat (Anm. 25).

Diskussion

Im Anschluss an den Festvortrag zum Osnabrücker Friedenstag am 25. Oktober 2007 in der Stadthalle Osnabrück

Prof. Dr. Mahmoud H. Zakzouk	Minister für Religiöse Angelegenheiten sowie Präsident des Obersten Islamischen Rates der Arabischen Republik Ägypten
Dr. Christof Haverkamp	Journalist, Neue Osnabrücker Zeitung
George Khoury	freier Journalist; zuvor Deutsche Welle, Bonn
Prof. Dr. Reinhold Mokrosch	Universität Osnabrück, Gesprächsleitung

Reinhold Mokrosch: Herr Minister Zakzouk, nach Ihrer Ansicht ist Frieden zwischen dem Westen und dem Islam möglich. Sie trauen dabei den Religionen außerordentlich viel zu: Verzeihen, Feindesliebe, Menschlichkeit, vernünftige, aufgeklärte Religiosität, Barmherzigkeit, Liebe. Wir haben Dr. Christof Haverkamp und Herrn George Khoury um kritische Anfragen im Anschluss an Ihren Festvortrag gebeten.

Christof Haverkamp: Herr Minister, Sie sagten, der Islam lehne den Terrorismus ab, allenfalls eine kleine Minderheit von Muslimen seien Terroristen. Umgekehrt betrachtet sieht man allerdings: Unter allen Terroristen ist der Anteil der Muslime sehr hoch. Welche Erklärung haben Sie dafür?

Mahmoud Zakzouk: Es kommen Terroristen aus allen Religionen und allen Kulturen. Das heißt aber nicht, dass sie diese Religionen und Kulturen vertreten. Sie folgen vielmehr falschen Auffassungen und Interpretationen. Wie bereits gesagt: Warum glaubt man der kleinen Minderheit von Terroristen und Fundamentalisten und nicht der Mehrheit, die den gemäßigten Islam vertritt? Im Koran wird kein Terrorist einen Vers finden, der zum Terrorismus aufruft oder ermutigt oder Terrorismus unterstützt. An der Al-Azhar Universität in Kairo zum Beispiel, einer religiösen Institution, sind alle islamischen Schulrichtungen vertreten. Von dieser Institution kommen keine terroristischen Absolventen. Dass sich Terroristen auf den Koran berufen, spielt also keine Rolle, denn dies kann man einfach widerlegen und zeigen, dass das eine falsche Interpretation ist. Dass jemand Selbstmord verübt und dabei unschuldige Leute umbringt, ist vom islamischen Standpunkt aus gesehen keinesfalls gerechtfertigt. Der Islam lehnt in jedem Fall Selbstmord ab und lehrt: Tötet jemand auch nur einen einzigen Menschen, so ist es, als ob er die ganze Menschheit getötet hätte.

George Khoury: Es ist in der Tat eine Minderheit, die fast den ganzen Islam zur Geisel nimmt. Wie ist, Herr Minister, diese zu einem kaum nachvollziehbaren Fanatismus führende Faszination bei derartigen Gruppierungen zu erklären? Liegt es daran, dass es im Islam keine Institutionen gibt, deren Worte für Gläubige ähnlich verbindlich wären wie z.B. in der katholischen Kirche das Wort des Papstes? Das Problem, das wir zur Zeit in der islamischen Welt nicht selten erleben, ist, dass wir sehr viele selbsternannte Deuter haben, die dies und jenes vielleicht missbrauchen. Warum gelingt es ihnen, den einen oder anderen davon zu überzeugen, dass sie im Recht sind, wenn sie Terrorismus ausüben?

Mahmoud Zakzouk: Es gibt in Ägypten und in jedem islamischen Land eine religiöse Autorität, und diese lehrt, was – religiös gesehen – richtig ist und was nicht. Aber es gibt im Islam keine Institution wie etwa den Vatikan, der seine Aussagen als verbindlich für seine Anhänger sieht, wie es im Katholizismus ist. Wenn bei uns in Ägypten die Al-Azhar-Universität eine neue Aussage über den Islam trifft, so kann es jeder annehmen oder auch nicht. Man kann niemanden zwingen, aber es ist die Aufgabe dieser Institution, den Islam zu erklären. Manche Leute, die von diesem Weg abweichen, sind durch die Agitation bestimmter Gruppen beeinflusst, die eigene Ziele außerhalb der Religion verfolgen, die nur *pro forma* als religiöse Ziele ausgegeben werden. Ich glaube nicht, dass es in den islamischen Ländern irgendwann eine Institution wie den Vatikan geben wird.

Reinhold Mokrosch: Herr Minister, Sie sagten: Die Friedensbotschaften der Religionen sind in der Lage, Frieden zu stiften. Ich nenne das Stichwort »Djihad«. Djihad ist ursprünglich die Aufforderung, dass jeder Mensch seine innere Gewaltbereitschaft, innere Feindbilder und seine innere Unfriedlichkeit mit Allahs Hilfe bekämpfen soll.

Daraus ist spätestens im 19. Jahrhundert durch die Demütigungen der islamischen Welt etwas Anderes geworden: Der ursprünglich ganz nebensächliche ›kleine‹ Djihad, der die militärische Kampfbereitschaft meint, die nur für Selbstverteidigung zulässig ist, ist zur Hauptsache, zum ›großen‹

Djihad geworden. Das *innere* Bemühen, die Überwindung der inneren Feindschaft, ist zum kleinen Djihad geworden.

Wie kann denn in der islamischen Welt dieses wieder korrigiert werden, so dass der Djihad wirklich zu einem Friedensinstrument wird und nicht

George Khoury, Christof Haverkamp, Reinhold Mokrosch im Gespräch mit Mahmoud Zakzouk

zu einem Kriegsinstrument? Ebenso katastrophal ist es ja, wenn bei uns in Kriegssituationen immer gesagt wird: »Die Bergpredigt des Christentums gilt jetzt nicht«.

Mahmoud Zakzouk: Der Begriff Djihad ist stark in die Diskussion gekommen, und man betrachtet vorrangig nur die Bedeutung des Djihad als Angriff auf die Anderen, also Gewalttätigkeit, Aggression. Aber es gibt zwei Arten von Djihad: den großen Djihad und den kleinen Djihad. Der große Djihad ist die Bekämpfung der schlechten Eigenschaften in der Seele. Der kleine Djihad – und das bestätigt der Koran selbst – ist nur ein Verteidigungskrieg und darf auf keinen Fall eine Aggression sein. Diese Regel sagt: ›Bekämpfe die Leute, die euch angegriffen haben‹. Der Djihad ist also ein Zurückwerfen der Aggression, nicht mehr. Ist dies erreicht, darf der Kampf nicht fortgesetzt werden, denn Gott liebt diejenigen, die Aggression betreiben, nicht. Nun gibt es Extremisten, die sich auf bestimmte Überlieferungen berufen. Diese Überlieferungen beziehen sich aber ausdrücklich auf die Mekkaner in der Zeit des Propheten Mohammed. Man will das verallgemeinern, aber die wörtliche Überlieferung unterstützt das gar nicht. Deswegen bedeutet Djihad – und das habe ich auch in meinen

Büchern dargestellt, ebenso wie Al-Azhar selbst als religiöse Institution in Ägypten dies lehrt – ausschließlich einen Verteidigungskrieg, nicht mehr.

Christof Haverkamp: Ich möchte noch mal auf das Thema Toleranz eingehen. Es gibt mehrere Verse im Koran, die sich auch sehr kritisch mit den Ungläubigen beschäftigen. Drei Verse möchte Ihnen vorlesen – Sure 4, Vers 89: »Und wenn sie sich abwenden und eurer Aufforderung zum Glauben kein Gehör schenken, dann greift sie und tötet sie, wo immer ihr sie findet!« Sure 9, Vers 29: »Kämpft gegen diejenigen, die nicht an Gott und den Jüngsten Tag glauben!« Sure 9, Vers 123: »Kämpft gegen die Ungläubigen und diejenigen, die euch nah sind! Sie sollen merken, dass ihr hart sein könnt.«

Erschweren solche Stellen aus dem Koran nicht den Dialog erheblich?

Mahmoud Zakzouk: Diese Verse beziehen sich ausschließlich nur auf die Mekkaner, die in der Zeit von Mohammed gelebt haben. Das meinte ich, als ich sagte, die Extremisten interpretieren derartige Verse so, als ob sie bis in alle Ewigkeit gelten würden. Wer aber die wörtliche Überlieferung selbst gut kennt, wird diese Verse keineswegs so interpretieren. Die meist nicht zitierte Fortsetzung des Verses »Tötet sie, wenn ihr sie findet«, lautet »und werft sie zurück von dem Land, genauso wie sie es mit euch gemacht haben!« Damit sind eindeutig nur die Mekkaner angesprochen.

Wer diese Verse anders interpretiert, liefert eine Unterstützung für die Extremisten. Ich habe den Islam jahrelang studiert. Es melden sich aber Leute, die eine Sure oder ein Buch über den Islam gelesen haben und dann interpretieren. Jeder macht sich zum Mufti, und das geht nicht.

Reinhold Mokrosch: Herr Minister, manche Muslime sagen: »Diese Verse haben für mich keine Bedeutung. Ja, ich distanziere mich von ihnen«.

Ist das eine mögliche muslimische Haltung?

Mahmoud Zakzouk: Ich sagte nicht: Diese Verse gelten für mich nicht, sondern: Diese Verse beziehen sich ausschließlich auf eine bestimmte Gruppe. Die Verse gelten, aber in bestimmten Grenzen. Andererseits gibt es bei uns Extremisten, die sagen: Wir müssen die ganze Welt bekriegen, bis sie muslimisch wird. Das aber ist unvereinbar mit dem klaren Vers im Koran, wonach es »keinen Zwang in der Religion« gibt. Es gibt Leute, die einzelne Verse aus dem Koran herauslösen oder Verse unterschiedlicher Suren verknüpfen, um sich darauf zu berufen. Wenn man aber ein Thema im Koran verstehen will, darf man nicht einseitig einen bestimmten Vers nehmen und von den anderen Versen absehen, sondern man muss alle Verse vor sich haben. Erst dann kann man genau verstehen, was gemeint ist.

George Khoury: Orient und Okzident haben eine gemeinsame langjährige und langwierige Geschichte, in der es, wie Sie auch sagten, glanzvolle Höhepunkte bei der Begegnung der beiden Kulturen gab. Aber es gab auch eine sehr blutige Geschichte. Die Kreuzzüge und die Kolonialzeit sind bis heute sehr lebendig im Gedächtnis vor allem der Araber. In Europa denkt man an die Eroberung des Balkan und die Belagerung Wiens durch die Osmanen.

George Khoury

Steht die Geschichte manchmal zwischen uns und ist es wichtig, das offen anzusprechen, um diese Geschichte zu überwinden und gemeinsam nach vorne zu schauen?

Mahmoud Zakzouk: In der Geschichte gibt es viel Gutes und Schlechtes. Wenn wir uns aber weiterhin nur über die Geschichte streiten, werden wir auf keinen Fall einen Schritt nach vorne machen. Wir sollten über frühere Auseinandersetzungen hinwegkommen. Ich sagte schon: Wir müssen an unsere Jugend denken. Diese Jugend trägt keine Schuld an dem, was in der früheren Zeit an Kriegen und Auseinandersetzungen geschehen ist. In Ägypten sind die Kreuzzüge keine Thema mehr. Man sollte keine Aufrechnung historischer Schuld betreiben. Damit kämen wir überhaupt nicht weiter.

Sicherlich hegen die Menschen Gefühle und haben Empfindungen. Aber das bedeutet nicht, dass wir darin verharren sollten. Deswegen muss auf beiden Seiten die Orientierung über die jeweils andere Seite verbessert werden. Ich zitierte Hans Küng, der sagte: Es gibt kein islamisches Land, das ein westliches Land angegriffen hat, aber umgekehrt. Dies ist ein Beispiel dafür, dass wir auf beiden Seiten Orientierung brauchen.

Publikum: Herr Minister, Sie sagten, der Islam unterstütze den Terrorismus nicht. In Ihrem Vortrag aber stellten Sie die Frage: Wer definiert, was Terroristen sind, was Terrorismus ist? Kurz nach dem 11. September 2001 schrieb der Präsident der Al-Azhar-Universität, Scheich Tantawi, in der Frankfurter Allgemeinen Zeitung einen Artikel zur Frage, ob der Islam diese Selbstmordattentate unterstützt. Seine Antwort lautete: Nein. Aber wenn ein Muslim in einem besetzten Land kämpft, ist er kein Terrorist, sondern ein Kämpfer.

Ist also ein Hamas-Mitglied, das sich in einem israelischen Bus in die Luft sprengt, ein Terrorist oder ein Kämpfer und hat dann dieser Kampf nicht vielleicht doch im Koran eine Wurzel in Sure 4:95, wo es heißt: »Wer im Kampf für Allah stirbt, der geht nicht nur direkt ein ins Paradies, sondern wird im Paradies auch noch bevorzugt gegenüber denen, die zu Hause sterben.«?

Eine weitere Frage: Sie sind Minister für Religiöse Angelegenheiten. Was ist die Funktion dieses Ministeriums? Es demonstriert wie nichts Anderes die Einheit von Religion und Politik, von Glaubensgemeinschaft und Staat, und das ist natürlich nicht der beste Boden für Religionsfreiheit, für Bahai, für Atheisten. Kann sich jemand offen zum Atheismus bekennen, ohne seiner Rechte im Hinblick auf Bildungseinrichtungen, auf Sozialeinrichtungen verlustig zu gehen?

Mahmoud Zakzouk: Bei der Frage nach Palästinensern, die unschuldige Israelis umbringen, vermisse ich die Erwähnung auch der weit größeren Zahl unschuldiger palästinensischer Opfer. Zu diesem Thema sagte ich bereits: Wenn ein Moslem angegriffen wird, dann muss er sich verteidigen. Das ist ein islamisches Gebot, eine Pflicht; das ist der Djihad.

Als Antwort auf die Frage nach dem Existenzgrund für das Ministerium für Religion in Ägypten kann ich Ihnen sagen, dass es in allen islamischen Ländern ein solches Ministerium gibt. Auch in Israel gibt es dies; der israelische Religionsminister besuchte bereits zweimal Ägypten.

Publikum: Herr Minister, der Frieden muss in Ägypten beginnen: zwischen den Muslimen und den Kopten. Exil-Kopten beklagen, dass die Kopten in Ägypten unterdrückt werden, dass kein Bau von Kirchen möglich sei und dass kein Gouverneur einer Provinz und kein Präsident einer Universität Kopte sei. Es gibt lediglich zwei koptische Minister in der Regierung. Daher die Bitte: sorgen Sie für den Frieden zwischen den Kopten und den Muslimen!

Publikum: Ist es in Ägypten erlaubt, christliche Kirchen in einem ähnlichen Maße zu errichten, wie es in Deutschland erlaubt ist, Moscheen zu errichten?

Mahmoud Zakzouk: Über das Verhältnis zwischen Muslimen und Kopten in Ägypten gibt es hier offensichtlich unzureichende Informationen. Der koptische Papst *Shenouda III. von Alexandrien* sagte kürzlich in Amerika den dortigen Kopten: »Es gibt Probleme, aber wir lösen unsere Probleme innerhalb Ägyptens und nicht von außen. Wir sind alle Ägypter.« Er lobte die Zusammenarbeit mit Präsident Mubarak ebenso wie mit dem Scheich von Al-Azhar und dem Religionsminister, um die bestehenden Probleme zu lösen.

Was den Bau christlicher Kirchen betrifft, so wird gerade im Parlament ein neues Gesetz für den Bau der Gottesdienststätten für Moslems, Christen und Juden diskutiert. Das wird ein allgemeines Gesetz sein und für Muslime, Christen und Juden gelten. Papst Shenouda hat vor wenigen Tagen zwei große Kirchen in Ober-Ägypten eröffnet. Was im Ausland behauptet wird, trifft nicht zu. Das wichtigste Ministerium der Regierung, das Finanzministerium, wird von einem Kopten geleitet. Und auch das Umweltministerium wird von einem Kopten geleitet. Dieser Minister war zuvor Armeegeneral. Es gibt auch einen koptischen Provinz-Gouverneur. Es gibt im Justizministerium und in den Gerichten muslimische Richter und neben ihnen koptische Richter, denn beide urteilen nach dem gleichen Gesetz.

Papst Shenouda nennt den Großscheich von Al-Azhar und den Religionsminister seine Freunde. Auf dieser Grundlage könnten wir alle Probleme lösen. Angesichts der Gerüchte, die im Ausland verbreitet werden, frage ich mich: Warum will man dieses gute Verhältnis stören?

Ich habe alle mir mitgeteilten Anhaltspunkte zur so genannten ›Unterdrückung‹ der Kopten in Ägypten überprüft, keine der Klagen erwies sich als berechtigt oder nicht bereits durch Gerichtsverfahren erledigt. Ich betone immer: An erster Stelle sind wir alle Ägypter. Dass einige von uns in der Kirche Gottesdienste abhalten und die anderen sie in der Moschee ausüben, ist eine persönliche Glaubensfrage, in die sich niemand einmischt.

Der Koran sagt übrigens zur Beziehung zwischen Kopten, also Christen überhaupt, Juden und Moslems drei Dinge: »Glaube an Gott! Glaube an das Jenseits! Tu gute Werke!« Befolgt ein Moslem oder Jude oder Christ diese drei Prinzipien, dann hat er überhaupt nichts zu befürchten, denn Gott ist mit ihm zufrieden. Der Koran will also überhaupt nicht, dass die Moslems sich mit den Einzelheiten beschäftigen. Jeder hat seinen Glauben, und wir als Muslime müssen auch an Christus und Moses glauben. Das ist ein Teil unseres Glaubens, und der Koran sagt uns, dass die Christen uns in Liebe und Freundlichkeit am nächsten sind. Ich weiß nicht, warum man das alles kaputt machen und es so darstellen will, als ob in Ägypten ein Bürgerkrieg zwischen Kopten und Muslimen herrscht.

Schließlich zur Frage nach dem angeblichen Mord an denjenigen, die vom Islam abgefallen sind: Es wurde das Gerücht verbreitet, ich selber hätte die Todesstrafe dafür gerechtfertigt. Aber ich habe meine gegenteilige

Auffassung seit 15 Jahren in meinen Büchern niedergelegt, habe sie bis heute nicht geändert und ich werde sie niemals ändern.

Reinhold Mokrosch: Deutlich sagte der Minister: Wer vom Islam in eine andere Religion übertritt, wird von keinem Gericht in Ägypten irgendwie belangt werden. Es sei eine Sache zwischen ihm und Gott; niemand habe da hineinzureden. Nur für den Fall, dass jemand öffentlich zu einem – und jetzt ist das Wort entscheidend – massenhaften Austritt aus dem Islam in eine andere Religion aufruft, müssten weltliche Gerichte, weil es hier um eine weltliche Sache geht, in Aktion treten, und eine Strafe würde von einem Richter verhängt werden. Dies könnte sogar beim Landesverrat die Todesstrafe sein. Diese ist aber seit Jahrzehnten in Ägypten nicht ausgesprochen und niemals durchgeführt worden.

Maḥmoud Zakzouk: Wie viele Menschen in Ägypten wurden innerhalb der letzten 100 Jahre getötet, weil sie vom Islam abgefallen sind? Niemand! Also hören Sie bitte auf mit diesem Unsinn!

Publikum: Herr Minister, Sie sagten, der ›kleine‹ Djihad, der Verteidigungskrieg, sei dann ein Gebot des Korans, wenn die sich Verteidigenden bedroht werden. Dies ist offensichtlich im besetzten Palästina in der West Bank der Fall. Die dort Lebenden werden bedroht. Sie haben keine Waffen, sie haben keine Panzer, sie haben keine Flugzeuge, sie haben gar nichts. Die Frage ist: Verteidigen sie sich, indem sie Zivilisten in die Luft sprengen? Oder verteidigen sie sich nicht? Sind also die »Djihadisten« Terroristen oder Verteidigungskämpfer?

Publikum: In dieser Diskussion werden sehr abstrakte Fragen diskutiert, Grundsatzfragen, die man weder heute noch morgen noch übermorgen beantworten kann. Die praktische Frage ist: Was kann man tun, um die Situation zu ändern? Es gibt eine Studie der UNO, die erklären kann, warum gerade die islamischen Menschen empfänglich für Terrorismus sind. Als Gründe sind der niedrige Bildungsstand und der nur geringe Austausch mit westlicher Bildung gerade im islamischen Raum zu identifizieren. Die Zahl der aus der islamischen Welt ins Englische, Deutsche, Französische übersetzten Bücher ist unglaublich gering. Es herrscht große Bildungsarmut, und die Tatsache, dass dort auch das Bildungssystem in einer extrem hierarchischen Struktur auf Befehl und Gehorsam ausgerichtet ist, begünstigt das In-Marsch-Setzen von Selbstmordattentätern. Wichtig wäre es, Bildung in die Länder zu bringen und dafür zu sorgen, dass diese allgemein zugänglich ist, dass arabisch-islamische Werke übersetzt werden und hier englische, deutsche, französische Werke ins Arabische übersetzt werden.

Mahmoud Zakzouk: Die Orientierung muss auf beiden Seiten verbessert werden, und man bemüht sich um eine bessere Bildung in den islamisch-arabischen Ländern. Man kann von den islamisch-arabischen Ländern nicht erwarten, dass eine Entwicklung, die Europa innerhalb von 200 Jahren gemacht hat, von heute auf morgen nachzuholen wäre. Das braucht Zeit, schreitet aber immer weiter voran. Leider haben zum Beispiel die Länder des Nahen Ostens seit Jahrzehnten immer wieder Probleme mit Kriegen, und das hat alle Entwicklungen in diesen Ländern gestoppt.

Warum es Terrorismus auf der islamischen Seite gibt, wurde gefragt. Ich stelle die Gegenfrage: Wer hat den Terrorismus in der zweiten Hälfte des letzten Jahrhunderts in Europa verursacht? Waren die Mitglieder der Baader-Meinhof-Gruppe Muslime? Waren die Roten Garden Muslime? War derjenige, der das Regierungsgebäude in Oklahoma in die Luft gesprengt hat, auch Muslim? War der Mörder von Rabin ein muslimischer Terrorist? Waren diejenigen, die vor mehreren Jahren Giftgas in eine U-Bahn in Tokio leiteten, Muslime? – Die Terroristen sind überall. Ihr Auftreten ist ein allgemeines Phänomen und hat mit Religion nichts zu tun.

Richtig ist, dass wir der Jugend eine Chance geben sollen. Wir müssen ihr den Frieden eröffnen. Für eine Zusammenarbeit muss man sich zuerst verständigen, einen Dialog führen, damit man Vorurteile abbauen und Missverständnisse beseitigen kann, die sonst als dauerhafte Hindernisse bestehen blieben. Die Vorstufe für die Zusammenarbeit ist also der Dialog. Natürlich gibt es überall Dialoge – Religionsdialoge, Kulturdialoge –, aber man fragt sich: Was sind die Früchte all dieser Bemühungen? Ich antworte: Diese Dialoge hatten bis heute aus dem einfachen Grund keinen Erfolg, weil sie auf der oberen Stufe geblieben sind. Ich habe an vielen Tagungen für einen Religionsdialog und einen Kulturdialog teilgenommen. Die Gruppe, die diesen Dialog führt, versteht sich meist gegenseitig gut, aber das bleibt oben und geht nicht in die Masse. Deswegen habe ich gesagt: Man muss die Leute auf beiden Seiten orientieren. Das Volk selber weiß gar nichts von dem Religionsdialog oder dem Kulturdialog. Die Masse bei uns und auch in Europa hat davon keine Ahnung. Deswegen gibt es keine Früchte dieses Dialogs. Man muss versuchen, Wege zu finden, wie man ihn dem Volk nahebringt, damit diese Orientierung, Toleranz und gegenseitige Verständigung Früchte tragen.

■ II. MUSICA PRO PACE 2007

Jean-Baptiste Lully:

Quare fremuerunt gentes (1685)

Sébastien de Brossard:

Canticum pro pace (1698)

Fensterrosette der Johanniskirche, Osnabrück

Stefan Hanheide, Osnabrück

Über Jean-Baptiste Lully: ›Quare fremuerunt gentes‹ und Sébastien de Brossard: ›Canticum pro pace‹

Einführung beim Konzert zum Osnabrücker Friedenstag am 13. Oktober 2007 in der Johanniskirche

Das *Canticum pro pace* des französischen Barockmeisters *Sébastien de Brossard* entstand zur Straßburger Feier des Friedens von Rijswijk. Dieser Friede traf Regelungen, die später große Konflikte auslösen sollten. Der in Rijswijk, einem heutigen Vorort der damaligen Residenzstadt Den Haag, geschlossene Friedensvertrag vom 30. Oktober 1697 besiegelte, dass Straßburg und das Elsass in den französischen Machtbereich übergingen, nachdem die Stadt bereits 1681 von den Truppen *Ludwigs XIV.* besetzt worden war. Immer wieder wurde seither um dieses Grenzland gekämpft: 1870/71 eroberte es Deutschland zurück und richtete deutsche Kultureinrichtungen ein, unter anderem eine große Universität. Nach dem Ersten Weltkrieg kam es im Versailler Vertrag wieder an Frankreich, und im Zweiten Weltkrieg versuchte Deutschland abermals, es dauerhaft zurückerobern. Wer heute das Elsass besucht, wird vielfach noch dem elsässisch-deutschen Dialekt begegnen, der auch von jüngeren Menschen gesprochen wird.

Die Kapitulation Straßburgs von 1681 bestimmte unter anderem, dass die Kathedrale, die seit 1559 protestantisch war, der katholischen Konfession zurückgegeben werden sollte. Zur Stärkung der französischen Kultur etablierten die Franzosen weitere katholische Einrichtungen in Straßburg, die in die Verantwortung von Jesuiten gelegt wurden, so ein bischöfliches Seminar, ein Kolleg und eine Universität. Der Friede von Rijswijk untermauerte die Zuordnung zu Frankreich und sollte gerade in Straßburg opulent gefeiert werden. Dafür organisierte das Jesuitenkolleg eine große Feier, an der die kirchlichen und städtischen Autoritäten teilnahmen. Der Kapellmeister der Kathedrale, Sébastien de Brossard, komponierte dafür das *Canticum pro pace,* das am 10. Februar 1698 im Rahmen dieser Feier in der Kapelle des Kollegs, St. Louis, zur Aufführung kam.[1]

Als Textgrundlage des Werkes dient eine Zusammenstellung von Passagen aus dem Alten und Neuen Testament in lateinischer Sprache, insgesamt 72 Bibelverse aus zwanzig Büchern, davon 32 Verse aus den Psalmen. Diese Textzusammenstellung könnte von Brossard selbst, aber auch von Theologen des Jesuitenkollegs erstellt worden sein.

Sie nimmt auf die historische Situation genauestens Bezug. In der Einleitung wird Gott für seine Taten gepriesen. Der darauf folgende Teil spricht in der Ich-Form aus der Sicht des Volkes Israel, das Kriegsqualen erleidet: Die Feinde Israels haben sich zusammengeschlossen, um das Land zu vernichten. Alle Völker haben Israel belagert und umzingelt, aber mit der Hilfe Gottes hat Israel schließlich den Sieg errungen und seine Bedroher bezwungen. Der von Gott gesandte Retter sagt an dieser Stelle:

> »Ich habe den Euphrat überquert und alle Städte auf den Höhen zerstört, und ich bin mit Macht in die Stadt eingedrungen, die hartnäckig widerstand, und ich habe die umliegenden Gebiete besetzt.«[2]

Dass mit der Stadt hier Straßburg gemeint ist, dürfte unzweifelhaft sein, und im übertragenen Sinne kann man den Euphrat mit dem Rhein gleichsetzen. Mit dieser Textausrichtung wird die historische Situation allerdings völlig verkehrt. Frankreich, der eigentliche Aggressor, kleidet sich in das Gewand des Bedrohten, das nur aus dieser Situation heraus militärisch aktiv geworden ist. Aggressionspolitik wird mit eigener Bedrohtheit gerechtfertigt. Auf diese Weise sind die allermeisten Kriege begründet worden – bis heute. Ganz ähnlich wie Frankreich versetzte sich auch England in diese Position des bedrohten biblischen Israels, um seine Kriege zu rechtfertigen und seine Siege zu feiern. Händels Oratorien, etwa *Judas Maccabäus*, zeigt diese Perspektive.

Erst nach der Bezwingung des Feindes und der Erreichung der politischen Ziele öffnet sich der Ich-Erzähler dem Frieden und sagt:

> »Mein Volk halte sich in seinen Grenzen, vom Fluss bis zum Meer, dass es eine Zeit des Friedens verleben möge, in sicheren und reichen Wohnungen.“[3]

Gemeint ist mit dem Fluss natürlich wiederum der Rhein – von Frankreich aus im Osten jenseits von Straßburg, und der Atlantik im Westen. Frieden wird für alle Gebiete, auch die nun eingenommenen, herbeigewünscht und in langen Lobreden gepriesen. Insgesamt liest sich der biblische Text als Rechtfertigung der französischen Aggressionspolitik von Ludwig XIV.

Vor diesem Hintergrund einer Politik der Stärke zeigt sich die Musik jedoch als faszinierende Friedenskomposition. Der ganze Charme der französischen Barockmusik strömt aus ihr hervor. Von der Form her entspricht das Werk dem Stil des »Grand Motet«, einer instrumental begleiteten, aus vielen kleinen Abschnitten bestehenden Vokalkomposition, in der sich Soli, kleine Ensembles und Chor abwechseln. Von der Anlage her liegt ein Vergleich mit Bachs frühen Kantaten nahe, die zehn Jahre später entstanden, etwa dem *Actus tragicus* (BWV 106). Das Werk trägt den vollständigen Titel *Canticum Eucharisticon Pro Pace facta Anno 1697.*[4] Der Beititel »eucharisticon« könnte auf die Verwendung als Elevationsmotette hinweisen. Solche Motetten kamen während der Wandlung, die vom Priester still gesprochen wurde, zur Aufführung. Allerdings ist das Werk dafür mit einer Aufführungsdauer von 40 Minuten weit überdimensioniert. Von seinem Umfang her ist Brossards *Canticum* eine der größten französischen religiösen Kompositionen seiner Zeit und lässt sich schon als ein kleines Oratorium ansprechen.

Brossard gibt mit musikalischen Bedeutungsträgern zu erkennen, wie der Frieden in jener Zeit verstanden wurde. Die Friedensvorstellung wird dabei durch folgende Merkmale deutlich.

Zum einen ist es der Dreiertakt, den Brossard fast ausschließlich bei Textsegmenten verwendet, in denen von dem durch Gott herbeigeführten Frieden die Rede ist. Die symbolische Zahl Drei steht für die göttliche Dreifaltigkeit. Der Dreiertakt repräsentiert die Nähe und Zuwendung Gottes. Damit verbunden tritt nach »Pax«-Rufen häufig eine Pause in allen Stimmen ein, eine so genannte Generalpause, die nach den theoretischen Quellen der Zeit Unendlichkeit symbolisiert. In diese Pausen klingt dann ein Echo hinein, das die Antwort Gottes auf die menschliche Friedensbitte darstellt. Friede, so lässt sich erkennen, ist eine Gabe des unendlichen Gottes und nicht Werk des Menschen. Hier wird deutlich, wie die Menschen der Frühen Neuzeit Krieg und Frieden verstanden. Krieg war für sie die Strafe Gottes für die Sündhaftigkeit des Menschen, nicht, wie heute, die Folge verfehlter Politik oder ungerechtfertigter Machtinteressen. Der Mensch bat nun Gott um Vergebung der Sünden und um die erneute Zuwendung zu den Menschen – dafür steht der Dreiertakt. Seine Bitte um Frieden rief der Mensch in die Unendlichkeit des Raumes hinein – dafür steht die Generalpause. Gott antwortete mit der Wiederbringung des Friedens – musikalisch als Echo gestaltet.

Eine weitere Vorstellung des Friedens kommt darin zum Ausdruck, dass das Wort *pax* – Frieden – mit langen, über mehrere Takte gehaltenen Tönen versehen ist. Sie bringen die Vorstellung von Ruhe zum Ausdruck. In ähnlicher Absicht werden im Verlauf des Werkes besonders die Flöten mit der Spielanweisung *soave* – sanft – bei friedensbittenden und Frieden darstellenden Textpassagen herangezogen. Ruhe und Sanftheit zeichnen also diesen Frieden aus. Einer solchen Friedensvorstellung trat z.B. *Albert Schweitzer* – ein Elsässer – entgegen, als er sagte: »Der Friede Gottes ist nicht Ruhe, sondern treibende Kraft.«[5] Hier stehen sich Friedensvorstellungen des 17. und des 20. Jahrhunderts gegenüber.

Jean-Baptiste Lullys Motette *Quare fremuerunt* ist ähnlich ausgerichtet wie Brossards *Canticum*. Sie wurde am Gründonnerstag, dem 19. April 1685, in der Hofkapelle von Versailles erstmals aufgeführt, und zwar in den *Tenebrae*, den für die Karwoche vorgesehenen Stundengebeten. *Marquis de Dangeau*, der Chronist Ludwigs XIV., bemerkt dazu: »Der König feierte das Abendmahl wie gewöhnlich.«[6] »In den Tenebrae hörte er zum ersten Mal das ›Quare fremuerunt‹ von Lully, das stark gelobt wurde.«[7]

Da das Werk als Einziges der gesamten Kar- und Osterliturgie, ja der gesamten liturgischen Musik des Jahres 1685 bei dem Chronisten Dangeau Erwähnung findet, kommt ihm eine gewisse Bedeutung zu. Die Komposition von Kirchenmusik gehörte eigentlich nicht zu den Aufgaben Lullys.[8] Es handelt sich um die Vertonung des 2. Psalms, der von der Auflehnung der Völker gegen Gott und seinen Gesalbten (Christus) spricht, die aber zur Vernichtung der Völker führen wird: eine Warnung, dem Herrn und dem von ihm eingesetzten König (*rex*) Folge zu leisten. Hinter diesem Vertreter Gottes verbirgt sich natürlich wiederum der Sonnenkönig selbst, der in diese Rolle hineingestellt wird. Auch hier also eine Anwendung biblischer Texte zur politischen Darstellung des Monarchen.

Anders als bei Brossard war die Textwahl durch die Liturgie festgelegt. Bemerkenswert ist, dass Lully ausgerechnet einzig diesen eminent politischen Psalm aus der gesamten Tenebrae-Liturgie, der noch weitere acht Psalmen und umfangreiche Lektionen und Responsorien zugehören, zur Vertonung auswählte. Der in weiten Passagen kriegerische Ton in der musikalischen Umsetzung des Textes ist allein seine schöpferische Tat und passt in den Rahmen einer politischen und nicht primär liturgischen Komposition. Der historische Hintergrund ist hier der *Regensburger Waffenstillstand* von 1684 zwischen Frankreich, Spanien und Habsburg. Er sollte die jüngsten Eroberungszüge Ludwigs XIV. beenden und sprach Frankreich die im Norden und Osten eroberten Gebiete, unter anderem das Elsass, für zwanzig Jahre zu. Der Friede von Rijswijk bestätigte die französischen Eroberungen vor allem im Elsass, namentlich Straßburgs.

Beide Werke also verherrlichen die Aggressionspolitik des Sonnenkönigs. Auch oder gerade eine Komposition wie diese Gründonnerstags-Motette, die die dunkelsten und verlassensten Stunden im Leben Jesu behandelt, macht da keine Ausnahme.[9] Beide Werke wurden erst vor zehn Jahren der Öffentlichkeit wieder zugänglich gemacht und dürften in Deutschland bislang kaum oder gar noch nie aufgeführt worden sein.[10]

Jean-Baptiste Lully: Quare fremuerunt gentes

Quare fremuerunt gentes: et populi meditati sunt inania.	Warum toben die Heiden und murren die Völker so vergeblich?
Astiterunt reges terræ, et principes convenerunt in unum: adversus Dominum, et adversus Christum ejus.	Die Könige der Erde lehnen sich auf, und die Herren halten Rat miteinander wider den Herrn und seinen Gesalbten:
Dirumpamus vincula eorum: et projiciamus a nobis jugum ipsorum.	Lasst uns zerreißen ihre Bande und von uns werfen ihre Stricke!
Qui habitat in cælis, irridebit eos: et Dominus subsannabit eos.	Aber der im Himmel wohnt, lachet ihrer, und der Herr spottet ihrer.
Tunc loquetur ad eos in ira sua: et in furore suo conturbabit eos.	Einst wird er mit ihnen reden in seinem Zorn, und mit seinem Grimm wird er sie schrecken:
Ego autem constitutus sum Rex ab eo super Sion montem sanctum ejus: prædicans præceptum ejus.	Ich aber habe meinen König eingesetzt auf meinem heiligen Berg Zion. Kundtun will ich den Ratschluss des Herrn.
Dominus dixit ad me, Filius meus es tu: ego hodie genui te.	Er hat zu mir gesagt: Du bist mein Sohn, heute habe ich dich gezeugt.
Postula a me, et dabo tibi gentes heriditatem tuam: et possessionem tuam terminos terræ.	Bitte mich, so will ich dir Völker zum Erbe geben und der Welt Enden zum Eigentum.
Reges eos in virga ferrea: et tanquam vas figuli confringes eos.	Du sollst sie mit einem eisernen Zepter zerschlagen, wie Töpfe sollst du sie zerschmeißen.
Et nunc reges intelligite: erudimini qui judicatis terram.	So seid nun verständig, ihr Könige, und lasst euch warnen, ihr Richter auf Erden!
Servite Domino in timore: et exultate ei cum tremore. Apprehendite disciplinam, nequando irascatur Dominus: et pereatis de via justa. Cum exarserit in brevi ira ejus: beati omnes qui confidunt in eo.	Dienet dem Herrn mit Furcht und küsst seine Füße mit Zittern, dass er nicht zürne und ihr umkommt auf dem Wege; denn sein Zorn wird bald entbrennen. Wohl allen, die auf ihn trauen!

Sébastien de Brossard: Canticum eucharisticon pro pace

Exsurge gloria mea, Exsurge psalterium et cithara. Exsurgam, cantabo et psalmum dicam.	Erwache, meine Ehre, erwache, Harfe und Kithara. Ich werde erwachen, singen und einen Psalm sprechen.
Surgamus, cantemus et psalmum dicamus!	Lasst uns erwachen, singen und einen Psalm sprechen!
Exaltabo te, Domine, quoniam suscepisti me, Exaltabo te, Domine, quoniam non delectasti inimicos meos super me.	Ich werde dich preisen, Herr, denn du hast mich erhoben, ich werde dich preisen, Herr, denn du hast meine Feinde nicht über mich lachen lassen.
Qui cogitaverunt unanimiter simul testamentum disposuerunt et dixerunt: Venite, disperdamus eos de gente, et non memoretur nomen Israel ultra.	Sie haben sich alle einmütig verschworen, sie haben einen Bund geschlossen und gesagt: »Kommt, lasst uns die Völker vernichten, dass man sich des Namens Israel nicht mehr erinnert.«
Dicat nunc Israel: Nisi quia Dominus erat in nobis? Cum exurgerent homines in nos forte vivos deglutissent nos. Cum irasceretur furor eorum in nos. Forsitam aqua absorbuisset nos.	Und Israel sagte nun: War Gott nicht für uns, als man über uns herfiel, als sie uns lebendig verschlangen im Feuer ihrer Wut, als das Meer uns verschlang?
Benedictus Deus, qui non dedit nos in captionem dentibus eorum. Fortitudo mea et laus mea Dominus, et factus est mihi in salutem.	Gelobt sei Gott, der uns nicht zur Beute ihrer Zähne machen ließ. Meine Stärke und mein Lob ist Gott, er wurde mein Heil.
Dextera Domini fecit virtutem, dextera Domini exaltavit me, omnes gentes circumdantes circumdederunt me,	Die Rechte des Herrn hat seine Stärke gezeigt, die Rechte des Herrn hat mich erhöht. Alle Völker haben mich umzingelt und belagert.
Et in nomine Domini, quia ultus sum in eos.	Im Namen des Herrn habe ich mich an ihnen gerächt.
Circumdederunt me sicut apes et exarserunt sicut ignis in spinis.	Sie haben mich eingekreist wie die Bienen und sie haben wie Feuer im Rachen gebrannt.
Quomodo facti sunt in desolationem?	Wie sind sie vernichtet worden?

Commisi cum eis prælia multa confrati sunt.
Nec potuerunt stare.

Ich habe ihnen zahlreiche Kämpfe geliefert und sie sind gefallen.
Sie konnten nicht standhalten.

Accepi spolia multitudinis gentium, aurum et argentum et purpuram marinam et opes magnas.

Ich habe die Beute vieler Völker genommen, Gold, Silber und Purpur und viele Dinge.

Transivi Euphratem et fregi omnes civitates excelsas, et effregi civitatem opinatissimam, et occupavi omnes terminos circum.

Ich habe den Euphrat überquert und alle Städte auf den Höhen zerstört, und ich bin mit Macht in die Stadt eingedrungen, die hartnäckig widerstand, und ich habe die umliegenden Gebiete besetzt.

Verumtamen oculus meus afflictus est et tacuit eo, quod non esset requies.

Aber doch ist mein Auge betrübt und ich schweige, denn es gibt keine Ruhe.

Da pacem, Domine, in diebus nostris. Tempus occidenti et tempus sanandi, tempus belli et tempus pacis.

Verleih uns Frieden zu unserer Zeit. Es gibt eine Zeit zum Töten und eine Zeit zum Heilen, eine Zeit für den Krieg und eine Zeit für den Frieden.

Veniat pax, pax ei qui probe, pax ei qui longe.

Der Friede möge kommen zu jenem, der nah ist und der fern ist.

Audivit Dominus et misertus est. Imperavit ventis et mari, et facta est transquillitas magna.

Der Herr hat gehört und hat Erbarmen gehabt. Er hat den Winden und dem Meer befohlen, und es kam eine große Stille.

Posuit in corde Regis, ut loqueretur verba pacifica.

Er ist in das Herz des Königs eingedrungen, damit er Worte des Friedens ausrufe.

Cum his qui oderunt pacem pacificus sic dixit:
Cum plurimis gentibus imperarem et magnas Provincias ditione meæ subjugassem. Volui nequaquam abuti potentiæ magnitudine, sed clementia et lenitate inclunatus in subjectos constituam terminos populorum, ut absque ullo terrore vitam silentio transigentes optata cunctis mortalibus pace fruantur.

Friedfertig gegenüber den Feinden des Friedens sagt er:
An der Spitze zahlloser Völker und Herr großer Gebiete wünsche ich, ohne mich vom Stolz zu berauschen, und indem ich immer mit Wohltätigkeit und Sanftheit regiere, die Grenzen der Völker zu befestigen, meinen Gebieten die stetige Freude einer Existenz ohne Furcht zu verleihen und den Frieden erblühen zu lassen, den die Menschen brennend ersehnen.

Revertatur unusquisque in domum suam in pace.	Jeder möge in Frieden zu sich zurückkehren.
Populus autem meus sit in terminis suis, a flumine usque ad mare, et sedeat in pulchritudine pacis et in tabernaculis fiduciæ et in requie opulenta.	Mein Volk halte sich in seinen Grenzen, vom Fluss bis zum Meer, dass es eine Zeit des Friedens verleben möge, in sicheren und reichen Wohnungen.
Sicut Regi placuit, ita factum est.	Und es vollzog sich, wie es dem König gefiel.
Misericordia et veritas obviaverunt sibi. Justitia et pax osculatæ sunt.	Liebe und Wahrheit begegneten sich. Gerechtigkeit und Frieden küssten sich.
Non levabit gens contra gentem gladium, nec exercebuntur ultra ad prælium. Conflabunt gladios suos in vomeres et lanceas suas in falces.	Eine Nation erhebt nicht mehr das Schwert gegen die andere, sie führen keinen Kampf mehr. Aus ihren Schwertern schmieden sie Pflugscharen, aus ihren Lanzen werden Sicheln.
Et delectabuntur in multitudine pacis.	Und sie erfreuen sich eines langen Friedens.
Regna terræ cantate Deo et psallite Domino, Regi nostro, per quem salus facta est in Israel.	Ihr Königreiche der Erde, singt zu Gott, singt zu unserem Herrn, unserem König, durch den Israel gerettet wurde.
Psallite Regi nostro, qui possuit fines nostros pacem, qui introduxit Arcam Domini et imposuit eam in loco suo, qui preparavit impensas domus Domini.	Singt unserem König, der in unserem Gebiet Frieden geschaffen hat, der die Arche des Herrn hineingeführt und an diesen Platz gebracht hat, der das Haus des Herrn bereitet hat.
Memento, Domine, David et omnis mansuetudinis ejus, fiat manus tua super virum dexteræ tuæ.	O Herr, erinnere dich an David und all seine Sanftmütigkeit, lass deine Hand über dem Mann zu deiner Rechten sein.
Dies super dies Regis adijicies, annos ejus usque in diem generationis et generationis.	Du wirst die Tage zu des Königs Tagen hinzufügen und seine Jahre sollen wie viele Generationen sein.

Et tu virtus fortitudinis nostræ, induere vestimentis gloriæ tuæ, quia factus est in pace locus tuus.

Und lege du, die Kraft unserer Stärke, die Kleider deiner Herrlichkeit an und diese Stätte lebt in Frieden.

Eris corona gloriæ, corona inclyta proteget te. Eris diadema regni.

Du sollst eine Krone der Herrlichkeit sein, eine ehrenwerte Krone soll dich schützen. Du sollst ein Diadem eines Königreiches sein.

Vocaberis quæsita civitas et non derelicta, civitas solis, civitas regis magni.

Du sollst erlesene und nicht verlassene Stadt heißen, Stadt der Sonne, Stadt des großen Königs.

Si cognovisses et tu et quidem in hac die tua, quæ ad pacem tibi.

Wenn auch du an diesem Tag, welcher deiner ist, die Botschaft des Friedens verstanden hättest.

Convertimini filii revertentes dicit Dominus.

Kommt zu mir zurück, rebellische Söhne, sagte der Herr.

Introducam vos in Sion, et dabo vobis pastorem juxta cor meum, et pascent vos scientia et doctrina.

Ich werde euch nach Zion führen und gebe euch einen Hirten nah an mein Herz und ihr sollt Wissen und Weisheit erlangen.

Audite filii et nolite negligere, vertus error abeat, et placeat Domino sacrificium vestrum sicut dies sæculi et sicut anni anti.

Hört, Söhne, und seid nicht unachtsam, mögen eure alten Fehler hinter euch bleiben und möge eure Anbetung Gott gefällig sein wie in früheren Zeiten und wie in den ersten Jahren.

Deus virtutum convertere, respice de cælo et vide et visita vineam istam, et perfice eam, quam plantavit dextera tua.

Mächtiger Gött, wende dich uns zu, schau aus der Höhe auf uns hinab und sieh und segne diesen Wein und vollende, was du mit deiner rechten Hand geplant hast.

Nunc autem servi Domini, qui statis in domo Domini, qui diligitis nomen ejus, habitate in ea.

Und nun, Diener des Herrn, die ihr im Hause des Herrn lebt und seinen Namen liebt, bleibt darin.

Respice in eos, Domine et dirige filios eorum, sanctifica eos in veritate et da verba tua in ore eorum, ut annuntient omnes prædicationis tuas in portis filiæ Sion. Amen.

Nimm Rücksicht auf sie, Herr, und führe ihren Nachwuchs, segne sie in Wahrheit und lege dein Wort in ihren Mund, damit sie von allen deinen Worten am Tor der Tochter Zion erzählen. Amen.

1 Yolande de Brossard: Sébastien de Brossard. Théoricien et Compositeur. Paris 1987, S. 29 – Jérôme Krucker: Introduction à Sébastien de Brossard: Les Grands Motets. Versailles 1995.

2 »Transivi Euphratem et fregi omnes civitates excelsas, et effregi civitatem opinatissimam, et occupavi omnes terminos circum.«

3 »Populus autem meus sit in terminis suis, a flumine usque ad mare, et sedeat in pulchritudine pacis et in tabernaculis fiduciæ et in requie opulenta.«

4 Sébastien de Brossard: Les Grands Motets, hg. v. Jérôme Krucker. Versailles 1995.

5 Albert Schweitzer: Straßburger Predigten. Hg. von Ulrich Neuenschwander. München 1966, S. 104.

6 »Le roi fit la Cène à l'ordinaire«. – In einer Fußnote weist Dangeau darauf hin, dass der Monarch die Fußwaschung und Speisung der dreizehn Armen, hier Knaben, selbst vornahm. Journal du Marquis de Dangeau, Tome Premier, 1684-1686, Paris 1854, S. 157.

7 »[...] A ténèbres le roi entendit pour la première fois le *Quare fremuerunt* de Lully, qui fut fort loué.« Journal (Anm. 6), S. 157.

8 Herbert Schneider: Artikel »Lully«. In: Die Musik in Geschichte und Gegenwart. Zweite, neu bearbeitete Ausgabe, Personenteil Bd. 11, Kassel u.a. 2004, Sp. 595.

9 Vgl. zu dieser Thematik ausführlicher: Stefan Hanheide: Friedensabkommen des Sonnenkönigs als Sujet der Komposition: Lullys Werke auf den Stillstand von Regensburg (1684) und Brossards ›Canticum pro pace‹ auf den Frieden von Rijswijk (1697). In: Hans Peterse (Hg.): »Süß scheint der Krieg den Unerfahrenen«. Das Bild vom Krieg und die Utopie des Friedens in der Frühen Neuzeit. Göttingen 2006, S. 271-300.

10 Brossards Canticum wurde am 13. Juni 1998 in der Friedenskirche Potsdam aufgeführt, gesendet im Rundfunk SWR 2.

■ III. Beiträge zur Friedensforschung

Konflikte auf Dauer?

Maria Kreiner, Osnabrück

Rechtsradikalismus als Reaktion auf eine gesellschaftliche Krise

Ein Erklärungsversuch nach Hannah Arendt

Vorbemerkung — Bei der Begrüßung zum Friedensgespräch »Rechtsextremismus in Deutschland: Soziale Krise, politische Handlungsunfähigkeit und Nazi-Ideologie« stellte der Präsident der Universität *Claus Rollinger* die Frage: »Wie kann es das eigentlich geben: Rechtsextremismus in Deutschland nach sechs Jahrzehnten der Vergangenheitsbewältigung?«

Mehr als sechs Jahrzehnte zuvor war das nationalsozialistische Herrschaftssystem zusammengebrochen. Es hinterließ ein moralisches Desaster, das – folgt man Hannah Arendt – im Grunde gar nicht zu verantworten ist:

> »Stellt man sich angesichts dieser [...] Ereignisse auf den Boden spezifisch abendländischer Geschichte, so kann man sagen: Dies hätte nicht geschehen dürfen, und zwar in dem Sinne, in dem Kant meinte, daß während eines Krieges nichts geschehen dürfe, was einen späteren Frieden schlechthin unmöglich machen würde. Das Entsetzen, das sagt: Dies hätte nicht geschehen dürfen, meint nicht, daß wir dies nicht wiedergutmachen können (denn gutmachen kann man ohnehin niemals, wo Menschen wirklich handeln), sondern daß wir dies nicht verantworten können. Politisch übernimmt jede Regierung eines Landes die Verantwortung für das, was die vorhergehende getan hat, auch wenn sie trachtet, es rückgängig zu machen. Ohne eine solche Übernahme gäbe es keine geschichtliche Kontinuität.«[1]

Nach sechs Jahrzehnten deutscher Vergangenheitsbewältigung könnte man geradezu daran verzweifeln, dass Rechtsextremismus in Deutschland immer wieder Konjunktur hat. Die Rechtsextremismusforschung bietet unterschiedliche Erklärungsansätze für dieses Phänomen. Nach *Jürgen R. Winkler* stellen diese bislang nur eine Aufsummierung von Ursachenbehauptungen dar.[2] Bei meiner Beschäftigung mit Totalitarismustheorien ist mir aufgefallen, dass diese Theorien durchaus plausible Ansätze bieten, den gegenwärtigen Rechtsradikalismus in Deutschland zu erklären. Denn Rechtsradikalismus war Teil der Ideologie des Totalitarismus. *Hannah Arendt* sucht in ihrem 1953 erschienenen Aufsatz *Ideologie und Terror: Eine neue Staatsform* nach dem »eigentlichen Wesen der totalen Herrschaft«.[3] Dabei vertritt sie die These, dass die totale Herrschaft eine neue, noch nie da gewesene Staatsform darstelle, die auf einer menschlichen Erfahrung gründete, die nie zuvor Grundlage menschlichen Zusammenlebens gewesen sei. Diese der totalen Herrschaft zugrunde liegende Erfahrung sei mit ursächlich für eine gesellschaftliche Krise, »in der wir heute alle und überall leben«.[4]

Worin besteht diese neue Erfahrung menschlichen Zusammenlebens, die für die Menschen so ungeheuerlich sein musste, dass sie in der Lage waren, eine Herrschaft zu unterstützen oder wenigstens zu dulden, deren Politik eine Geschichte geschrieben hat, die keine nachfolgende Generation wirklich je verantworten kann? Hannah Arendt argumentiert nicht nur dafür, dass die totale Herrschaft ein radikal neues Phänomen ist, sondern sie ist zudem der Auffassung, dass sich die moderne Gesellschaft in einer Dauerkrise befindet, aufgrund derer sie immer wieder in Gefahr ist, dem Totalitarismus zu verfallen.

Worin besteht diese Krise moderner Gesellschaften, die die Menschen für totalitäre bzw. rechtsradikale Politik empfänglich macht? Meine These ist, dass der Rechtsradikalismus von heute ein Ausdruck dieser gesellschaftlichen Krise ist, die Hannah Arendt in ihrem Aufsatz beschreibt.

Zunächst werde ich Arendts Analyse des Wesens der totalitären Herrschaft darstellen, um zu zeigen, wie totalitäre Herrschaft funktioniert, warum unter ihr Verbrechen gegen die Menschheit möglich sind und worin ihre ›Attraktivität‹ besteht.

Im zweiten Abschnitt wird die Erfahrung menschlichen Zusammenlebens erläutert, die zu einer gesellschaftlichen Krise führt, die von totalitärer Herrschaft aufgegriffen und ausgenutzt werden kann.

Im letzten Teil wird der Rechtsradikalismus in Deutschland durch eine gesellschaftliche Krise erklärt, die in Zusammenhang mit der von Hannah Arendt entdeckten Erfahrung menschlichen Zusammenlebens steht.

I. Das Wesen der totalen Herrschaft — Hannah Arendt zufolge liegt die Originalität der totalitären Herrschaft darin, dass sie den Kontinuitätszusammenhang der deutschen Geschichte und die Begriffe und Kategorien okzidentalen politischen Denkens sprengt. Bislang unterschieden politische Theorien zwischen gesetzmäßiger Regierung (Monarchie, Republik) und tyrannisch-gesetzloser Willkür (Diktatur, Tyrannis). Beide Regierungsarten sind dadurch charakterisiert, dass es für die Politik *Verantwortliche* gibt. Die gesetzmäßige Regierung beruht auf positiv gesetztem Recht, in dessen

Rahmen der Monarch oder die Repräsentanten der Republik politisch handeln. Die Diktatur bzw. die Tyrannis beruht auf dem Willen eines allmächtigen Machthabers, der zwar gesetzlos, d.h. willkürlich, handelt, aber genauso wie die Vertreter einer gesetzmäßigen Regierung für seine Politik die Verantwortung übernimmt.[5]

Die totalitäre Herrschaft hingegen sei »gesetzlos«, weil sie prinzipiell alles positiv gesetzte Recht verletze, gleichgültig, ob es sich um überkommenes Recht handle, das sie nicht einmal abschaffe, oder um von ihr selbst erlassene Gesetze. Allerdings sei sie *nicht* willkürlich. Sie handle unter dem »Gesetz der Geschichte« (wie der »Stalinismus«) bzw. unter dem »Gesetz der Natur« (wie der Nationalsozialismus). Diese außermenschliche Instanz wird zur Quelle der Legitimität politischen Handelns. Das Gesetz der Geschichte bzw. das Gesetz der Natur ist dem Urteil und dem Einfluss der Menschen entzogen. Der ›Wille‹ der Natur oder der Geschichte kann letztlich nicht von Menschen verantwortet werden.

So behaupten die Führer einer totalitären Herrschaft,

> »[...] eine Welt herstellen zu können, die von sich aus, unabhängig vom Handeln der Menschen in ihr, gesetzmäßig ist, in Übereinstimmung mit den die Welt eigentlich durchwaltenden Gesetzen funktioniert – wobei es gleichgültig ist, ob dieses Gesetz als das in der Natur geltende Recht oder ein dem geschichtlichen Verlauf immanentes Gesetz hingestellt wird.«[6]

Im Vergleich zu den anderen Regierungsarten kennzeichnet die totale Herrschaft, dass es in ihr keine Verantwortlichen gibt, sondern nur Vollstrecker eines höheren Gesetzes; keinen Legitimationsbedarf für politisches Handeln, sondern nur unbedingten Glauben an das ›höhere‹ Gesetz; keine Sanktionsmöglichkeit der Gewalthaber, sondern nur Gehorsam gegenüber diesen; keine Politik im Arendtschen Sinne, sondern Schicksal und keine Freiheit, sondern Fremdbestimmung; keine Macht im Arendtschen Sinne, sondern Terror.

Arendt vertritt einen äußerst positiven Machtbegriff, den sie streng vom Gewaltbegriff unterscheidet, und ihr Politikverständnis steht in der Tradition der Aufklärung. *Macht* entspricht laut Hannah Arendt

> »[...] der menschlichen Fähigkeit, nicht nur zu handeln oder etwas zu tun, sondern sich mit anderen zusammenzuschließen und im Einvernehmen mit ihnen zu handeln. Über Macht verfügt niemals ein Einzelner; sie ist im Besitz einer Gruppe und bleibt nur so lange existent, als die Gruppe zusammenhält.«[7]

Gewalt hingegen sei durch ihren instrumentalen Charakter gekennzeichnet und stehe dem Phänomen der Stärke am nächsten.[8]

Stärke komme,

> »[...] im Gegensatz zur Macht [...] immer einem Einzelnen, sei es Ding oder Person, zu. Sie ist eine individuelle Eigenschaft, welche sich mit der gleichen Qualität in anderen Dingen oder Personen messen kann, aber als solche von ihnen unabhängig ist. Stärke hält der Macht der Vielen nie Stand; der Starke ist nie am mächtigsten allein, weil auch der Stärkste Macht gerade nicht besitzt. Wo der Starke mit der Macht der Vielen zusammenstößt, wird er immer durch die schiere Zahl überwältigt, die sich oft nur darum zusammenschließt, um mit der der Stärke eigentümlichen Unabhängigkeit fertig zu werden.«[9]

Politik ist für Arendt ermächtigtes Handeln aus Freiheit und in Verantwortung. Sie schreibt:

> »Auf die Frage nach dem Sinn von Politik gibt es eine so einfache und in sich so schlüssige Antwort, daß man meinen möchte, weitere Antworten erübrigten sich ganz und gar. Die Antwort lautet: Der Sinn von Politik ist Freiheit.«[10]

Und an anderer Stelle:

> »Daß Politik und Freiheit miteinander verbunden sind und daß die Tyrannis die schlechteste aller Staatsformen, ja die eigentlich antipolitische ist, zieht sich wie ein roter Faden durch Denken und Handeln der europäischen Menschheit bis in die jüngste Zeit. Erst die totalitären Staatsformen und die ihnen entsprechenden Ideologien [...] haben es gewagt, diesen Faden abzuschneiden.«[11]

Hier wird Arendts aufklärerisches, der Idee der Autonomie verpflichtetes Politikverständnis deutlich. Die Autonomie besteht nach *Kant* in der reinen Selbstbestimmung des vernünftigen Willens, das heißt in der Selbstgesetzgebung.[12] Die Selbstbestimmung des vernünftigen Willens ist für Kant die Bedingung aller Sittlichkeit. Das Sittengesetz verlangt aber ein freies Wollen, welches nur durch die Form des Gesetzes bestimmt sein soll.[13]

Die Denker der Aufklärung glauben demnach, dass die Menschen kraft ihres Verstandes und ihrer Vernunft in der Lage sind, sich selbst Gesetze zu geben, unter denen sie in gegenseitiger Rücksichtnahme (sittlich) und zum persönlichen Glück (Selbstverwirklichung) gemeinsam leben können. Dass sie sich selbst diese Gesetze geben können, setzt allerdings eben voraus, dass sie unter der Bedingung der Freiheit handeln, und nicht, dass ihr Handeln von Gott oder anderen Schicksalsmächten bestimmt wird. Das ist Autonomie: Selbst- statt Fremdbestimmung. Das Wohl und Wehe der Menschen hängt also nicht von Gottes Gnaden oder Ungnaden ab, sondern die Menschen selbst sind die Autoren der Menschheitsgeschichte und damit für die gesellschaftlichen Lebensverhältnisse verantwortlich.

Aus dieser Sichtweise folgt *Herrschaftskritik*. Denn die Herrscher können sich nach dieser Auffassung bei ihren politischen Entscheidungen nicht mehr auf Gott berufen, sondern müssen ihre Politik nun selbst bzw. gegenüber ihren Untertanen verantworten. Diese Voraussetzung der Autonomie, der freien Selbstbestimmung und Verantwortung des eigenen Handelns, woraus letztlich Macht im Arendtschen Sinne – nämlich gemeinsam zum Wohle aller zu handeln – resultiert, wird unter totalitärer Herrschaft völlig abgestritten. Während das positive Recht gesetzmäßiger Regierungen der stabilisierende Faktor für die ewig sich ändernden Umstände ist,[14] der ›Zaun des Gesetzes‹ also relative Stabilität schafft und den Raum der Freiheit behütet,[15] sind die Menschen in der totalitären Herrschaft des in freier Spontaneität entspringenden Handelns beraubt.

> »Die Kontinuität menschlichen Zusammenlebens wird immer wieder durch das erschüttert, was wir gemeinhin die Freiheit des Menschen nennen; und das ist politisch die Geburt jedes neuen Menschen, der in dieses Zusammenleben hineingeboren wird, weil mit jeder neuen Geburt jedes neuen Menschen eine neue Freiheit, eine neue Welt anhebt. Diesen neuen Anfang hegen die Zäune der Gesetze ein und sichern ihm zugleich seine Freiheit, schaffen ihm den Raum, in welchem allein Freiheit sich verwirklichen kann. So garantiert das Gesetz die Möglichkeit eines voraussehbar, absolut Neuen und zugleich die Präexistenz einer gemeinsamen Welt, deren Kontinuität alle einzelnen Anfänge übersteigt; also eine Wirklichkeit, die alle neuen Ursprünge in sich aufnimmt und von ihnen sich nährt.«[16]

Der Lebensraum zwischen den Menschen ist der Raum der Freiheit. In diesem Raum der Freiheit findet *Handeln* statt. Handeln ist nach Arendt – im Gegensatz zum Herstellen und Arbeiten – immer auf andere bezogen und erfolgt mit den anderen zusammen.[17] Terror als zentrales Element totalitärer Herrschaft vernichte diesen Lebensraum radikal.[18]

> »Terror macht die Menschen unbeweglich, als stünden sie und ihre spontanen Bewegungen nur den Prozessen von Natur oder Geschichte im Wege, denen die Bahn freigemacht werden soll.«[19]

Der Terror macht die Menschen also handlungsunfähig. Das Leben der Menschen unter der totalitären Herrschaft hängt nicht mehr vom eigenen Handeln ab.[20] Das Handeln im Sinne des gemeinsamen Handelns gibt es nicht mehr.[21] Aber wodurch wird das Handeln ersetzt? Die Menschen unter der totalitären Herrschaft haben doch nicht nur gearbeitet und Dinge hergestellt.

> »An die Stelle des Prinzips des Handelns tritt die Präparierung der Opfer, die Natur- oder Geschichtsprozesse fordern werden, eine Präparierung, die den einzelnen gleich gut für die Rolle des Vollstreckers wie für die des Opfers vorbereiten kann.«[22]

Diese Präparierung leistet in der totalitären Herrschaft die *Ideologie*. Die Ideologien

> »setzen voraus, daß aus der jeweiligen Idee eine Logik sich entwickeln läßt, ja, daß die Idee in sich einen solchen logischen Prozeß enthält, den die Ideologie dann entwickelt.«[23]

Arendt zählt drei spezifisch totalitäre Elemente auf, die allem ideologischen Denken eigentümlich seien. Sie erklärten erstens in ihrem Anspruch auf totale Welterklärung das, was wird, entsteht und vergeht.

> »Der Anspruch auf totale Welterklärung verspricht die totale Erklärung alles geschichtlich sich Ereignenden, und zwar totale Erklärung des Vergangenen, totales Sich-Auskennen im Gegenwärtigen und verläßliches Vorhersagen des Zukünftigen.«[24]

Dadurch werde zweitens ideologisches Denken unabhängig von aller Erfahrung und emanzipiere sich also von der Wirklichkeit. Die Ideologie bestehe auf einer ›eigentlicheren‹ Realität, die sich hinter dem verberge, was wir mit unseren fünf Sinnen wahrnehmen.

> »Der Emanzipation des Denkens von erfahrener und erfahrbarer Wirklichkeit dient auch die Propaganda der totalitären Bewegung [...]. Sind die Bewegungen erst einmal an die Macht gekommen, so beginnen sie, die Wirklichkeit im Sinne ihrer ideologischen Behauptungen zu verändern.«[25]

Da Ideologien nicht die Macht haben, die Wirklichkeit tatsächlich zu verändern, verließen sie sich drittens auf das Verfahren ihrer Beweisführung:

> »Dem, was faktisch geschieht, kommt ideologisches Denken dadurch bei, daß es aus einer als sicher angenommenen Prämisse nun mit absoluter Folgerichtigkeit – und das heißt natürlich mit einer Stimmigkeit, wie sie in der Wirklichkeit nie anzutreffen ist – alles Weitere deduziert. [...] So tritt an die Seite der angeblichen Erbarmungslosigkeit von Natur oder Geschichte die (wie Hitler zu sagen liebte) ›Eiseskälte‹ der menschlichen Logik.«[26]

Diese Logik überzeuge die Menschen,

> »die sich auf ihre Erfahrungen nicht mehr verlassen wollen, weil sie sich mit ihnen in der Welt nicht mehr zurechtfinden können. An die Stelle der Orientierung in der Welt tritt der Zwang, mit dem man sich selbst zwingt, von dem reißenden Strom übermenschlicher, natürlicher oder geschichtlicher Kräfte mitgerissen zu werden«.[27]

Das ›Zwingende‹ liege in dem Gebot, sich selbst nicht widersprechen zu dürfen:

> »[D]as Zwingende in diesem seltsamen Gebrauch des Satzes vom Widerspruch liegt in der Annahme, daß Widerspruch alles sinnlos macht, daß Sinn und Stimmigkeit das gleiche sind.«[28]

Das Wesen der Ideologie bestehe darin, aus einer Idee eine Prämisse zu machen, aus der sich zwangsmäßig etwas ereignen soll.[29] Wer A gesagt hat, müsse auch B sagen.

> »Die Präparierung von Opfern und Henkern, welche das totalitäre Herrschaftssystem braucht [...], ist also nicht einmal die Ideologie selbst, sondern vielmehr die jeder Ideologie inhärente Logik des Deduzierens.«[30]

Die drei totalitären Elemente bestehen also im Element der Bewegung, dem Element der Emanzipation von Wirklichkeit und Erfahrung und dem Element der Logik. Die große Anziehungskraft, die dieses sich selbst zwingende Denken auf moderne Menschen ausübe, liege in der Emanzipation von Wirklichkeit und Erfahrung.

Doch warum wollen die Menschen der Wirklichkeit entfliehen?

> »Je weniger die modernen Massen in dieser Welt noch wirklich zu Hause sein können, desto geneigter werden sie sich zeigen, sich in ein Narrenparadies oder eine Narrenhölle abkommandieren zu lassen, in der alles gekannt, erklärt und von übermenschlichen Gesetzen im vorhinein bestimmt ist.«[31]

Doch was ist, wenn die Wirkung der Ideologie nachlässt, wenn sie mit der Zeit den Glauben an die Prämissen der Ideologie – die ›klassenlose Gesellschaft‹ oder die ›Herrenrasse‹ – verlieren? Dann

> »[...] bleibt ihnen doch wenigstens das ganze in sich stimmige Netz von abstrakt logischen Deduktionen, Folgerungen und Schlüssen, um sie vor dem Schock des rein Tatsächlichen zu schützen.«[32]

Warum fühlen sich die Menschen in der modernen Gesellschaft nicht zu Hause? Dieses Gefühl gehe auf eine Erfahrung zurück, die die Menschen im Zusammenleben in der modernen Gesellschaft machten.

II. Die neue Erfahrung menschlichen Zusammenlebens in der modernen Gesellschaft und die daraus resultierende Krise — Um die spezifische Erfahrung in der modernen Gesellschaft zu erklären, geht Arendt auf Überlegungen *Montesquieus* zurück. Montesquieu gehe davon aus, dass in jeder politischen Formation ein einheitlicher Geist herrsche, der auf einer Grunderfahrung in der Gesellschaft beruhe, aus der das Prinzip öffentlichen Handelns entspringe. Diese Grunderfahrung sei also das Gemeinsame, was letztlich die Struktur der Staatsform und das in ihr angemessene Handlungsprinzip verbinde.[33] Die Grunderfahrung in einer Monarchie sei,

> »[...] daß wir durch Geburt einer vom anderen verschieden und auf eine natürliche Weise voneinander und voreinander ausgezeichnet sind. Der Liebe zur Auszeichnung, die Ehre ist, muß die monarchische Gesetzgebung gerecht werden, denn sie bestimmt das Handeln in einer Monarchie«.[34]

In der Republik sei es die Erfahrung, dass alle Menschen gleich seien:

> »Die Grunderfahrung der Republik ist das Zusammensein mit gleich starken Mitbürgern; die republikanische Tugend, die das öffentliche Leben in ihr durchwaltet, ist die Freude, nicht allein zu sein; denn nur weil wir von Natur gleich, mit gleicher Kraft be-

> gabt sind, sind wir miteinander zusammen. Allein sein heißt immer, zu existieren ohne seinesgleichen.«[35]

Montesquieu hielt laut Arendt die Tyrannis nicht für eine echte politische Form menschlichen Zusammenseins. Das Prinzip politischen Handelns in der Tyrannis sei die Furcht. Die Furcht entspringe aus der Grunderfahrung der Ohnmacht.[36] Furcht jedoch sei

> »[...] eigentlich gar kein Prinzip des Handelns, sondern im Gegenteil die Verzweiflung, nicht handeln zu können; innerhalb des politischen Bereichs ist sie eine Art antipolitisches Prinzip.«[37]

Totalitäre Herrschaft beraube die Menschen in ihrer Fähigkeit zu handeln und der Terror zerstöre die Pluralität, was in jedem Einzelnen ein Gefühl hinterlasse, von allen ganz und gar verlassen zu sein:[38] »Die Grunderfahrung menschlichen Zusammenseins, die in totalitärer Herrschaft politisch realisiert wird, ist die Erfahrung der *Verlassenheit*« [Hervorh. i. Orig.].[39]

Die Verbindung zwischen dem zwangsläufigen Deduzieren der Ideologien und der Verlassenheit sei erst von totalitären Herrschaftsapparaten entdeckt und ausgenutzt worden. Das spezifisch Zwingende der logischen Folgerungen könne nur den von allen Verlassenen mit ganzer Gewalt überfallen. Redensarten, wie »Wer A gesagt hat, muss auch B sagen« oder »Wo gehobelt wird, da fallen Späne«, gäben Kunde von der Verlassenheit des Menschen. [40] Arendt unterscheidet Verlassenheit und Einsamkeit, wodurch noch deutlicher wird, worin Verlassenheit für sie genau besteht. In der Einsamkeit sei man mit sich selbst zusammen. Einsames Denken sei gerade dialogisch und in Gesellschaft mit jedermann.

> »Verlassenheit entsteht, wenn aus gleich welchen personalen Gründen ein Mensch aus dieser Welt hinausgestoßen wird oder wenn aus gleich welchen geschichtlich-politischen Gründen diese gemeinsam bewohnte Welt auseinanderbricht und die miteinander verbundenen Menschen plötzlich auf sich selbst zurückwirft. [...] In der Verlassenheit sind die Menschen wirklich allein, nämlich verlassen nicht nur von anderen Menschen und der Welt, sondern auch von dem Selbst, das zugleich jedermann in der Einsamkeit sein kann.«[41]

In dieser Verlassenheit gingen Selbst und Welt, das heiße echte Denkfähigkeit und Erfahrungsfähigkeit, zugleich zugrunde.

> »An der Wirklichkeit, die keiner mehr verläßlich bestätigt, beginnt der Verlassene mit Recht zu zweifeln; denn diese Welt bietet Sicherheit nur, insofern sie uns von anderen mit garantiert ist.«[42]

Hannah Arendt resümiert:

> »Was moderne Menschen so leicht in die totalitären Bewegungen jagt und sie so gut vorbereitet für die totalitäre Herrschaft, ist die allenthalben zunehmende Verlassenheit. Es ist, als breche alles, was Menschen miteinander verbindet, in der Krise zusammen, so daß jeder von jedem verlassen und auf nichts mehr Verlaß ist. Das eiserne Band des Terrors, mit dem der totalitäre Herrschaftsapparat die von ihm organisierten Massen in eine entfesselte Bewegung reißt, erscheint so als ein letzter Halt und die ›eiskalte Logik‹, mit der totalitäre Gewalthaber ihre Anhänger auf das Ärgste vorbereiten, als das einzige, worauf wenigstens noch Verlaß ist.«[43]

Diese Erfahrung des Verlassenseins erzeuge eine dauerhafte gesellschaftliche Krise, die sich laut Arendt in einer doppelten Weltentfremdung äußert, die sie in ihrem 1958 erschienenen Werk *Vita activa* beschreibt. Die doppelte Weltentfremdung des modernen Menschen bestehe in der Flucht von der Erde in das Universum (Eroberung des Weltraums) und der Flucht aus der Welt in das Selbstbewusstsein (eine Art Autismus, Egozentrismus).[44]

Die Flucht in das Selbstbewusstsein wird durch den die modernen Gesellschaften besonders kennzeichnenden Prozess der Individualisierung verstärkt, der dem Bereich des Privaten gegenüber dem Bereich des Öffentlichen mehr Bedeutung verleiht. Im Privatleben sei laut Arendt der Mensch jedoch wesentlich menschlicher Dinge beraubt: Beraubt der Wirklichkeit, die durch das Gesehen- und Gehörtwerden entstehe, beraubt einer ›objektiven‹, d.h. gegenständlichen, Beziehung zu anderen, die sich nur dort ergeben könne, wo Menschen durch die Vermittlung einer gemeinsamen Dingwelt von anderen zugleich getrennt und mit ihnen verbunden sind, beraubt schließlich der Möglichkeit, etwas zu leisten, das beständiger sei als das Leben.

> »Der privative Charakter des Privaten liegt in der Abwesenheit von anderen; was diese anderen betrifft, so tritt der Privatmensch nicht in Erscheinung, und es ist, als gäbe es ihn gar nicht. Was er tut oder läßt, bleibt ohne Bedeutung, hat keine Folgen, und was ihn angeht, geht niemanden sonst an. In der modernen Welt haben diese Beraubungen und der ihnen inhärente Realitätsverlust

> zu jener Verlassenheit geführt, die nachgerade ein Massenphänomen geworden ist, in welchem menschliche Beziehungslosigkeit sich in ihrer extremsten und unmenschlichsten Form äußert.«[45]

Die Ausbreitung der modernen Gesellschaft über den ganzen Erdball habe zu einer Verschleppung ihrer Phänomene, der Entwurzeltheit und Verlassenheit des Massenmenschen, in alle Länder der Welt geführt.[46] Die moderne Gesellschaft konstituiert sich aus entwurzelten und verlassenen Massenmenschen. Sie steht eigentlich vor der ständigen Herausforderung, die Beziehungslosigkeit unter den Menschen aufzuheben, um sie gesellschaftlich zu integrieren, um kollektive Handlungsfähigkeit bzw. politisches Handeln zu ermöglichen.

III. Rechtsradikalismus als Reaktion auf die gesellschaftliche Krise in Deutschland — Der Brandenburgische Innenminister *Jörg Schönbohm* äußerte beim Friedensgespräch: »Haben wir eine soziale Krise? Oder haben wir eine soziale Umbruchssituation? [...] Wir haben *keine* soziale Krise. Wir haben *Herausforderungen*, vor denen wir stehen.«[47] Hannah Arendt würde sagen, dass wir eine gesellschaftliche Dauerkrise haben, die eine ständige Herausforderung darstellt und durch soziale Umbruchssituationen noch verstärkt wird. Die vergleichende Rechtsextremismusforschung bestätigt, dass in den meisten westlichen Gesellschaften der Durchbruch des radikalen Rechtspopulismus zusammenfällt mit einer Periode tief greifenden sozio-kulturellen Wandels.[48] Rechtspopulistische Parteien appellierten unter anderem an latente öffentliche Gefühle der Verdrossenheit, Enttäuschung oder Angst.[49] Verdrossenheit, Enttäuschung und Angst sind jedoch Gefühle, die in liberalen Gesellschaften immer wieder vorkommen und phasenweise zu Protestverhalten führen können.

Nach dem gegenwärtigen Kenntnisstand der empirischen Wahlforschung erfolgt die Stimmabgabe für rechtsextreme Parteien immer dann, wenn auf der politischen Angebotsseite und der Nachfrageseite eine bestimmte Konstellation vorliegt. Erstens existiert ein attraktives organisatorisches oder personelles Angebot in Form einer rechtsextremen Partei und bzw. oder eines charismatischen Politikers. Zweitens wirkt auf die existierenden rechtsextremen Einstellungsmuster in der Bevölkerung verstärkt politische Unzufriedenheit,

> »[...] die sich auf einen Mangel an Vertrauen in die Lösungskompetenz von Regierung und (etablierter) Opposition in Bezug auf wichtige politische Probleme zurückführen läßt, was dann verstärkt zur Wahl rechter und rechtsextremer Protestparteien führt. Stimmen diese Prämissen, ist – nicht nur hierzulande, sondern

überall dort, wo sie erfüllt sind und keine weiteren institutionellen Regelungen dies verhindern – mit immer wieder hochbrandenden Wellen von Rechtsextremismus zu rechnen.«[50]

Klärner und *Kohlstruck* stellen 2006 fest, dass »[m]it der Vereinigung der beiden deutschen Staaten das Phänomen Rechtsextremismus eine neue Qualität [bekam].«[51] Es erfolgten pogromähnliche Ausschreitungen in Hoyerswerda (September 1991) und Rostock-Lichtenhagen (August 1992) und nächtliche Anschläge gegen Wohnhäuser türkischstämmiger Deutscher in Mölln (November 1992) und Solingen (Mai 1993).[52]

> »Mitte der 1990er Jahre weitete sich die Welle fremdenfeindlicher Gewalttaten dann zu einer neuen Form der Alltagsgewalt vor allem in ostdeutschen, kleinstädtischen und dörflichen Regionen aus«.[53]

Diese neue Qualität des Rechtsextremismus lässt sich meines Erachtens mit der von Arendt entdeckten Krise moderner Gesellschaften erklären, die eben auf jener Erfahrung von Entwurzelung und Verlassenheit gründet. Arendt sagt, Verlassenheit entsteht, wenn die gemeinsam bewohnte Welt auseinanderbricht und die zuvor miteinander verbundenen Menschen plötzlich auf sich selbst zurückgeworfen werden. Durch die Wende 1989 in Deutschland haben die Bürger der ehemaligen DDR Entwurzelung und Verlassenheit in krassester Art und Weise erfahren müssen. Der ehemalige Minister für besondere Aufgaben *Lothar de Maizière* äußerte in einem Interview, das ich mit ihm 2004 geführt habe:

> »Dann kam die Wende, das ist ein völlig untertreibender Begriff dafür. [...] Durch die ›Wende‹ wurde ja den Menschen Unglaubliches zugemutet. Es wurden an die soziale Lernfähigkeit der Menschen Anforderungen gestellt, wie sie die Bundesbürger nie erlebt haben. Die Veränderungen, die jetzt den Bundesbürgern peu à peu im Zuge der Schröderschen Reform zugemutet werden, sind ja Bagatellen gegen die Änderungen, die die Ostdeutschen getragen haben. Wir haben innerhalb von fünf Monaten ein neues politisches System, ein neues ökonomisches System, eine völlig neue Rechtsordnung, ein neues Bildungssystem und eine neue Werteordnung bekommen. Alles, was an Lebenserfahrung gesammelt war, war wertlos, war unbrauchbar. [...] Wir sind ausgewandert, ohne das Land verlassen zu haben.«[54]

Roland Czada, Moderator des Friedensgesprächs, konstatierte, dass rechtsextremistisches Gedankengut und Gewalttaten auch im Westen nachweisbar seien und fragte, was denn das Spezifische im Osten sei.[55] Die Rechtswähler-Studie von *Jürgen W. Falter* zeigt, dass es zwischen west- und ostdeutschen Rechtswählern einen deutlichen Unterschied gibt. Hiernach handelt es sich bei einem idealtypischen westdeutschen Rechtswähler

> »[...] um einen verheirateten Mann über 45, der in einer Klein- oder Mittelstadt lebt, einer christlichen Kirche angehört, aber selten oder nie zur Kirche geht, Volks- oder Hauptschulabschluß besitzt, als Arbeiter oder einfacher Angestellter in einem festen Arbeitsverhältnis steht, sich (bisher) um seinen Arbeitsplatz nicht unmittelbar sorgt und weder selbst noch über ein anderes Mitglied seines Haushalts mit der Gewerkschaftsbewegung verbunden ist.«[56]

Der idealtypische ostdeutsche Rechtswähler weicht davon deutlich ab:

> »Bei ihm handelt es sich um einen jüngeren, alleine lebenden Mann aus einer eher kleineren Gemeinde, der einen mittleren Schulabschluß aufzuweisen hat, Arbeiter, und zwar öfter Facharbeiter als an- oder ungelernter Arbeiter ist, der seinen Arbeitsplatz häufiger als sein westdeutsches Pendant als gefährdet ansieht, im Gegensatz zu diesem keiner Konfession angehört und außerdem, wie sein Gegenpart aus den alten Bundesländern, kein Gewerkschaftsmitglied ist.«[57]

Wie lässt sich dieser Unterschied erklären? Betrachtet man die Gemeinsamkeiten, dann fehlt beiden Typen eine gelebte Bindung an eine solidarische Gemeinschaft wie die Kirchen oder Gewerkschaften, die gemeinschaftlichen Halt und Lebenssinn vermitteln, und es handelt sich eher um Männer. Der Westtyp ist allerdings in familiärer, wenigstens in partnerschaftlicher Beziehung, mittleren Alters, ungebildet und materiell, wahrscheinlich auf niedrigem Niveau, abgesichert. Man könnte den westdeutschen rechtsradikalen Wähler als grundsätzlich Unzufriedenen interpretieren, der für seinen niedrigen Status ›denen da oben‹ und ›den Ausländern‹ die Schuld gibt, aber nicht ernsthaft die gesellschaftliche Ordnung infrage stellt. Dadurch kann er vor seiner Familie bzw. Frau und den Freunden sein Gesicht wahren, denn man könnte sich fragen, warum er bisher seine Lage nicht verbessern konnte. Schließlich ist er ja schon etwas älter, etabliert und lebt in einer Gesellschaft, in der man anscheinend durch persönliche Leistung weiterkommt.[58]

Der Osttyp ist hingegen jung, alleinstehend, gebildeter als sein westliches Pendant, und er empfindet seine materielle Situation als prekär. Als junger Mann hat er noch viel vor, möchte eine Frau ›erobern‹ und vielleicht auch eine Familie gründen, was der idealtypische westdeutsche Rechtswähler immerhin bereits erreicht hat. Der Osten Deutschlands jedoch bietet nicht dieselben Chancen wie der Westen. Deshalb ziehen viele junge Menschen, insbesondere Frauen, nach Westdeutschland.

Diesen Schritt wollen nicht alle tun. Aber wer dort bleibt, ist härteren Bedingungen ausgesetzt, als sie in Westdeutschland herrschen. Die Lebensverhältnisse in Ostdeutschland wurden schlagartig von sozialistischen auf marktliberale umgestellt. In Westdeutschland erfolgt diese Umstellung seit der Schröder-Regierung schrittweise. Wer bietet sich in Ostdeutschland an, den Bruch der Wende, die plötzliche Entwurzelung und Verlassenheit zu verkraften helfen und eine neue gesellschaftliche Ordnung zu etablieren, die wieder Sicherheit, Geborgenheit, Vertrauen und Zuversicht bietet? Die Linke/PDS und die Rechte. Die etablierten Parteien und Interessenorganisationen des Westens sind in den vergangenen zwei Jahrzehnten in Ostdeutschland offenbar nicht überzeugend genug aufgetreten, um der großen Mehrheit der Ostdeutschen das Gefühl zu vermitteln, im vereinigten Deutschland wirklich zuhause zu sein.

Was sollte sie daran hindern, sich zuhause zu fühlen? Die Erfahrung von Arbeitslosigkeit und Chancenlosigkeit. Die ostdeutsche Gesellschaft ist eine Gesellschaft, »in der Arbeitslosigkeit zu einem dominanten Struktur- und Erfahrungsmoment geworden ist.«[59] *Berthold Vogel* spricht von einer »Zwei-Drittel-Gesellschaft« neuen Typs. Während es einem Drittel nach der Wende gelungen sei, sich dauerhaft im neuen Erwerbssystem zu etablieren, befänden sich etwa zwei Drittel in instabilen Erwerbspositionen oder seien bereits langzeitarbeitslos.[60] Im Zuge dieser Entwicklung hätte sich eine neue Soziallage der »Überzähligen« herausgebildet.[61] Die Folge für die Betroffenen, die in dieser Soziallage leben müssten, sei soziale Isolation und Einsamkeit, ein absichtlicher Rückzug aus der Gesellschaft, wie Vogel darlegt:[62]

> »In einer Gesellschaft, in der Identität, Prestige und Sozialstatus sehr eng mit dem Erwerbstätigsein verknüpft ist [sic], zwingt Dauerarbeitslosigkeit die Betroffenen auf sich selbst zurück. Sie kämpfen mit sich selbst, nicht gegen die Gesellschaft.«[63]

Bezogen auf den idealtypischen ostdeutschen Rechtswähler würde ich diesen als ›verzweifelten Verlassenen‹ deuten, der seine Existenz durch die zunehmende Instabilität der Beschäftigungsverhältnisse in Ostdeutschland bedroht sieht. Sein Selbstwertgefühl ist so stark, dass er nicht mit sich selbst, sondern gegen die Gesellschaft kämpft, die ihn zu marginalisieren droht. Bei den Rechtsradikalen findet er Verbündete und gemeinschaftlichen Halt. Mit ihnen zusammen will er aus der Ohnmacht gelangen und Handlungsfähigkeit erreichen.

Dieser Typ eines Rechtsradikalen ist ein Warnsignal für die Gesellschaft. Denn er protestiert nicht nur, sondern er ist radikal in Opposition zu den herrschenden gesellschaftlichen Lebensverhältnissen. Er findet sich inzwischen nicht nur in Ostdeutschland, sondern auch bundesweit unter den Jugendlichen.

Wilhelm Heitmeyer nahm in seinen empirischen Untersuchungen über Jugendliche an, dass ein geringes Selbstwertgefühl in Verbindung mit einer schlechten schulischen bzw. beruflichen Position, geringerer Sicherheit durch Gruppenzugehörigkeiten sowie negativen Einschätzungen der gesellschaftlichen Zukunft (Undurchschaubarkeit, fehlende Einflussmöglichkeiten) zu einer stärkeren Hinwendung zu rechtsextremen Orientierungsmustern führe.[64] Diese Hypothese konnte er allerdings nicht verifizieren. Im Gegenteil, es seien ein positives Selbstkonzept und ein starkes Selbstwertgefühl, die stark mit autoritär-nationalistischen Sichtweisen korrelierten.[65] Zudem kommen alle neueren Rechtsextremismus-Untersuchungen zu dem Ergebnis, dass fremdenfeindliche Orientierungen bei formal gering gebildeten und männlichen Jugendlichen vergleichsweise am stärksten ausgeprägt seien.[66]

Wie können diese Befunde gedeutet werden? Wie hängen ein starkes Selbstwertgefühl und Rechtsradikalismus zusammen? Arendt sagt, Verlassenheit entsteht, wenn ein Mensch aus dieser Welt – man kann auch sagen aus dieser Gesellschaft – hinausgestoßen wird. Formal gering gebildete Jugendliche haben in Deutschland kaum eine Chance, beruflich erfolgreich und gesellschaftlich anerkannt zu werden. Was sie von dem ostdeutschen Rechtswähler unterscheidet, ist die Bildung und der Status. Die einen ›genießen‹ eine Bildung, die sie zu einem Leben in der Unterschicht verdammt, und die anderen verfügen über eine Bildung, die ihnen nichts nützt, um gesellschaftlich nach oben zu kommen. Den Ostdeutschen fehlen die soziale Herkunft aus der Mittel- und Oberschicht, Vermögen und persönliche Beziehungen, um gesellschaftlich zu reüssieren.[67] Dies haben sie mit den Jugendlichen aus so genannten bildungsfernen Elternhäusern, die sich überwiegend in den Hauptschulen befinden, gemeinsam. Die Teilsysteme der modernen Gesellschaft, sei es das Bildungssystem, das Wirtschaftssystem oder das Renten- und Sozialsystem, produzieren Ausgeschlossene und ›Überflüssige‹. Seit der Wiedervereinigung müssen die westdeutschen Teilsysteme zusätzlich Individuen integrieren, die kaum die Voraussetzungen für die westdeutsche Gesellschaft erfüllen. So werden – konzentriert auf dem Gebiet der neuen Bundesländer – Ausgeschlossene und ›Überflüssige‹ produziert, die keine Chance haben, vor Ort ihre Lage zu verbessern, auch wenn sie sich noch so sehr bemühen. *Uwe-Karsten Heye* berichtet in den Friedensgesprächen über die ländlichen Gebiete in Ostdeutschland, dass »[v]iele, die bleiben und nicht gehen können, das Gefühl [haben], als ›Verlierer‹ zurückzubleiben, ausgegrenzt zu sein von jeder Möglichkeit, eine ökonomische Besserung für das eigene Leben bewerkstelligen zu können.«[68]

Die westdeutsche Leistungsideologie bestreitet im Grunde, dass jemand aufgrund äußerer Umstände daran gehindert wird, seine persönliche Situation zu verbessern. Welche Möglichkeiten haben Betroffene, die aufgrund äußerer Umstände in einen niedrigen Sozialstatus fallen, auf ihre Lage zu reagieren? Sich als ›Leistungsunfähige‹ zu erkennen, dazu zu stehen und sich auf materiell niedrigstem Niveau von der Gesellschaft als ›Schmarotzer‹ aushalten zu lassen oder mehrere schlecht bezahlte Minijobs anzunehmen? Oder sich immer wieder in Weiterbildungsmaßnahmen zu begeben und sich zum Narren halten zu lassen? Es wundert nicht, wenn Innenminister Schönbohm berichtet, dass »[d]as Wort ›Qualifizieren‹ in den neuen Ländern keinen guten Klang mehr [hat]. Viele Menschen haben sich immer wieder neu qualifiziert für eine Aufgabe, waren dann kurzzeitbeschäftigt und wurden irgendwann wieder arbeitslos.«[69]

Wie kann eine Person, die ein starkes Selbstwertgefühl hat, auf ihren gesellschaftlichen Ausschluss, auf ihre ›Überflüssigkeit‹ reagieren? Biografieanalysen rechtsradikaler Jugendlicher zeigen, dass diese Jugendlichen nach identitätsstiftender Zugehörigkeit,[70] nach Autonomie und Orientierung[71] suchen. Die Erfahrung familialer Desintegration,[72] des Nichtvertrauens in die Perspektive der Eltern,[73] das Erleben der Eltern als nicht verlässliche Bezugspersonen,[74] die Erfahrung von Ungleichbehandlung und Gewalt[75] werden als Ursachen für die Hinwendung der Jugendlichen zum Rechtsradikalismus gedeutet. Der Nationalismus ist für sie ein sinnstiftendes Identitätskonzept, das in Zusammenhang mit Rechtsradikalismus *Handlungsfähigkeit* gegen das etablierte System verspricht, auf das für diese Jugendlichen kein Verlass ist und das auf sie verzichtet.

Anthony Smith definiert Nationalismus als »eine ideologische Bewegung zur Herstellung und Aufrechterhaltung von Autonomie, Einheit und Identität für eine Bevölkerung, die eine bestehende oder potentielle Nation darstellt.«[76] Als Gegenreaktion auf ihre eigene Erfahrung von Ausgeschlossenheit, Überflüssigkeit und Gewalt definieren sich Rechtsradikale über Ideologien der Ungleichheit bzw. Ungleichheitsvorstellungen, in denen sie zu ›den Besseren‹ gehören, und stimmen physischen Gewaltakten bzw. deren aktiver Ausübung zu.[77]

In der Forschung führen unzählige Veröffentlichungen die Erfolge rechtsextremer Parteien auf ökonomische Faktoren zurück. Die wichtigste

Barriere gegen rechte Bewegungen wäre demnach eine positive Entwicklung der wirtschaftlichen Rahmenbedingungen.[78] Winkler hält von diesem beliebten Erklärungsansatz nicht viel. Fruchtbarer sei es, Rechtsextremismus allgemeiner auf »Ungleichgewichtszustände« zurückzuführen.[79]

Welche Zustände sollen dabei nicht im ›*Gleichgewicht*‹ sein? Die Ungleichgewichtszustände beziehen sich vor allem auf das Verhältnis von Personen zu den Kollektiven, denen sie zugehören.[80] Das heißt, der Zustand eines Individuums in der Gesellschaft entspricht nicht dem Zustand, den Individuen normalerweise in dieser Gesellschaft haben oder den sie sich wünschen. Das Verhältnis eines Individuums zur Gesellschaft ist also im Ungleichgewicht. Im Mittelpunkt dieses Theorieansatzes stehen Konstrukte wie Ungleichheit, Unzufriedenheit, Statuspolitik, Frustration, Modernisierungsverlierer usw. Die einflussreichste Idee dieses Ansatzes stammt bereits aus dem Jahr 1964 von *Hofstadter* und *Lipset*. Demnach neigten Personen dazu, die ihren *Status* in Gefahr sehen, rechtsextreme Bewegungen zu unterstützen und auch andere rechte Handlungsformen zu wählen.[81] Dieser Erklärungsansatz ist m.E. durchaus nachvollziehbar, zumal sich subjektive Entbehrungen bei den Anhängern rechtsextremer Bewegungen nachweisen ließen.[82] Folgt man den obigen Ausführungen, muss aber zu den wirtschaftlichen Entbehrungen das Gefühl der Chancenlosigkeit, sich aus der Lage durch eigene Anstrengung befreien zu können, hinzukommen sowie das Selbstwertgefühl, es eigentlich schaffen zu können, wenn man denn tatsächlich die Chance dazu hätte.

Es gibt eine Art von Rechtsradikalismus, der nicht nur ein Ausdruck von Unzufriedenheit und Protest ist, sondern der explizit auf dem *Willen zum Handeln*, auf dem Willen zur Autonomie gründet und bereit ist, sich gegen die ganze Gesellschaft zu stellen. Er ist eine Reaktion auf die moderne Gesellschaft, in der Teile der Bevölkerung Handlungsohnmacht und Chancenlosigkeit ausgeliefert sind und aus der Gesellschaft ausgeschlossen werden. In Deutschland wird dies insbesondere seit den 1990er Jahren großen Teilen der Bevölkerung zugemutet, z.B. Ostdeutschen in Ostdeutschland, Angehörige bildungsferner Schichten, Altersarmen, »Hartz IV«-Empfängern. Dies widerspricht den Grundwerten einer liberalen demokratischen Gesellschaft, die ideologisch auf Freiheit, Chancengleichheit, Gerechtigkeit und Solidarität gründet.

Der liberale Freiheitsgedanke beinhaltet die freie Selbstbestimmung und -entfaltung des Individuums, also seine Lebensgestaltung selbst in die Hand zu nehmen, sein Lebensglück (oder -pech) selbst zu verantworten, das heißt in Autonomie leben zu können. Die Idee der Demokratie bettet den liberalen Freiheitsgedanken in einen gesellschaftlichen Zusammenhang ein. So soll allen Individuen einer Gesellschaft diese Freiheit ermöglicht und gewährleistet werden. Alle sollen die Chance haben, unter Rücksichtnahme auf den Freiheitsraum der anderen, sich selbst zu verwirklichen. Diese Chancengleichheit (als Mittel) zur Freiheit eines jeden (als Ziel) in Solidarität (als Begrenzung des Egoismus) bedeutet letztlich soziale Gerechtigkeit.

Die Rechtsradikalen weisen auf die Pathologie westlicher Industriegesellschaften hin, Verlassene zu produzieren und systembedingte Ungleichheit als ›Chancengleichheit‹ auszugeben. Die Krise der modernen Gesellschaft besteht also in der Verlassenheit und Handlungsohnmächtigkeit des Massenmenschen.

Die Empfindung der Krise könnte sich durch Globalisierung und *global governance* noch verschärfen. Anders als in vielen Teilen der Welt ist hierzulande und in unserem unmittelbaren europäischen Umfeld ein ›*clash within civilization*‹, der die politische Ordnung erschüttern könnte, auf absehbare Zeit nicht zu erwarten. Aber auch unsere politische Ordnung – einsozialisiert und heute weithin akzeptiert – ist nicht unter allen Bedingungen erschütterungsfest. Denn die *Zivilisierung* des modernen Konfliktes, so meine Beobachtung eingangs, ist extrem voraussetzungsvoll, folglich eine nicht endende Herausforderung – eine politische Aufgabe, ohne deren Bewältigung Friedensarrangements jenseits der einzelnen Staaten und Gesellschaften brüchig bleiben, von den Erfolgschancen einer nachhaltigen Weltordnungspolitik (*global governance*) ganz zu schweigen.

---

1 Hannah Arendt: Ideologie und Terror: Eine neue Staatsform [1953]. In: Bruno Seidel / Siegfried Jenkner (Hg.): Wege der Totalitarismus-Forschung. Darmstadt 1974, S. 133-167, hier: S. 134 f.

2 Jürgen R. Winkler: Bausteine einer allgemeinen Theorie des Rechtsextremismus. Zur Stellung und Integration von Persönlichkeits- und Umweltfaktoren. In: Jürgen W. Falter / Hans-Gerd Jaschke / Jürgen R. Winkler (Hg.): Rechtsextremismus. Ergebnisse und Perspektiven der Forschung. Politische Vierteljahresschrift Sonderheft 27 / 1996. Opladen, S. 25-48, hier: S. 44.

3 Arendt (Anm. 1), S. 133.

4 Ebd., S. 134.

5 Vgl. ebd., S. 136, S. 144.

6 Ebd., S. 137.

7 Hannah Arendt: Macht und Gewalt [1970]. Frankfurt am Main, Wien, Zürich 2005, S. 70.

8 Vgl. ebd., S. 73.

9 Ebd., S. 70 f.

10 Hannah Arendt: Was ist Politik? Fragmente aus dem Nachlaß. Hg. von Ursula Ludz. München 2005, S. 28.

11 Ebd., S. 42.

12 Vgl. Immanuel Kant: Kritik der praktischen Vernunft, I, § 8.

13 Vgl. ebd., I, § 5.

14 Vgl. Arendt (Anm. 1), S. 138.

15 Vgl. ebd., S. 139.

16 Ebd., S. 146.

17 Vgl. ebd., S. 145.

18 Vgl. ebd., S. 147.

19 Ebd., S. 144.

20 Vgl. ebd., S. 149.

21 Vgl. ebd., S. 148.
22 Ebd., S. 150.
23 Ebd., S. 151 f.
24 Ebd., S. 153.
25 Ebd.
26 Ebd., S. 154.
27 Ebd.
28 Ebd., S. 158.
29 Vgl. ebd., S. 156.
30 Ebd., S. 157.
31 Ebd., S. 159.
32 Ebd.
33 Vgl. ebd., S. 160.
34 Ebd.
35 Ebd., S. 161.
36 Vgl. ebd.
37 Ebd., S. 162.
38 Vgl. ebd., S. 163.
39 Ebd., S. 164.
40 Vgl. ebd.
41 Ebd., S. 165.
42 Ebd., S. 166.
43 Ebd.
44 Vgl. Hannah Arendt: Vita activa oder Vom tätigen Leben [1967]. München 1998, S. 15.
45 Ebd., S. 73.
46 Vgl. ebd., S. 329.
47 Jörg Schönbohm, vgl. im vorliegenden Band S. 47
48 Vgl. Hans-Georg Betz: Radikaler Rechtspopulismus in Westeuropa. In: Falter u.a. (Anm. 2), S. 363-375, hier: S. 363.
49 Vgl. ebd.
50 Jürgen R. Winkler / Hans-Gerd Jaschke / Jürgen W. Falter: Einleitung: Stand und Perspektiven der Forschung. In: Dieselben (Anm. 2), S. 9-21, hier: S. 14.
51 Andreas Klärner / Michael Kohlstruck: Rechtsextremismus – ein Thema der Öffentlichkeit und Gegenstand der Forschung. In: Dieselben (Hg.): Moderner Rechtsextremismus in Deutschland. Bonn 2006, S. 7-41, hier: S. 24.
52 Vgl. ebd., S. 24 f.
53 Ebd., S. 25.
54 Unveröffentlichtes Interview d. Verfasserin mit Lothar de Maizière in Berlin, 16. März 2004.
55 Roland Czada, vgl. im vorliegenden Band S. 54
56 Jürgen W. Falter: Wer wählt rechts? Die Wähler und Anhänger rechtsextremistischer Parteien im vereinigten Deutschland. München 1994, S. 105 f.
57 Ebd., S. 106.
58 Befunde des Datenreports zeigen, dass die Mehrheit der Westdeutschen an die Leistungsideologie der westdeutschen Gesellschaft glaubt. So spiegele das Ausmaß an sozialer Ungleichheit die Leistungen und Fähigkeiten der Menschen wider und sie sei notwendig, um die Bürger zu hohen Leistungen zu motivieren. Diese Haltung wird durch folgende Aussagen erfasst: »Die Rangunterschiede zwischen den Menschen sind akzeptabel, weil sie im Wesentlichen ausdrücken, was man aus den Chancen, die man hatte, gemacht hat« und »Nur wenn die Unterschiede im Einkommen groß genug sind, gibt es auch einen Anreiz für persönliche Leistungen«. Der ersten Aussage stimmen 60%, der zweiten Aussage 64% der Westdeutschen und 41 bzw. 47% der Ostdeutschen zu. (Vgl. Datenreport 2006, S. 625 ff.)
59 Berthold Vogel: Arbeitslosigkeit in Ostdeutschland. Konsequenzen für das Sozialgefüge und für die Wahrnehmung des gesellschaftlichen Wandels. SOFI-Mitteilungen Nr. 27/1999, S. 21. Im Internet unter: http://www.sofi-goettingen.de/fileadmin/SOFI-Mitteilungen/Nr._27/vogel.pdf, 13.06.2008.
60 Vgl. ebd., S. 16.
61 Vgl. ebd., S. 17.
62 Vgl. ebd., S. 19.

63 Ebd., S. 20.
64 Vgl. Albert Scherr: Zum Stand der Debatte über Jugend und Rechtsextremismus. In: Falter u.a. (Anm. 2), S. 97-120, hier: S. 106.
65 Vgl. ebd.
66 Vgl. ebd., S. 101.
67 So glauben laut Datenreport 92 bis 98% der Deutschen insgesamt, je nachdem, welche der folgenden Antwortkategorien ihnen vorgelegt werden, dass individuelle Leistungen und Fähigkeiten wie Fleiß, Bildung, Eigeninitiative und Intelligenz in Deutschland wichtig bzw. sehr wichtig sind, um gesellschaftlich »nach oben« zu kommen. Aber nur eine Minderheit glaubt, dass soziale Herkunft (38% West, 30% Ost), Vermögen (33% West, 21% Ost) und Beziehungen (12% West, 5% Ost) keine Rolle spielen würden; vgl. Datenreport 2006, S. 625 ff.
68 Uwe-Karsten Heye, vgl. im vorliegenden Band S. 57.
69 Jörg Schönbohm, vgl. im vorliegenden Band S. 54.
70 Vgl. Christine Wiezorek: Rechtsextremismusforschung und Biografieanalyse. In: Klärner / Kohlstruck (Anm. 51), S. 240-256, hier: S. 248.
71 Vgl. ebd., S. 254.
72 Vgl. ebd., S. 244.
73 Vgl. ebd., S. 245.
74 Vgl. Michaela Köttig: Zur Entwicklung rechtsextremer Handlungs- und Orientierungsmuster von Mädchen und jungen Frauen. In: Klärner / Kohlstruck (Anm. 51), S. 257-274, hier: S. 268.
75 Vgl. ebd., S. 268 ff.
76 Anthony Smith: Nationalism – Theory, Ideology, History. Cambridge 2001, S. 9.
77 Vgl. Andreas Klärner / Michael Kohlstruck: Rechtsextremismus – ein Thema der Öffentlichkeit und Gegenstand der Forschung. In: Dieselben (Anm. 51), S. 7-41, hier: S. 27 f.
78 Vgl. Jürgen R. Winkler: Bausteine einer allgemeinen Theorie des Rechtsextremismus. Zur Stellung und Integration von Persönlichkeits- und Umweltfaktoren. In: Falter u.a. (Anm. 2), S. 25-48, hier: S. 34.
79 Vgl. ebd., S. 45.
80 Vgl. ebd., S. 33.
81 Vgl. ebd.
82 Vgl. ebd., S. 35.

Torsten Bewernitz, Münster
Andrea Nachtigall, Berlin

Vom multikulturellen Sozialarbeiter zum stillen Profi.

Soldatenbilder zwischen Kosovokrieg und ›Krieg gegen den Terror‹

I. Einleitung: Die mediale Konstruktion des Soldaten im Kontext von Krieg und Terror –

Am 31. März 2008 begann die Bundeswehr eine Werbetournee unter dem Motto »KarriereTreff Bundeswehr« in der Friedensstadt Münster, eine Woche später machte der Truck dieser Kampagne Station auf dem Domhof zu Osnabrück. Erklärtes Ziel dieser Tour durch die Bundesrepublik Deutschland war die Präsentation des ›Arbeitgebers Bundeswehr‹ insbesondere für junge Menschen. Auffällig an dem Werbekonzept war die Darstellung der Bundeswehr und der dazugehörigen Berufsfelder: Kriegs- und Kampfeinsätze im engeren Sinne kamen nicht vor, es ging in der Darstellung der Bundeswehr ausschließlich um technische und Sanitäts-Tätigkeiten. Entsprechend stark wurde auch die Integration von Frauen in die Bundeswehr hervorgehoben, da diese für gewöhnlich für Friedfertigkeit und Fürsorge stehen – nicht für Krieg, Kampf und Tötungsbereitschaft.

Während in Kriegssituationen traditionelle Geschlechterrollen und -bilder wie kämpfende und beschützende Männer, hegende und pflegende Frauen, denen zudem die Rolle des prototypischen Opfers zukommt, vorherrschen, spielt diese Dichotomie in der *Werbe*strategie der Bundeswehr offenbar keine Rolle, da auch der Krieg keine Rolle spielt. Frauen *und* Männer werden hier in waffen- und kampfesfernen Bereichen gezeigt, der heutige Soldatenberuf hat mit dem ›klassischen Kämpfertypen‹ auf den ersten Blick nichts mehr gemein.

Die Werbekampagne der Bundeswehr ist nur ein Beispiel für das komplexe Zusammenwirken von ›Geschlecht‹ mit den Bereichen Krieg und Militär. Zahlreiche Analysen haben die Geschlechterdimensionen in kriegerischen und militärischen Kontexten nachgewiesen, kurz: Krieg und gewaltförmige Konflikte sind *gendered*, d.h. auf verschiedenen Ebenen mit Geschlecht verwoben.[1] Damit sind geschlechtsspezifische Auswirkungen und Folgen von Krieg (z.B. von sexualisierter Gewalt) oder die unterschiedliche Teilhabe von Männern und Frauen im Kriegsgeschehen (z.B. der Zugang zu militärischen und politischen Institutionen oder die Berechtigung zur Gewaltanwendung) ebenso gemeint wie die Ebene der symbolischen und diskursiven Repräsentationen von Krieg und Frieden sowie des Militärischen, mit der wir uns hier beschäftigen. Die Untersuchungen zeigen: In Kriegszeiten dominieren stereotype Vorstellungen von ›kämpfenden Männern‹ und ›friedfertigen Frauen‹, wobei die Medialisierung dieses Verhältnisses bislang nur punktuell untersucht wurde. Wie *Gabriele Mordt* (2002) anschließend an *Jean Bethke Elshtain* herausarbeitet, ist der Diskurs um Sicherheitspolitik und Krieg von vier klassischen Geschlechtsbildern geprägt, die sich auch auf eine Analyse der Medien in Kriegskontexten übertragen lassen: *Soldat* und *Staatsmann* auf ›männlicher‹ Seite und *Schöne Seele* und *Kriegermutter* auf der ›weiblichen‹. Dabei repräsentiert die *Schöne Seele* den Schutzbedarf der kriegsfernen, sanftmütigen Frau, während den *Soldaten* seine leidenschaftliche Kampfbereitschaft auszeichnet.

Ausgehend von diesem ›Geschlechterensemble‹ beschäftigen wir uns in diesem Artikel mit den medialen Darstellungen von Soldaten und Soldatinnen im Kriegskontext.[2] Dazu betrachten wir zwei kriegerische Ereignisse, die in den letzten Jahren eine große Öffentlichkeit auf sich zogen und von medialen Aushandlungsprozessen begleitet wurden: den Kosovokrieg 1999 und den unmittelbar nach den Anschlägen des 11. September 2001 ausgerufenen ›Krieg gegen den Terror‹. Medien, diskurstheoretisch verstanden, liefern jedoch nicht einfach nur Fakten und bilden eine vorgängige Realität ab, sondern sie stellen selektive Deutungsangebote bereit, weisen Bedeutungen zu und produzieren, befestigen und verstetigen Meinungen, die einen Krieg als legitim oder illegitim erscheinen lassen. Die Anschläge des 11. September und der darauf folgende Krieg gegen Afghanistan berühren auch im deutschen Kontext zwei Jahre nach dem Kosovokrieg aufs Neue fundamentale Normen des Verständnisses von Krieg und Gewalt. Die Diskussion über die Legitimität militärischer Gewaltanwendung geht in eine neue Runde und gewinnt zugleich eine neue Qualität.[3] Dabei sind den medialen Kriegsdiskursen funktionale Geschlechterkonstruktionen inhärent. Die Beschreibungen von Soldaten und Soldatinnen, die die Printmedien liefern, haben Auswirkungen auf die gesellschaftliche Wahrnehmung des Militärs. Es stellte sich die Frage, ob die kriegerischen Ereignisse, die wir untersuchen, auch jenes Bild des friedfertigen Soldaten implizieren, das der *KarriereTreff Bundeswehr* in Friedenszeiten nahelegt. Wir werfen damit ebenfalls die Frage auf, ob und inwiefern sich das Soldatenbild zwischen Kosovo- und Afghanistankrieg gewandelt hat: Werden Soldaten (und Soldatinnen) als Krieger dargestellt, entsprechend dem klassischen Soldatentypus? Welche Diskurse von Männlichkeit und Weiblichkeit kommen dabei zum Tragen? Kommt es zu Veränderungen und Brüchen des Soldatenbildes in den Medien, gerade in dem Zusammenhang, dass die Bundeswehr seit 2001 auch Frauen an den Waffen zulässt?

Dabei ist besonders der Vergleich zwischen Kosovo- und Afghanistankrieg hilfreich, um von der Analyse eines einzelnen Ereignisses zu der Analyse einer Serie von Ereignissen zu kommen, die die Veränderung eines Diskurses über Geschlecht und Militär manifestieren könnte. Im Sinne eines *Foucault*schen Diskursbegriffes kann es dabei nicht darum gehen, den untersuchten Printmedien ›Kriegstreiberei‹ oder ›Militarismus‹ vorzuwerfen, sondern die über-individuellen gesellschaftlichen Wissensordnungen in Bezug auf Geschlecht freizulegen, die dem Gesagten zugrunde liegen. Dennoch haben die implizit oder explizit präsentierten Geschlechterbilder eine gesellschaftliche Funktion für die Legitimierung von Militär und kriegerischer Gewalt, die wir im Fazit des vorliegenden Beitrags diskutieren.

Es ist davon auszugehen, dass auch in der massenmedialen Konstruktion des Soldaten die enge Verzahnung von Kriegsdiskurs und Männlichkeitsdiskurs offenbar wird. Tugenden wie Stärke, Härte, Entschlossenheit, Tapferkeit und Kameradschaft werden traditionell mit Männlichkeit assoziiert und gelten darüber hinaus als wesentliche Eigenschaften des Militärischen. Untersuchungen von Printmedien der Bundeswehr bestätigen, dass die Darstellung von Soldat und Soldatin sich weiterhin an den traditionellen Geschlechterstereotypen orientiert.[4] Indem die Distanz von Frauen zum Militärischen symbolisch herausgestellt wird, erfährt die Gleichsetzung von Militär und Männlichkeit eine erneute Stabilisierung. Soldatsein bleibt, so werden wir zeigen, männlich.

II. Beispiel Kosovokrieg: Der Soldat, dein Freund und Helfer — Der Kosovokrieg markiert einen Bruch in der deutschen Geschichte. Zwar war die NATO-Intervention zwischen dem 24. März und dem 10. Juni 1999 nicht der erste Einsatz der Bundeswehr im Ausland – Kambodscha und Somalia gingen diesem voran –, jedoch handelt es sich um den ersten militärischen Auslandseinsatz. Dass dieser ausgerechnet in Restjugoslawien stattfand, evozierte durchaus Kritik. Nahe liegend war der Vergleich mit der Wehrmacht – die Debatte um die Ausstellung *Vernichtungskrieg. Verbrechen der Wehrmacht von 1941 bis 1944* fand nahezu parallel statt. Andererseits wurde der Vergleich mit dem Zweiten Weltkrieg, insbesondere mit Auschwitz als Symbol für die Vernichtung von 6 Millionen Juden, zum Legitimationsargument,[5] bekannt wurde der Ausspruch des damaligen Außenministers *Joschka Fischer*: »Ich habe nicht nur gelernt ›Nie wieder Krieg‹, sondern auch ›Nie wieder Auschwitz‹.«[6] Gleichzeitig löste der Kosovo-Konflikt eine grundsätzliche Debatte um die Rolle des europäischen Militärs aus, das, so die Printmedien unisono, auf diesen Konflikt nicht vorbereitet gewesen sei. Was sich später unter dem Einfluss der Anschläge vom 11. September 2001 konkretisierte, wurde hier bereits vorformuliert: Europa habe ein gemeinsames Bedürfnis nach (militärischer) Sicherheit und Verteidigung, gleichzeitig aber auch eine bedrohte Kollektividentität. Die Bedrohung manifestiert sich hier nicht durch einen religiösen Fundamentalismus, sondern durch einen als archaisch beschriebenen Nationalismus der BewohnerInnen des Balkans.

a. Zwei Typen deutscher Soldaten: ›Haudegen‹ und ›großer Bruder‹ – Neben einer amorph bleibenden Masse deutscher Soldaten präsentieren die Medien ranghohe Militärs der Bundeswehr, deren Eigenschaften primär dem traditionellen, männlich konnotierten Soldatenbild entsprechen. Sie sind »Haudegen«[7] mit martialischen Hobbies (etwa Waffensammlungen und Gewaltmärschen) und haben Erfahrung in militärischen Einsätzen. Durch Anleihen an großes Hollywood-Kino wird an kollektive Wissensvorräte angeknüpft: Die Soldaten sind »Starfighter-Piloten«, »absolute Flieger-As[se]« und »Top-Gun Pilot[en]«.[8] Dabei wird hervorgehoben, dass die dargestellten Offiziere zumeist in den USA gedient haben, damit primär dem Stereotyp eines US-Soldaten zugerechnet werden und zumeist in der Luftwaffe tätig waren.

Laut *Frank J. Barrett*[9] kommt insbesondere der Flieger »der Verkörperung des Ideals hegemonialer Männlichkeit am nächsten«: Der Flieger repräsentiert in der Berichterstattung einen klassischen Soldatentypus, der darüber hinaus mit den USA assoziiert wird. Die führenden Offiziere werden als Militärexperten präsentiert, die über ein immenses Fachwissen verfügen. Befehlshaber und Planer in dem Konflikt erscheinen als eine Hybridform aus Soldat und Politiker, die aufgrund rationaler, strategischer Planung dem Typus des Staatsmanns näher ist – entsprechend betonen die Medien häufig auch intellektuelle Fähigkeiten.

Von der Darstellung ranghoher Bundeswehroffiziere hebt sich die Konstruktion des ›normalen‹ deutschen Soldaten deutlich ab, dieser agiert vorrangig *emotional* und ist mit dem Herzen dabei. Als klassisch soldatische Eigenschaften werden lediglich Opferbereitschaft und der empathische Bezug der Bevölkerung zu den Soldaten des eigenen Staates herausgestellt. Berichte über die Bundeswehr beziehen sich nahezu durchgängig auf die in Mazedonien stationierten Truppen, die mit der Versorgung von Flüchtlingen betreut sind – in Kooperation mit zivilen Organisationen. Beliebt ist das Motiv des (beschützenden) ›großen Bruders‹, der deutsche Soldat in friedlicher Interaktion mit Kindern:

> »In seiner knappen Freizeit spielt der Hauptgefreite [...] mit den Flüchtlingskindern Frisbee, oder er bringt ihnen das Zählen von eins bis zehn auf deutsch und englisch bei. ›Die Kinder lernen unglaublich schnell‹, sagt der Soldat aus Schneeberg bei Chemnitz. [...] In Tetovo legten Bundeswehr-Soldaten zusammen, um Süßigkeiten zu kaufen. Und aus alten Bettgestellen zimmern sie provisorische Schaukeln und Klettergerüste.«[10]

Deutsche Soldaten wirken mitfühlend und großherzig: »Wenn man all diese Not und dieses Elend sieht, dann kann man einfach nur sagen: Ich helfe gern«, so ein Obergefreiter.[11]

Auffällig ist bei der Darstellung deutscher Soldaten zudem die Betonung ihrer Jugend und der *Freiwilligkeit* und Leidenschaft ihres Einsatzes: Oft wird hervorgehoben, dass es sich um eine Vielzahl Wehrpflichtiger handele, die ihre Dienstzeit verlängert hätten, um an dem Einsatz teilnehmen zu können. Das mediale Bild des deutschen Soldaten entspricht einem großen, kumpelhaften Bruder mit pädagogischem Auftrag, der sich als Freund und Helfer geriert. Zum Töten oder für einen bewaffneten Kampf mit dem Zweck, dem Gegner größtmöglichen Schaden zuzufügen, ist er nicht geeignet. Vereinzelt wird der deutsche Soldat auch als verweichlicht dargestellt, was einer Feminisierung gleichkommt. So sei es ein Fehler gewesen, deutsche Soldaten in Tetovo einzusetzen, nicht nur aufgrund der besonderen Gefährdung, sondern auch, weil dort die »Infrastruktur und die Unterkünfte schlecht« seien.[12]

b. Die Bundeswehr als gewaltfreie Armee: ›Zivildienst in Flecktarn‹ – Obwohl deutsche wie US-amerikanische Soldaten während des Kosovokrieges im Kampfeinsatz waren, erwähnen die Medien den Kernbereich des Einsatzes betreffend nur amerikanische Streitkräfte. Zwar weist die Bild-Zeitung mehrfach darauf hin, dass »die Deutschen als erstes ran«[13] müssten, berichtet jedoch kaum von Soldaten im tatsächlichen Kampfeinsatz. Entsprechend ist der deutsche Soldat nicht als Krieger dargestellt: Seine Intention ist nicht Vaterlandsverteidigung, sondern humanitäre Hilfe, er steht, wie Joschka Fischer »nicht ohne Pathos verkündet, [...] an der Seite der ältesten Demokratien«.[14]

Da kaum militärisch, sondern ›zivil‹ und friedlich konstruiert, wirkt der deutsche Soldat durch die Kriegssituation besonders gefährdet. Als Sanitäter und Flüchtlingshelfer ist er auf den Schutz internationaler, vorrangig US-amerikanischer Soldaten angewiesen. So bildet die Sorge der Angehörigen um sein Leib und Leben einen Schwerpunkt der Berichterstattung. Sich dieser Gefahr bewusst, übernimmt der deutsche Soldat Verantwortung für seine Kameraden – eine Eigenschaft, die er mit dem traditionellen Soldaten gemeinsam hat. Die mögliche Gefährdung des Soldaten ist zudem einer der bestimmenden Gründe, warum Bodentruppen in der gesamten Medienlandschaft abgelehnt werden. Die bewusst hervorgehobene Sorge mischt sich mit dem Gefühl des Stolzes, der sich nicht aus einem nationalistischen »Hurra-Patriotismus«[15] ableite, sondern aus der humanitären Begründung für das militärische Eingreifen.

Bei der Konstruktion des deutschen Soldaten als Flüchtlingshelfer (Aufbau von Flüchtlingscamps, Grundversorgung mit Kleidung, Decken, Nahrung und Wasser) ist das ›Mitleid‹ mit den kosovo-albanischen Flüchtlingen von entscheidender Bedeutung. Diese, symbolisiert und visualisiert durch »Frauen-und-Kinder«,[16] spielen für die moralische Legitimation des Militäreinsatzes eine den verschleierten Frauen im Afghanistankrieg vergleichbare (Opfer-)Rolle. Der Einsatz der Bundeswehr spielt sich hauptsächlich in den kosovo-albanischen Flüchtlingslagern ab – jedoch nicht nur, um den Not leidenden Menschen vor Ort zu helfen, sondern explizit auch, um »Flüchtlingsströme« nach Westeuropa zu verhindern.[17]

Das in den Printmedien beschriebene Bild des deutschen Soldaten während des Kosovokrieges unterscheidet sich – von den ›alten Haudegen‹ abgesehen – von dem des Zivildienstleistenden in der Tat nur noch durch das Tragen einer Uniform, der militärische Einsatz wird zum »Zivildienst in Flecktarn«.[18] Dabei wird der deutsche Soldat mit einem Polizisten, Feuerwehrmann oder Helfer des THW gleichgestellt. Zugespitzt formuliert, ist der deutsche Soldat während des Kosovokrieges kein Soldat, sondern aufgeklärter Zivilist: Er erfüllt keine Pflicht, sondern ist einem freiwilligen Engagement verpflichtet, das weder an seine Staatsbürgerschaft noch an sein Geschlecht gekoppelt ist, sondern allein an sein humanistisches Ethos.

Insgesamt impliziert die mediale Inszenierung des deutschen Soldaten Harmlosigkeit, nur wenige Eigenschaften wie Einsatzbereitschaft, Verantwortungsbewusstsein und Kameradschaft verbinden ihn mit dem traditionellen Soldaten. Das Bild des heroischen, kämpfenden Soldaten ist offenbar in der deutschen Bevölkerung 1999 nicht gewollt. Augenscheinlich wird dies in der Ablehnung des Vorschlages des früheren Generalinspekteurs der Bundeswehr, General *Klaus Naumann*, einen Tapferkeitsorden für die Bundeswehr einzuführen.[19] Während die Selbstdarstellung der Bundeswehr durchaus auf das traditionelle Soldatenbild rekurriert,[20] erwartet die Öffentlichkeit humanistische und weltoffene Helfer und »keine Kämpfer für das Vaterland«.[21] Die Vaterlandsliebe, die als Bedingung des Soldatseins ausgemacht wird,[22] wird jedoch unter umgekehrten Vorzeichen wieder eingeführt: Die Soldaten, »die in einem anderen Land Erfahrungen gesammelt haben«, nehmen diese »als Staatsbürger und in ihren Beruf« mit. Daraus lerne man »die Sicherheit, die Rechtsstaatlichkeit, die Freiheit unseres Landes viel besser schätzen«.[23] Vaterlandsliebe ist nicht mehr die Intention des Soldaten, sondern sie entsteht aus der (neuen) soldatischen Tätigkeit.

c. Soldatinnen – too sexy for the Bundeswehr? — Soldatinnen werden in der Berichterstattung über den Einsatz in und um das Kosovo kaum erwähnt, obwohl parallel dazu die geforderte Öffnung der Bundeswehr bereits kontrovers diskutiert wird. Trotz des spezifischen, ›soften‹ deutschen Soldaten mit seinen entsprechend wenig militärisch wirkenden Aufgaben zweifeln die Medien die Fähigkeiten der Soldatinnen regelmäßig an. Die Bild-Zeitung stellt die Frage: »3000 Männer und 19 Frauen – geht das gut?«[24] Soldatinnen werden als Gefahr für die Tauglichkeit der Truppe konstruiert und allein in waffenfernen Bereichen verortet. Sie leisten offenbar nur medizinisch-pflegende oder reproduktive Hilfstätigkeiten, schneiden z.B. nach Feierabend den männlichen Kameraden die Haare.[25] Im Wesentlichen bleiben sie passiv. Die Bild-Zeitung benennt Soldatinnen relativ häufig. Hier kommt es zu einer Verknüpfung mit den Themen Begehren und Sexualität: In dem Porträt einer in Mazedonien stationierten Stabsunteroffizierin wird diese als Ehefrau (»Für den Gatten ein Gute-Nacht-Kuss per Handy«), Zahnarzthelferin und Schönheit (»Natürlich werden wir Frauen von den Männern viel beachtet. [...] Ich finde es aber toll, wenn mir ein Mann nachschaut!«) präsentiert.[26] Die soldatische Berufsqualifikation bleibt unsichtbar, stattdessen werden ›private‹ Funktionen herausgestellt. Es dominieren Bilder der Fürsorge sowie äußerlicher Attraktivität. Damit einhergehend werden Soldatinnen mit Harmlosigkeit und nicht mit Tötungsbereitschaft, Kampf und Waffen assoziiert. Die typisierenden Darstellungen der Printmedien intendieren trotz der weicheren Beschreibung des neuen Soldatentypus tendenziell eine Undenkbarkeit der (kämpfenden) Soldatin, denn Soldatsein *und* eine vermeintlich ›weibliche Identität‹ scheinen sich gegenseitig auszuschließen.

Der neue Soldat bleibt, auch wenn sich sein Bild zunehmend ausdifferenziert hat, männlich.

III. Beispiel Afghanistankrieg: Der Soldat, ein stiller Profi, kein Rambo — Die Ereignisse des 11. September legen den Grundstein für eine weitere Debatte über die Rolle der Bundeswehr. Mit Bezug auf eine dramatisierte Bedrohungslage durch den ›internationalen Terrorismus‹ wird das Überdenken alter Maximen und ein Neuausloten der Aufgabenfelder gefordert. Dreh- und Angelpunkt der medialen Diskussion ist erneut die Frage nach einer Beteiligung deutscher Soldaten an Kampfeinsätzen: »Die Lage ist gespannt. Müssen Soldaten der Bundeswehr demnächst in Afghanistan und anderswo schießen?«[27] Die FAZ spricht von einer »neuen Wirklichkeit« und »ungeahnten Herausforderungen« für das deutsche Militär.[28] Wehrhaftigkeit und Kriegsfähigkeit der Bundeswehr werden positiv im Sinne von unausweichlich besetzt, denn es gehe darum, Deutschlands ›Zukunftsfähigkeit‹ zu sichern. Im Gegenzug wird an das Bild eines negativen Drückebergertums appelliert: In Deutschland habe lange genug »Scheckbuchdiplomatie« und »Stillhalte-Pragmatismus« vorgeherrscht, während »andere die Kohlen aus dem Feuer holten«.[29] Passive Zurückhaltung bzw. Nicht-Kämpfen werden als »taktlos« zurückgewiesen und weiblich konnotiert, denn Deutschland könne nicht nur die »Heimatfront« übernehmen und das Kämpfen anderen überlassen.[30] Betont wird jedoch auch, dass herkömmliche Vorstellungen von kriegerischen Schlachten überholt seien: Heute gehe es »nicht mehr um Panzerschlachten, sondern um Kriseninterventionen wie auf dem Balkan und um die professionelle Abwehr von Terroristen und anderen nichtstaatlichen Aggressoren.«[31] Auch hier taucht der Begriff ›Krieg‹ nicht auf.

a. Abschied vom ›guten alten Bundeswehrbeamten‹, willkommen KSK — In diesem Spannungsfeld möglicher neuer Aufgabenbereiche der Bundeswehr werden verschiedene Typen von Soldaten konstruiert. Auf der einen Seite ist spöttisch die Rede vom »guten alten Bundeswehrbeamten«, der behäbig in seiner Kaserne sitzt: »Ihnen wäre nicht unlieb, die Bundeswehr könnte weiterhin ein bisschen Behörde sein, ein bisschen Spedition, ein bisschen Abschreckungsmacht, ein bisschen Abenteuerspielplatz.«[32] Diesem wird ein bis dato unbekannter Typus gegenübergestellt, der die Berichterstattung im Folgenden dominiert: das *Kommando Spezialkräfte* (KSK). Die Elitesoldaten des KSK werden in den Medien als heroische Kämpfer eingeführt, die unter Einsatz ihres Lebens die gefährlichsten Kriegsverbrecher zur Strecke bringen. Dass das KSK dabei auf der Seite der Guten steht, machen nicht nur Artikel-Überschriften wie *Gegen das Böse kämpfen*,[33] sondern auch der Rekurs auf Frauen- und Menschenrechte deutlich.[34] Die Missachtung von Frauenrechten (durch die Taliban) sowie gewalttätige sexuelle Übergriffe gegen Frauen (im ehemaligen Jugoslawien) werden dabei ausschließlich als Charakteristikum des Feindes konzipiert,[35] was im Gegenzug die Ritterlichkeit und moralische Überlegenheit der eigenen Kämpfer betont. Während der Gegner Frauenrechte verletzt, wird der deutsche Soldat zum Retter und Beschützer der Frauen.

Nicht ohne Stolz wird in den Medien hervorgehoben, dass sich die Bundeswehr für ›Spezialoperationen‹ gerüstet habe. Lange Zeit seien diese vor allem von Amerikanern, Briten und Franzosen durchgeführt worden, nun stehe das KSK »in einer Reihe mit den Eliteeinheiten der westlichen Welt« und sei bei Übungen »schon selbstverständlich dabei«.[36] Die Entwicklung wird als Aufstieg in die oberste Liga und zugleich als internationaler Standard gewertet. Deutschland wird zum ›gleichberechtigten Partner‹ auf dem Parkett der internationalen Politik.

b. Die Bundeswehr als Spezialeinheit: Profis mit Profil — Der Typus des KSK-Spezialisten stimmt in weiten Teilen mit dem Bild des klassischen Soldaten überein. Neben der Betonung von Einsatz- und Opferbereitschaft sind Stärke und die Fähigkeit zum Kämpfen deutlich ausgeprägt. Die Aufnahmeprüfung sei »das Härteste, was man Menschen in einer Demokratie abverlangen darf«, so der das KSK kommandierende Brigadegeneral *Reinhard Günzel*.[37] Muskelkraft ist dabei nur eine der gefragten Eigenschaften: Neben extremer Fitness sollen die Kandidaten vor allem psychische Stabilität demonstrieren; KSK-Soldaten seien »überdurchschnittlich intelligent, leistungsorientiert, körperbetont, physiologisch andersartig«.[38] Nach bestandener Prüfung werden sie Teil einer eingeschworenen, geheim agierenden Gemeinschaft, vereint von der Gewissheit, »dass sie die besten Soldaten Deutschlands sind«. Die Berichterstattung über die »Helden auf Abruf«[39] ist von Stolz geprägt, Kritik, insbesondere an der fehlenden parlamentarischen Kontrolle, findet sich kaum.

Der moderne Soldat wird darüber hinaus zum abstrakten ›Spezialisten‹. Gewaltanwendung ist in steigendem Maße von der Beherrschung des Einsatzes innovativer Technologien abhängig, die z.T. den Kampf ›Mann gegen Mann‹ ersetzt: Elitesoldaten sind Hightech-Soldaten, die über modernstes Fernmelde- und Navigationsgerät sowie teuerste Waffensysteme verfügen, berichtet *DER SPIEGEL*.[40] Als zukünftige Aufgaben werden neben der Kriegsverbrecherjagd vor allem die »professionelle Abwehr von Terroristen« und Befreiung von Geiseln angeführt: »*Hit and run*« heißt das Aufgabenprofil. Die beschriebenen Handlungsfelder ähneln mehr einem Polizeieinsatz zur Verbrechensbekämpfung als einem Kriegseinsatz. Der KSK-Soldat wird als ›Polizist im Ausland‹ präsentiert.[41]

Dem Soldatenbild des ›Staatsbürgers in Uniform‹ folgend, wird auch die rechtliche und gesellschaftliche Legitimität des KSK betont. »Die Bilanz, mehr aber noch die Legitimation durch die Gerichtsurteile bestärkten die Soldaten in ihrer Haltung, ›bei den Guten zu sein, um gegen das Böse zu kämpfen‹.«[42] Der medial präsentierte Soldat ist nicht nur Teil einer Spezialeinheit, sondern zudem ein denkendes und fühlendes Individuum, das über Eigenständigkeit, Intelligenz, Gerechtigkeitsempfinden und moralische Urteilskraft verfügt. Er stellt sein Handeln in den Dienst des Gemeinwohls, was auch ›persönliche Opfer‹ wie den Verlust einer festen Beziehung erfordert.[43] Die Truppe ersetzt Freunde und Familie. Trotz dieser Entbehrungen und des Risikos um Leib und Leben will niemand die Einheit verlassen, so wird betont,[44] was einen hohen Identifizierungsgrad sowie treue Kameradschaft impliziert.

Das traditionelle Bild des mutigen Kämpfers für die gerechte Sache wird um eine zusätzliche Dimension ergänzt, die wesentlich für die Konstruktion des deutschen Soldaten ist: das Bild des gemäßigten und vernünftigen Soldaten, der Gewalt *eigentlich* scheut und nur im Notfall anwendet. Der KSK-Soldat zeichnet sich durch eine »Balance zwischen Aggressivität und kontrolliertem Handeln«[45] aus. Zentral für diese Verquickung von Gewalt*bereitschaft* und Gewalt*begrenzung* ist wie schon im Kosovokrieg die Abgrenzung von dem Bild des US-amerikanischen (Hollywood-)Soldaten: »Polternde Rambos sind in der Truppe nicht erwünscht«. Gefragt ist stattdessen der »stille Profi«,[46] der dennoch das Risiko und die Gefahr nicht scheut. Der US-amerikanische Soldat wird im Gegenzug als eine übertriebene Version des Soldaten präsentiert, der gleichsam naturgegeben über Todes- und Tötungsbereitschaft verfügt. Mitgefühl, Intelligenz und eine moralische Legitimität seines Handelns fehlen dem US-amerikanischen Soldaten.[47] Die Darstellung als zäher Nahkampfprofi greift auf archaische Vorstellungen eines Kampfes ›Mann gegen Mann‹ zurück.

In Abgrenzung zu der Figur des US-Soldaten gewinnt der deutsche Soldat an Profil. Der deutsche KSK-Soldat muss das Töten erst lernen – so lässt sich die Aussage formulieren, die der medialen Berichterstattung zugrunde liegt. So wird betont, dass nur durch ein spezielles Training und Aggressionsaufbau die »Tötungshemmung«[48] – die damit als grundlegende Eigenschaft vorausgesetzt wird – überwunden werden kann. Deutschland könne nur wenige Soldaten für den Kampf gegen den Terrorismus bereitstellen, weil die Heimkehrer aus dem Balkan-Einsatz zunächst ein Programm absolvieren müssen, das sie »nach dem polizeiähnlichen Friedensdienst wieder auf Schießkrieg und aggressives Kämpfen« umpolen soll.[49]

Dass der deutsche Soldat darüber hinaus ausschließlich männlich und heterosexuell gedacht wird, zeigen die Verweise auf die Ehe*frauen* der Soldaten, die sich um ihre Männer sorgen und im Falle des KSK nicht einmal wissen dürfen, ob diese zum Manöver oder zum Einsatz aufbrechen. Implizit wird das klassische Bild der aufopferungsvollen Soldaten-Ehefrau aufgerufen, die ihrem Ehemann die Treue hält und seine Tätigkeit von Zuhause aus moralisch unterstützt.

Die heldenhafte Bereitschaft des deutschen Soldaten, sein Leben in einem Kampfeinsatz zu riskieren, offenbart auch die Kehrseite der Medaille. Durch die Betonung der Risiken und Gefahren für deutsche Soldaten wird das Bild als Beschützer um eine feminisierte Komponente erweitert. Deutlich wird die Konstruktion des Soldaten als gefährdet und verletzbar: Der Soldat wird zum Beschützer und Schutzbedürftigem zugleich – jedoch ist der soldatische ›Heldentod‹ auch Bestandteil des traditionellen Soldatenbildes.

c. Der Soldat als Friedensstifter, Sozialarbeiter und Frauenrechtler – Nachdem Kabul von der Nordallianz eingenommen wurde und sich ein Ende des Krieges abzeichnete, rückt ein anderer Soldatentypus in den Mittelpunkt der Berichterstattung: der deutsche Soldat als humanitärer Helfer, wie er bereits im Kosovokrieg konsensfähig wurde. Während zuvor in erster Linie Kriegsverbecher- bzw. Terroristenjagd als Aufgaben deutscher Soldaten benannt wurden, erfährt das Aufgabenspektrum jetzt eine auffällige Verlagerung. Im Mittelpunkt stehen zivile Hilfen wie die Rettung hungernder Menschen und der Wiederaufbau. Der militärische Einsatz wird eingebettet in ein Gesamtkonzept: »Um Ordnung zu schaffen in vergessenen Weltgegenden, müssten Diplomaten, Entwicklungshelfer und Soldaten Hand in Hand arbeiten«.[50] Das Bild des (möglicherweise) kämpfenden deutschen Soldaten verschwindet wie schon im Kosovokrieg hinter dem des Entwicklungshelfers und Diplomaten. Eine starke Symbolik aus den Bereichen Frieden und Fürsorge begleitet seine Konstruktion als ›Sozialarbeiter in Uniform‹.[51] Dieser erweist sich in der medialen Darstellung vor allem als Überbringer von Menschen- und Frauenrechten, wie durch zahlreiche Verweise auf die Situation der Frauen unter den Taliban suggeriert wird. Die ›Befreiung‹ der afghanischen Bevölkerung bzw. die Wiederherstellung von Frauenrechten wird zum zentralen Motiv der verspäteten Kriegsbegründung.[52] Parallel dazu offerieren die Medien Bilder entschleierter Frauen, die ihre *Burka* hochklappen und freudig in die Kamera lächeln.[53] Die Konstruktion der islamischen Frau als Opfer evoziert das Bild des soldatischen Beschützers – und umgekehrt. Die Eroberer werden als »Helden, die ein mittelalterliches Zwangssystem endlich verjagt hatten«, gefeiert.[54] Auch die amerikanische Kriegführung erhält vor diesem Hintergrund eine moralische Legitimation. Die Militäraktionen erscheint gleichfalls als Voraussetzung für die Schaffung von Frieden und ›Zivilisation‹ durch deutsche Soldaten.

d. Soldatinnen: Sanitäterin und Friedensbotin – Soldatinnen spielen im Kontext des Afghanistankrieges keine Rolle, auch wenn die Öffnung der Bundeswehr zu diesem Zeitpunkt bereits formal vollzogen war. In den seltenen Fällen, wo sie Erwähnung finden, werden sie im Kontext weiblich konnotierter Aufgabenfelder verortet. Eine explizite Nennung von (deutschen) Soldatinnen geschieht im Kontext des laufenden Balkan-Einsatzes, der als Friedensmission gedeutet wird: »Mehr als 7000 Männer und Frauen sichern den fragilen Frieden«.[55] Ebenfalls werden Frauen im Militär dann ausdrücklich benannt, wenn es um den Sanitätsdienst geht.[56] Fotos verstärken den Eindruck, dass Frauen in der Bundeswehr ausschließlich in kampfesfernen Bereichen tätig sind, obwohl noch bis zum 11. September regelmäßig alle Medien über die Öffnung der Bundeswehr für Frauen berichteten: Wurden zuvor auch Soldatinnen an der Waffe abgebildet,[57] zeigen die Fotos nach dem 11. September diese nahezu ausschließlich als Sanitäterinnen.[58] Diese Fotos bilden einen auffälligen Kontrast zu den zahlreichen Bildern, die schwer bewaffnete KSK-Soldaten in Kampfmontur beim Einsatz präsentieren. Die beiden Bildmotive rekurrieren auf die klassische Geschlechterdichotomie vom ›kämpferisch-aggressiven Mann‹ und der ›friedfertig-fürsorglichen Frau‹. Durch die arbeitsteilige Verortung von Soldat und Soldatin wird Kampfbereitschaft als exklusiv männlicher Raum markiert.

IV. Fazit: Der Bundeswehrsoldat – (K)ein Kämpfer? — Kampf und Krieg sind umkämpfte Begriffe, wie die ambivalente Konstruktion der Bundeswehrsoldaten im Vergleich zwischen Kosovo- und Afghanistankrieg gezeigt hat. Im ersten Fall war die Darstellung des deutschen Soldaten nicht die von Kriegern, sondern von humanitären Helfern, der NATO-Einsatz eine ›humanitäre Intervention‹. Der deutsche Soldat divergiert vom klassischen Soldatenbild, womit der Kosovokrieg in zweifacher Hinsicht zu einem Ereignis unter paradigmatischen Vorzeichen wird. Auf nationaler Ebene wird das klassische Soldatenbild erst wieder denkbar, auf internationaler Ebene wird eben dieses gebrochen durch einen neuen Soldatentypus. Welche der beiden Diskurspositionen sich durchsetzt bzw. wie diese miteinander in Interaktion treten, wird im Vergleich mit der Konstruktion des Soldaten im Afghanistankrieg deutlich.

Der Kosovokrieg eröffnete im Kontext der Balkankriege der 1990er Jahre eine neue Sagbarkeit: die des ›Friedenseinsatzes‹, der einer deutschen bzw. europäischen Identität nach Ende des Kalten Krieges offenbar angemessener erschien. Einem deutschen Staat, der sich als geläuterte Gemeinschaft konstituiert, waren vaterlandsliebende, aggressive Soldaten kontraproduktiv. So konstituierte sich über die Definition des deutschen Soldaten als friedfertig und demokratisch nicht nur ein differenzierteres Soldatenbild, sondern auch eine nationale Identität. Dieses Soldatenbild ist für die Legitimierung des Auslandseinsatzes relevant, denn die Definition militärischer Aufgabenfelder als zivil vermag das gebrochene deutsche Verhältnis zum Militärischen zu kitten. Jene in den Medien präsentierten unsoldatischen Soldaten bieten sich zur Identifikation an. Es herrscht in den untersuchten Medien weitgehend Konsens darüber, dass der Auslandseinsatz legitim und notwendig war.

Bereits während des Kosovokrieges deutete sich an, dass mit dem neuen Soldatenbild das traditionelle, männlich konnotierte Soldatenbild nicht verworfen wurde: Darauf verweisen anklagende Darstellungen der Verweichlichung bzw. Feminisierung deutscher Soldaten ebenso wie die stetig wiederholte Betonung einer Notwendigkeit europäischer Eigenständigkeit in Verteidigung und Sicherheit. Auch der ›Zivildienstler in Flecktarn‹ stimmt noch mit dem traditionellen Soldaten überein: Er engagiert sich aktiv, wenn auch nicht mit der Waffe, er beschützt, wenn auch nicht nur sein ›Volk‹, er opfert sich, wenn auch nicht für die Nation, sondern für die Menschheit, er agiert emotional und nach wie vor kameradschaftlich.

Nicht mehr nur ›Friedenseinsätze‹, sondern auch Verteidigung und Schutz des eigenen Landes vor ›internationalem Terrorismus‹ werden seit dem 11. September als neue Aufgabenbereiche deklariert. Die Wehrfähigkeit der deutschen Nation steht auf dem Prüfstein. Diese wird unmittelbar mit Militär, Technologie, Waffengewalt und der Fähigkeit zu Kämpfen des einzelnen Soldaten verknüpft. Vor diesem Hintergrund kristallisiert sich im Kontext des Afghanistankriegs ein neuer Typus Soldat heraus. Der KSK-Soldat, der 1999 noch keine Rolle spielte, entspricht in weiten Teilen der Konstruktion des klassischen Soldaten als Beschützer und Kämpfer: heldenhaft, stark und mutig, in seiner Gewaltausübung kontrolliert und rational. Es kommt zu einer paradoxen Bewegung: Der KSK-Soldat wird als neuer Soldatentypus hervorgebracht, aber zugleich als Ausnahme konstituiert. Als Sonderfall bestärkt der kämpfende KSK-Soldat das Bild der friedenstiftenden Bundeswehr. Der ›normale‹ Bundeswehrsoldat engagiert sich weiter in Bildungsarbeit, Wiederaufbau und Frauenförderung.

Was noch vor einigen Jahren unter dem Stichwort ›Militarisierung‹ kritisiert wurde, ist heute kein Thema mehr. Die Bundeswehr ist als internationaler Krisenakteur anerkannt. Eine militärische Antwort auf den internationalen Terrorismus wird nicht ausgeschlossen, sondern als letztes Mittel oder Teil einer arbeitsteiligen Gesamtstrategie favorisiert. Während die USA für ein ungezügeltes, machohaftes Losschlagen stehen, profiliert sich der deutsche Soldat als gemäßigter, demokratischer und intelligenter. Kriegführung wird zu einem weltweiten, arbeitsteiligen, aber durchaus militärisch geprägtem Polizeieinsatz. Der in der Berichterstattung hofierten Alltagsfigur des Polizisten oder Feuerwehrmannes haftet nichts Bedrohliches an. Die Entsendung in ferne Einsatzgebiete erscheint unproblematisch. Die Entwicklung der Bundeswehr von einer Verteidigungs- zur Interventionsarmee wird als unausweichlicher Prozess des Erwachsenwerdens metaphorisiert. Dabei verändern sich auch die Begründungsmuster: Wurde noch im Kosovokrieg die Bezeichnung ›humanitäre Aktion‹ von linker Seite als Verharmlosung und Verschleierung kritisiert, wird sie nun auch von konservativer Seite – mit gegenteiliger Intention – abgelehnt: Humanitäre Begründungen dienten lediglich der ›Versüßung‹ militärischer Einsätze für jene, die die Notwendigkeit einer wehrhaften Nation in Zeiten des Terrorismus noch nicht erkannt hätten.[59] Legitimatorische Bezüge auf Menschen- oder Frauenrechte werden als ›weichlich‹ und nicht mehr zeitgemäß zurückgewiesen. Das Profil des »multikulturellen Sozialarbeiters«,[60] der auch über weiblich konnotierte *soft skills* verfügt, wird nach dem 11. September zunehmend um die Facetten des Kämpfers und Beschützers erweitert. Es kommt zu einer deutlichen Maskulinisierung des Soldatenbildes und der deutschen Außenpolitik.

In beiden untersuchten Fällen verschwinden Soldatinnen nahezu völlig aus der Berichterstattung oder werden ausschließlich im Bereich von Hege und Pflege verortet. Kämpfende Frauen sind offenbar weiterhin nur als Ausnahme intelligibel. Daran hat auch die Öffnung der Bundeswehr für Frauen nichts geändert. Der Wandel des Soldaten von einem traditionellen zu einem ›postmodernen‹ impliziert dennoch eine Durchlässigkeit der Geschlechtergrenzen: Die Soldatin steht vor dem Schritt in die Normalität, sie ist eine akzeptierte Ausnahme. Auch hier ist der Kontext bedeutsam: So korreliert eine ›pazifistische‹ Neudefinition militärischer Aufgabenfelder mit einer Aufwertung des Weiblichen und einem verstärkten Interesse an der Einbeziehung von Frauen. Die defensiv-weicher formulierten militärischen Einsatzformen innerhalb so genannter ›humanitärer Einsätze‹ oder ›Frieden schaffender Missionen‹ sind auf der symbolischen Gender-Ebene weniger ›männlich-militärisch-kämpferisch‹ als vielmehr ›weiblich-defensiv-friedfertig‹ codiert. Diese Militärfunktionen sind ideologisch kompatibel mit dem Konstrukt ›Weiblichkeit‹ sowie den zugeschriebenen ›weiblichen‹ Qualitäten.[61]

Eine vermeintlich potenzierte Weltbedrohungslage und veränderte Sicherheitsvorstellungen hingegen benötigen jenen vorschnell zum alten Eisen gerechneten Kämpfer. Der eilig ausgerufene »Krieg gegen den Terror« und der Krieg gegen Afghanistan als dessen erste Konkretisierung können als Remaskulinisierungs-Strategien interpretiert werden, als Reaktion auf die starke Viktimisierung (und Feminisierung), die die Anschläge ausgelöst haben. So lässt sich abschließend konstatieren, dass das Bild des Soldaten von permanenten diskursiven Aushandlungsprozessen begleitet wird, in denen immer auch bestimmte Vorstellungen von Männlichkeit und Weiblichkeit zum Tragen kommen. Welche Eigenschaften jeweils positiv hervorgehoben werden, ist nicht nur abhängig von der jeweiligen gesellschaftlichen Geschlechterordnung, sondern auch – oder noch viel mehr – von den veränderten Vorstellungen von Krieg und seiner notwendigen Legitimierung.

1 Vgl. exemplarisch Cilja Harders / Bettina Roß (Hg.): Geschlechterverhältnisse in Krieg und Frieden. Perspektiven der feministischen Analyse internationaler Beziehungen. Opladen 2002 – Christine Eifler / Ruth Seifert (Hg.): Soziale Konstruktionen – Militär und Geschlechterverhältnis. Münster 1999 – Julia Neissl / Kirsten Eckstein / Silvia Arzt / Elisabeth Anker (Hg.): Männerkrieg und Frauenfrieden. Geschlechterdimensionen in kriegerischen Konflikten. Wien 2003.

2 Diesem Artikel liegen zwei größere Forschungsprojekte zugrunde, in denen wir getrennt voneinander Geschlechterkonstruktionen im Kosovokrieg (T.B.) und Afghanistankrieg (A.N.) aus diskursanalytischer Perspektive untersuchen. Das Material bilden jeweils deutsche Printmedien des Mainstreams wie die Frankfurter Allgemeine Zeitung (FAZ), DER SPIEGEL, Frankfurter Rundschau (FR), BILD, Focus und Westdeutsche Allgemeine Zeitung (WAZ). Für diesen Artikel wurden die Zeiträume 24. März 1999 bis 10. Juni 1999 und 12. September 2001 bis 31. Dezember 2001 untersucht.

3 Michael Schwab-Trapp: Kampf dem Terror. Vom Anschlag auf das World Trade Center bis zum Beginn des Irakkrieges. Köln 2007, S. 13.

4 Vgl. Sylvia Schießer: Gender, Medien und Militär: Zur Konstruktion weiblicher Stereotype in der Darstellung von Soldatinnen in den Printmedien der Bundeswehr. In: Beiträge zur feministischen Theorie und Praxis 61/2002, S. 47–60; ferner Jörg Keller: Soldat und Soldatin – Die Konstruktion von Männlichkeit und Weiblichkeit am Beispiel von Printmedien der Bundeswehr. In: Jens-Rainer Ahrens / Maja Apelt / Christiane Bender (Hg.): Frauen im Militär. Empirische Befunde und Perspektiven zur Integration von Frauen in die Streitkräfte. Wiesbaden 2005, S. 79-107.

5 Vgl. Michael Schwab-Trapp: Kriegsdiskurse. Die politische Kultur des Krieges im Wandel 1991-1999. Opladen 2002, S. 315-326, sowie Tjark Kunstreich: Ein deutscher Krieg. Über die Befreiung der Deutschen von Auschwitz. Freiburg 1999.

6 FAZ, Ausg. v. 9. April 1999, S. 1.

7 WAZ, Ausg. v. 16. April 1999.

8 BILD, Ausg. v. 25. April 1999, S. 2.

9 Frank J. Barrett: Die Konstruktion hegemonialer Männlichkeit in Organisationen: Das Beispiel der US-Marine. In: Christine Eifler / Ruth Seifert (Hg): Soziale Konstruktionen – Militär und Geschlechterverhältnisse. Münster 1999, S. 71-91, hier S. 81 f.

10 WAZ, Ausg. v. 14. April 1999, S. 7.

11 WAZ, Ausg. v. 15. April 1999, S. 5.

12 FAZ, Ausg. v. 24. März 1999, S. 1.

13 BILD, Ausg. v. 24. März 1999, S. 2.

14 FAZ, Ausg. v. 13. April 1999, S. 3.

15 FR, Ausg. v. 1. April 1999, S. 3.

16 Cynthia Enloe: »WomenandChildren«: Making Feminist Sense of the Persian Gulf Crisis. In: The Village Voice, 25. September 1990.

17 U.a. FR, Ausg. v. 24. April 1999, S. 3; WAZ, Ausg. v. 4. Mai 1999, S. 5; vgl. dazu auch die Analyse von Andrea Kirchner / Sebastian Kreischner / Ina Ruth: Bilder, die zum Handeln auffordern. In: Margarete Jäger / Siegfried Jäger (Hg.): Medien im Krieg. Duisburg 2002, S. 29-71.

18 Heike Kleffner: Zivildienst in Flecktarn. In: Jungle World, Ausg. v. 14. April 1999.

19 WAZ, Ausg. v. 4. Mai 1999.

20 Vgl. dazu die Untersuchung von Printmedien der Bundeswehr von Schießer (Anm. 4)

21 WAZ, Ausg. v. 4. Mai 1999.

22 Vgl. Gabriele Mordt: Das Geschlechterarrangement in der klassischen Sicherheitspolitik. In: Cilja Harders / Bettina Roß (Anm. 1), S. 61-78.

23 FR, Ausg. v. 27. März 1999, S. 6.

24 BILD, Ausg. v. 31. März 1999, S. 2.

25 BILD, Ausg. v. 7. April 1999, S. 5.

26 BILD, Ausg. v. 7. März 1999, S. 3.

27 DER SPIEGEL, Ausg. 39 / 2001, S. 92.

28 FAZ, Ausg. v. 7. Nov. 2001, S. 3.

29 FAZ, Ausg. v. 27. Sept. 2001, S. 6, sowie FAZ, Ausg. v. 27. Sept. 2001, S. 1.

30 FAZ, Ausg. v. 2. Okt. 2001, S. 1.

31 DER SPIEGEL, Ausg. 38 / 2001, S. 35.

32 DER SPIEGEL (Anm. 27), S. 92.
33 Ebd., S. 42.
34 Die Darstellung des Feindes als (potentieller) Vergewaltiger und Mörder von ›Frauenund-Kindern‹ ist ein bekanntes Motiv der Feindbildkonstruktion; vgl. Silke Wenk: Imperiale Inszenierungen? Visuelle Politik und Irak-Krieg. In: Sabine Jaberg / Peter Schlotter (Hg.): Imperiale Weltordnung – Trend des 21. Jahrhunderts? Baden-Baden 2005, S. 63-93.
35 DER SPIEGEL (Anm. 27), S. 42.
36 FAZ, Ausg. v. 19. Sept. 2001, S. 6, sowie DER SPIEGEL, Ausg. 46 / 2001, S. 45.
37 DER SPIEGEL (Anm. 27), S. 44.
38 Ebd.
39 FAZ, Ausg. v. 19. Sept. 2001, S. 3.
40 DER SPIEGEL (Anm. 36), S. 42.
41 Ebd., S. 45, sowie DER SPIEGEL, Ausg. 51 / 2001, S. 6.
42 DER SPIEGEL (Anm. 27), S. 44.
43 Ebd., S. 46.
44 Ebd.
45 Ebd.
46 FAZ, Ausg. v. 22. Nov. 2001, S. 6.
47 DER SPIEGEL, Ausg. 49 / 2001, S. 172.
48 DER SPIEGEL (Anm. 27), S. 46.
49 DER SPIEGEL (Anm. 36), S. 45.
50 DER SPIEGEL, Ausg. 51 / 2001, S. 23 f.
51 Formulierungen wie Friedensstifter, Bundeswehr-Friedensdienst, Friedenstruppe, Friedenseinsatz, Bundeswehr-Engagement oder Schutztruppe sind nur einige Beispiele.
52 Vgl. dazu auch Susanne Kassel: Krieg im Namen der Frauenrechte? Der Beitrag der Medien zur Konstruktion einer Legitimationsfigur. In: Christine Schweitzer / Björn Aust / Peter Schlotter (Hg.): Demokratien im Krieg. Baden-Baden 2004, S. 161-179.
53 Das immergleiche Fotomotiv verweist auf den Konstruktionscharakter und die Oberflächlichkeit der Darstellung. Die Bilder erfüllen vielmehr eine symbolische, legitimatorische Funktion. Bereits wenige Wochen nach dem Krieg waren die afghanischen Frauen dann auch sogleich wieder aus den Medien verschwunden.
54 DER SPIEGEL, Ausg. 47 / 2001, S. 137.
55 DER SPIEGEL (Anm. 36), S. 45.
56 Ebd., S. 42.
57 z.B. DER SPIEGEL, Ausg. 18 / 2001, S. 69.
58 z.B. DER SPIEGEL (Anm. 36), S. 46.
59 FAZ, Ausg. v. 8. Okt. 2001, S. 1.
60 FAZ, Ausg. v. 4. Aug. 2001, S. 6.
61 Schießer (Anm. 4), S. 60.

Rainer Werning, Köln

Der Archipel Suharto

Vor einem Jahrzehnt endete in Indonesien die Ära eines vom Westen in Zeiten des Kalten Krieges hofierten Despoten

I. Vorbemerkung — Ausgerechnet ein »*darling*« des Westens hatte Mitte Mai 1998 im englischen Birmingham die Tagesordnung des G7-Gipfels durcheinander gewirbelt. Indonesiens Präsident *Suharto* möge sich, so der damalige Appell der Staats- und Regierungschefs der reichsten Länder, um überfällige – und möglichst unblutige – Reformen bemühen. Hätten sie nicht Suharto jahrelang bedingungslos unterstützt, wäre ihnen die selbst eingebrockte Blamage erspart geblieben. In Indonesien schüttete derweil der Ex-General Öl ins Feuer: Hunderte von Toten, panikartige Flucht und Massenevakuierungen von AusländerInnen verdüsterten zusätzlich die Bilanz des mit 32 Jahren dienstältesten Despoten in Südostasien.

Knapp eine Woche später dann, am 21. Mai 1998, trafen bündelweise Grußbotschaften in der indonesischen Metropole Jakarta ein. Der Empfänger: eben jener Suharto, der seinen Rücktritt erklärt und damit den Weg für seinen Intimus und Vize *Dr. Bacharuddin Jusuf Habibie* freigemacht hatte. Nicht von einer wütenden Menge wurde dieser »König« aus seinem Palast gejagt wie im Frühjahr 1986 der philippinische Präsident *Ferdinand E. Marcos*. Nein: Suharto trat lächelnd zurück – genauer: beiseite, ein für Diktatoren eleganter Abgang. »Respekt und Zustimmung« wurden unisono aus Washington, London, Tokio und Bonn einem Mann gezollt, der jahrelang Terror und Gewalt gesät hatte, gleichwohl aber von ihnen umworben oder – wie im Falle des damaligen Bundeskanzlers Helmut Kohl – sogar ausdrücklich als »guter Freund« geschätzt worden war.[1] So wurde nicht nur im Nachhinein ein Staatsterrorist als einsichtig-honoriger Staatsmann geehrt, sondern auch die Kontinuität des Alten fürs *business as usual* gewahrt.

II. Geschmeidiger Suharto — Der am 8. Juni 1921 in dem zentraljavanischen Dorf Kemusuk geborene Suharto operierte wie ein *dalang* im javanischen Schattenspiel; er war Puppenspieler und Erzähler in einer Person. Als Magier der Macht verstand er es meisterhaft, die Geschicke auf und hinter der Bühne zu lenken, potenzielle Widersacher auszuschalten und eine ihm geneigte Klientel strategisch zu positionieren – in Führungsetagen von Handel und Industrie ebenso wie in Politik und innerhalb des Militärs. Hybris zeichnete den gegen Ende seiner Amtszeit heftig kritisierten Ex-General aus, als er darauf spekulierte, noch im März 1998 seinen Kopf qua Absegnung einer siebten Amtszeit durch die seinem Machtapparat ergebene Beratende Volksversammlung aus der Schlinge ziehen zu können.

Politisch geschätzt als Ordnungsfaktor und Garant westlicher Sicherheitsinteressen in Südostasien, wirtschaftlich gehätschelt als Gebieter über den seinerzeit mit über 200 Millionen Einwohnern größten und lukrativsten Markt in der Region und als kräftigster unter den so genannten »Tigern der zweiten Generation« gelobt, wurden Suhartos Schandtaten stets als Kavaliersdelikte bagatellisiert: Außenpolitisch stützte die westlich orientierte Staatengemeinschaft – von Australien über Großbritannien und der Bundesrepublik Deutschland bis zu den USA – Suharto bedingungslos. Ungestraft wurden während des von ihm mitgetragenen Militärputsches 1965 Hunderttausende umgebracht (einige Quellen[2] sprechen von über 1,5 Millionen Ermordeten), wurden Zehntausende politische Gegner und Kritiker inhaftiert bzw. in die Verbannung geschickt, wurde 1976 Osttimor widerrechtlich als 27. Provinz einverleibt und wurden UN-Resolutionen zum Abzug der dort stationierten indonesischen Truppen schlichtweg ignoriert.[3] *[Siehe auch den im Anschluss abgedruckten Beitrag des Verfassers »Massaker im Namen der Freiheit«, Red.]* Für weitaus geringere Verbrechen sind andere »Schurken« unverzüglich hart an die Kandare genommen und abgestraft worden. Suhartos Terror indes galt, wie der Linguist und langjährige Kritiker der US-amerikanischen Außen- und Sicherheitspolitik *Noam Chomsky* zutreffend anmerkte, aus westlicher Perspektive als *»benign«* (gutartig), vollzog er sich doch innerhalb westlicher Parameter von *freedom & democracy*.[4]

Den Westen kümmerte das Gebaren der Militärs wenig, er schätzte vielmehr die Geschäfte unter dem Regiment der neuen Machthaber und räumte ihnen großzügig Investitionen und Kredite ein, bis das Land im Frühjahr 1998 eine Auslandsverschuldung von umgerechnet 140 Mrd. US-Dollar angehäuft hatte. Kommunismus-Phobie, martialische Einsätze der Sicherheitskräfte und ein Filz aus politischen, wirtschaftlichen und persönlichen Interessen zeichneten den Suharto-Clan aus, unter dem Nepotismus und Korruption grassierten und die sechs Kinder des Präsidenten die größten Wirtschaftsimperien übernahmen.

III. Geschätzte BRD-Connection — Stets mit von der Partie war dabei die Bundesrepublik. So kommentierte das Düsseldorfer *Handelsblatt* in Erwartung lukrativer Geschäfte:

> »Der nach dem Ausscheiden Sukarnos begonnene Wandel in Staat und Gesellschaft ist in Indonesien noch nicht abgeschlossen. Suhartos Verdienst besteht darin, daß er diesen Wandel mit der Geschmeidigkeit und Geduld eines typischen Zentraljavaners ermöglicht hat. [...] Immerhin verfügt Suharto neben javanischer Geschmeidigkeit und Geduld auch über taktisches Gespür und notfalls Entschlossenheit, wie er das bei der Ausschaltung seines Vorgängers hinlänglich bewiesen hat.«[5]

Langjährig und intensiv unterstützte der Bundesnachrichtendienst (BND) die indonesischen Militärs mit Logistik und Waffen. Über die Bundeswehr und den Bundesgrenzschutz gab's für die fernen Freunde – unter dem Vorwand der »Drogenmissbrauchsbekämpfung« – Hilfestellung in Form von Ausbildungskursen für Offiziere an der Bundeswehrakademie Hamburg-Blankenese sowie Spezialtrainings bei der Elitetruppe GSG-9 in Hangelar bei Bonn. Unter anderen hatte dort auch der Schwiegersohn Suhartos, General *Prabowo Subianto*, 1981 eine Sonderausbildung erhalten. In seine Heimat zurückgekehrt, avancierte Subianto zum Chef der indonesischen militärischen Spezialeinheiten und übernahm zudem das Kommando über das wegen seiner Brutalität gefürchtete Detachment 81.[6] Als einer der Drahtzieher von Liquidierungskampagnen gegen Oppositionelle inkriminiert, konnte sich Subianto nach dem Suharto-Rückzug im Sommer 1998 unbehelligt ins Exil nach Jordanien absetzen.

Der frühere BND-Chef *Reinhard Gehlen* kommentierte Suhartos Militärputsch und blutigen Machtantritt im Jargon des Kalten Krieges:

> »Der Erfolg der indonesischen Armee, die [...] die Ausschaltung der gesamten kommunistischen Partei mit Konsequenz und Härte verfolgte, kann nach meiner Überzeugung in seiner Bedeutung gar nicht hoch genug eingeschätzt werden.«[7]

Laut Recherchen des WDR-Fernsehmagazins *Monitor* bildete der BND auch indonesische Agenten in Deutschland aus. Überdies lieferte man aus Deutschland militärische Elektronik, zum Beispiel über die BND-nahe Firma Telemit. Die Geheimdienstkontakte hatten sich dermaßen eng gestaltet, dass der BND in der Deutschen Botschaft in Jakarta eigens eine so genannte legale Residentur einrichten konnte. Der Zweck dieser BND-intern als »FB 70« bezeichneten Residentur: enge Zusammenarbeit mit dem Geheimdienst der Suharto-Diktatur. 1984 ist gar ein Kooperationsabkommen über Polizeiausbildung und -technologie abgeschlossen worden, das auf bundesdeutscher Seite von der Gesellschaft für Technische Zusammenarbeit (GTZ) in Eschborn unterschrieben, somit unter Entwicklungshilfe gefasst wurde.[8] Immerhin rangierte Indonesien (mit Indien, Ägypten und der VR China) seinerzeit ganz oben in der Rangliste der meistbegünstigten Empfänger bundesdeutscher Entwicklungshilfe.

Aus der Bundesrepublik fand ebenfalls massenhaft militärisches Gerät den Weg nach Indonesien, von Fregatten aus Beständen der früheren Nationalen Volksarmee bis hin zu Maschinenpistolen der Firma Heckler & Koch. Hubschrauber vom Typ BO-105 der Firma Messerschmitt-Bölkow-Blohm (MBB) wurden unter deutscher Lizenz im Lande gefertigt. Der an der Technischen Hochschule Aachen ausgebildete germanophile MBB-Bewunderer, langjährige Technologieminister und Suharto-Intimus Habibie ging mit Kritikern derartiger Deals nicht zimperlich um. Als namhafte Wochenmagazine in Jakarta 1994 beispielsweise den Ankauf von 39 modernisierungsbedürftigen Kriegsschiffen aus Deutschland bemäkelten – Gesamtsumme: 650 Mio. US-Dollar –, ließ Habibie sie kurzerhand durch das Informationsministerium verbieten. Auch politisch-diplomatisch wurden die Bande zwischen Bonn und Jakarta, insbesondere während der Kohl-Ära, gepflegt. Im Herbst 1996, als der damalige Bundeskanzler zu Staatsbesuchen nach Südost- und Ostasien aufbrach, war Jakarta eine wichtige Zwischenstation. Dort sollte die »Männerfreundschaft« (so Kohl über seinen Freund Suharto) beim gemeinsamen Segeln und Angeln gefestigt werden.[9]

IV. »Terror der Ökonomie« — Was dem Regime in Jakarta letztlich zum Verhängnis wurde, waren der ›Terror der Ökonomie‹ und daraus resultierende soziale Konflikte. Als im Sommer 1997 Südost- und Ostasien von einer schweren Wirtschafts- und Finanzkrise erfasst, Milliardenbeträge aus der Region abgezogen wurden und aggressiv gegen dortige Währungen spekuliert wurde, brach Indonesiens vermeintliche Boomwirtschaft wie ein Kartenhaus zusammen. Der tiefe Fall der Landeswährung *Rupiah* war vor allem durch die im Ausland genährte Skepsis über die Ernsthaftigkeit des Reformwillens im Wirtschafts- und Finanzsektor Jakartas ausgelöst worden. Dem Internationalen Währungsfonds (IWF) und westeuropäischen Banken gingen die von Jakarta in Aussicht gestellten Maßnahmen zur Überwindung der »Asienkrise« nicht weit genug. Da genügte allein das Gerücht, der IWF gedenke im Verbund mit der Weltbank (WB) und der Asiatischen Entwicklungsbank (ADB mit Sitz in Manila) das für Indonesien geschnürte Hilfspaket von 43 Mrd. US-Dollar zu verkleinern, um die Rupiah in den Keller absacken zu lassen. Geldwechselinstitute wie PT Ayumas Gunung Agung und PT Sarinah schlossen kurzerhand ihre Pforten, als aufgebrachte Kunden buchstäblich sackweise Rupiah in Dollar umtauschen wollten. In der Hauptstadt kam es zu Hamsterkäufen und Plünderungen von Supermärkten. In anderen Städten des Archipels, so in

Bandung, wurden aus Verbitterung über die rasche Verteuerung von Lebensmitteln Märkte gestürmt und in Kaufhäusern die Regale legal leergekauft oder illegal ausgeräumt.[10]

Nebst dem IWF-Spitzenduo *Michel Camdessus* und *Stanley Fischer* reiste auch Weltbankpräsident *James D. Wolfensohn* mehrfach in die indonesische Hauptstadt. Im Mittelpunkt ihrer Verhandlungen stand die Frage, wie das Land seinen Verpflichtungen, kurzfristig annähernd 60% seines von Privatbanken und dem Staat angehäuften Auslandsschuldenbergs abzutragen, nachkommen konnte. Jakarta hatte sich im Gegenzug für das vom IWF geschnürte Hilfspaket bereit erklärt, einigen ›Empfehlungen‹ des IWF nachzukommen. Deregulierungen des Banken- und Finanzsektors sowie das Kappen politisch-ökonomischer Vergünstigungen und Subventionen für Grundnahrungsmittel wurden als Lösung des Problems gepriesen.[11]

Noch im September 1997 lobte die Weltbank gerade Indonesien für seine innerhalb der letzten Dekade außergewöhnlich erfolgreiche Wirtschaftsentwicklung, die das Land zu den *»best performing economies«* in der Region aufrücken ließ. In diesem September-Report der Bank hieß es weiter:

> »Indonesien hat große Anstrengungen unternommen, seine Wirtschaft zu diversifizieren. Es hat durch ein solides makroökonomisches Management einen wettbewerbsfähigen Privatsektor geschaffen, die Deregulierung vorangetrieben und verstärkt Investitionen in infrastrukturelle Bereiche gelenkt. Heute verzeichnen sowohl ausländische als auch einheimische Investitionen einen Boom. Indonesiens Investitionsraten haben einen stetigen Aufwärtstrend gezeigt und zählen gegenwärtig zu den höchsten in den großen Entwicklungsländern. Ein Gutteil dieser Dynamik kann auf das Reformprogramm der Regierung zurückgeführt werden, das Handel und Finanzen liberalisierte und ausländische Investitionen sowie Deregulierung ermutigte.«

Als sei zwischenzeitlich nichts geschehen, tauchte diese Einschätzung sogar noch im Frühjahr 1998 auf der Weltbank-Website auf. Kritiker der Weltbank hatten demgegenüber hervorgehoben, dass diese im Falle Indonesiens stets dazu neigte, Jakartas Wirtschaftspolitik als zu rosig einzuschätzen. Dies führte in der Regel dazu, dass ausländische Fondsmanager und Gläubiger auf den Plan traten und Kredite, hauptsächlich solche mit kurzer Laufzeit, ins Land pumpten. Weltbank-Präsident Wolfensohn wurde vorgeworfen, die Bank hätte die eigentlichen Probleme des Landes – Korruption, Nepotismus und ein schwaches Bankensystem – verkannt, weil sie

– entgegen aller Warnzeichen – an ihrer Unterstützung des Suharto-Regimes festhielt. Die Haltung der Bank, so das Fazit der Kritiker/innen, habe letztlich dazu beigetragen, Reformer zu entmutigen, Monopole intakt und Kreditaufnahmen aus dem Ausland freien Lauf zu lassen.[12]

Da die Krise im Kern eine des privaten Sektors war, der in der Vergangenheit, nicht zuletzt im Sog der viel gepriesenen Liberalisierung des Kapitalverkehrs, mühelos und in beträchtlichem Umfang Darlehen aufnehmen konnte, gerieten zunehmend die Rezepte des IWF, in Krisenzeiten noch stärker auf Liberalisierung des Finanzsektors zu drängen und damit die Krisenanfälligkeit insgesamt zu steigern, ins Kreuzfeuer der Kritik. Der damalige Weltbank-Chefökonom *Joseph Stiglitz* musste während einer Rede am 7. Januar 1998 in Helsinki selbstkritisch eingestehen, dass Finanzmärkte nicht gut daran täten, produktivste Empfänger von IWF-Krediten zu selektieren oder die Kontrolle solcher Fonds anzustreben. Überdies gelte eine Art Doppelstandard bei der Behandlung »einheimischer« und »ausländischer« Interessen. Einheimische Firmen seien der Gnade des Marktes überlassen, während ausländische Investoren aufgrund des schließlich geschnürten IWF-Kreditpakets in Höhe von 43 Mrd. US-Dollar erweiterte Besitzrechte genössen, größere Möglichkeiten zum *debt-to-equity swap*, der Umwandlung von Schulden in Eigenkapital, hätten und im Konkurrenzkampf mit asiatischen Unternehmen besser gewappnet seien.

V. Krisenmanagement seitens Weltbank und IWF — Mitte Januar 1998 sorgten zwei Berichte für Furore: ein publik gewordener, ursprünglich nur für den internen Gebrauch vorgesehener Report des IWF sowie das ausführliche Indonesien-Feature in der Londoner Zeitschrift *The Economist*. Zu den seitens Jakarta einzulösenden Bedingungen für die Gewährung des 43 Mrd. US-Dollar-Pakets gehörte die Auflösung von 16 als insolvent eingestuften Banken. Allein diese Nachricht hatte schiere Panik ausgelöst und dem ohnehin erschütterten Finanzsektor einen zusätzlichen Hieb versetzt. Große US-amerikanische und britische Tageszeitungen berichteten über dieses interne *Indonesien-Memo* des Fonds, wonach nunmehr selbst innerhalb des IWF erkannt worden sei, dass ein bedeutsamer Teil der in diesem Paket enthaltenen Strategien verpufft sei, zusätzlich Panik geschürt und nahezu sämtliche Finanzmärkte in Asien tiefer in den Abwertungsstrudel gerissen habe. Allein die Ankündigung, die fraglichen 16 Banken zu schließen, hätte das Restvertrauen der indonesischen Bevölkerung in das Bankensystem völlig zunichte gemacht und über zwei Drittel aller Banken im Lande auf einen Schlag zusätzlich zwei Mrd. US-Dollar entzogen.

Am 17. Januar machte *The Economist* seine Hintergrundanalyse mit einem Foto auf, auf dem das Banner »*Step down, Suharto*« prangte. Der Bericht stellte unumwunden fest:

> »Mr. Suharto hat es weitaus besser verstanden, Reformen anzukündigen, als diese auch umzusetzen. Er ist nicht zuletzt angehalten, ein Wirtschaftsgebäude aufzubrechen, das seinen Söhnen und Töchtern ein enormes Vermögen beschert hat. [Das gesamte Familienvermögen schätzte das Wochenblatt auf umgerechnet bis zu 40 Mrd. US-Dollar – d. Verf.] [...] Suhartos sechs Kinder haben ihren politischen Einfluss benutzt, um sich große Kapitalanteile von Fluggesellschaften über Banken und petrochemischen Firmen bis hin zum Timor, Indonesiens ehrgeizigem Automobil-Projekt, zu sichern. Ausländische Unternehmen, die in Indonesien Fuß zu fassen trachteten, mussten häufig auf Suharto-Getreue als ›Berater‹ zurückgreifen, um die Räder mit Schmierfett in Schwung zu halten«.[13]

Fazit des Wirtschaftsmagazins: »Was wie politische Stabilität während eines ›*bull market*‹ aussah, entpuppt sich zusehends als gefährliche Rigidität in härter werdenden Zeiten.«

Was die Kritik an der Amtsführung Suhartos im Besonderen schürte, war dessen Budgetrede am 6. Januar 1998. Darin hatte der Diktator eine wesentliche Erhöhung von Subventionen für Petroleumprodukte, Reis und Düngemittel sowie eine über 30-prozentige Erhöhung der Regierungsausgaben angekündigt, ohne durchblicken zu lassen, wann solche Subventionen gestoppt würden und mit der Entflechtung von (Staats-)Monopolen begonnen werden sollte. Die Rupiah geriet daraufhin in einen Sinkflug und überschritt erstmalig die in Parität zum US-Dollar als kritisch angesehene 10.000:1-Marke. Danach drehte sich das politische und ökonomische Krisenkarussell unaufhörlich. Plünderungen, Straßenschlachten und Hamsterkäufe prägten in zahlreichen Städten des Landes das Alltagsbild. Der IWF entsandte erneut seine Topleute nach Jakarta, um Suharto einerseits demonstrativ die Stange zu halten, ihn andererseits aber zur Einlösung seiner Versprechen zu drängen. Gleichzeitig häuften sich die Interventionen ausländischer Staatsoberhäupter, die Suharto zum Einlenken drängten – neben US-Präsident *Bill Clinton* taten dies Japans Premierminister *Hashimoto Ryutaro*, Australiens Premier *John Howard* und Bundeskanzler Helmut Kohl. Clinton schickte sogar seinen Verteidigungsminister *William Cohen* und mit *Lawrence Summers* seinen stellvertretenden Finanzminister nach Jakarta, um dort, wie es diplomatisch verklausuliert hieß, Präsident Suharto »Botschaften zu übermitteln«.

Aufgrund dieses massiven Drucks kam dann schließlich am 15. Januar 1998 mit dem IWF ein neues Abkommen zustande, dessen Schlussakkord ein ungewöhnliches Gruppenfoto bildete. Es zeigte den IWF-Managing Director Michel Camdessus in imperialer Pose mit verschränkten Armen hinter einem sitzenden Suharto stehen, mit Argusaugen darauf achtend, dass dieser botmäßig seine Unterschrift unter das vor ihm ausgebreitete Dokument setzte. Wer geglaubt hatte, dies hätte endlich eine beruhigende Wirkung auf die Märkte, sah sich ebenso rasch wie bitter enttäuscht. Die Aktienkurse sackten nochmalig um knapp fünf Prozent ein, und die Rupiah glich Monopoly-Geld. Ihr Kurs erreichte am 22. Januar 1998 mit 17.000 zu einem US-Dollar ein Rekordtief (gegenüber 2.400 im Juli 1997).

Dieses zweite Abkommen mit dem IWF erneuerte im Kern die Eckpunkte der ersten Vereinbarung,[14] beinhaltete aber erweiterte Machtprärogativen für ausländisches Kapital. Es sah u.a. vor:

- die Inflationsrate nicht über 20% anwachsen zu lassen;
- ab dem 1. April 1998 Subventionen bei Elektrizität und Brennstoff (mit Ausnahme von Kerosin und Diesel) und Mehrwertsteuerbefreiungen gänzlich abzuschaffen;
- Zollsenkungen auf sämtliche importierte Nahrungsmittel um 5% und auf nichtagrarische Erzeugnisse um 10% bis zum Jahr 2003;
- die grundlegende Umgestaltung des Bankensektors einschließlich der Möglichkeit ausländischer Übernahmen und Besitzrechte in diesem Bereich ab Juni 1998;
- Einstellung von 12 Megaprojekten, in die auch die Kinder von Suharto involviert waren;
- Liberalisierung des Handels mit Agrarprodukten;
- Beschränkungen der staatlichen Logistikbehörde *Bulog*. (Im ersten Abkommen war darunter auch der vom engen Suharto-Vertrauten und weltweit größten Instantnudel-Produzenten *Liem Sioe Liong* kontrollierte Mehlhandel gefallen, im zweiten Abkommen dagegen nicht mehr.)

Um die immense Auslandsverschuldung von 140 Mrd. US-Dollar (darunter 20 Mrd. an kurzfristigen Fälligkeiten und 65 Mrd. seitens privater indonesischer Nicht-Finanzinstitutionen) halbwegs in den Griff zu bekommen, verkündete Jakarta Ende Januar einen zeitweiligen Rückzahlungsstopp öffentlicher Schulden in Verbindung mit geplanten Bankreformen. Im verzweifelten Bemühen, wenigstens Devisen im Lande zu behalten, dachte Suharto seit Mitte Februar 1998 laut über die Schaffung einer Währungsbehörde nach, welche die Einbindung der Rupiah in ein festes Wechselkursverhältnis gegenüber dem US-Dollar in Höhe von 5.500:1 garantieren sollte. Das hätte seitens des IWF das Fass fast zum Überlaufen gebracht; immerhin drohte er Suharto in einem solchen Falle brüsk mit der Aussetzung des gesamten, 43 Mrd. umfassenden US-Dollar-Kreditpakets.

VI. Rasante Verarmung, vielfältige Konfliktpotenziale — Langjährig international geschätzt war das Regime auch wegen seiner makroökonomischen Erfolge. Suharto holte vorwiegend in den USA und der Bundesrepublik geschulte Ökonomen in sein Kabinett, um gegenüber westlichen Kapitalgebern Solidität zu signalisieren. Die bei seiner Machtübernahme 1.000-prozentige Inflationsrate konnte auf ein zweistelliges Niveau gedrückt werden, Investitionen wurden verstärkt angelockt, die Infrastruktur wurde ausgebaut, das Gesundheits- und Schulwesen reformiert und die hohe Geburtenrate drastisch gesenkt. Als Öllieferant und mächtiges OPEC-Mitglied profitierte das Inselreich lange vom Ölboom. Die Weltbank spendete Lob dafür, dass sich die Lebenserwartung innerhalb dreier Jahrzehnte von 41 auf 63 Jahre erhöht habe und gleichzeitig der Anteil der unterhalb der Armutsgrenze lebenden Bevölkerung (offiziell) von über 40% auf knapp 12% gesenkt worden sei.

Jakartas glitzernde *skyline* konnte allerdings nie den Blick auf die enorme Kluft zwischen Arm und Reich verstellen. Selbst innerhalb von Betrieben war ein Verhältnis von 1:100 oder mehr zwischen den niedrigsten und höchsten Lohngruppen keine Seltenheit. Ein Problem stellte selbst vor Ausbruch der Wirtschafts- und Finanzkrise die Arbeitslosigkeit beziehungsweise Unterbeschäftigung dar. Bereits im Sommer 1997 wiesen offizielle Statistiken erstere mit 7,5% und letztere mit rund 40% aus. Allein in Jakarta wurden im Frühjahr 1998 über 4 Mio. Menschen arbeitslos – eine Hiobsbotschaft vor allem für Hochschulabsolventen.

> »Zahlreiche Firmen, die sich überwiegend durch ausländische Kredite finanzierten (in Indonesien ca. 80% der Großunternehmen), gerieten durch den Verfall der Wechselkurse in unlösbare strukturelle Probleme. Es ist völlig ausgeschlossen, daß sie ihre Schulden bei den derzeitigen Wechselkursen tilgen können; d.h. sie sind bankrott und müssen schließen oder fusionieren. [...] Die ohnehin schwierige Wirtschaftssituation wird sich Anfang Februar noch weiter zuspitzen: Viele werden ihr – zum Ramadan-Fest übliches – 13. Monatsgehalt nicht erhalten und sparen müssen. [...] Aufgrund der schlechten Wirtschaftssituation müssen bereits heute von der Arbeit eines einzigen durchschnittlich mehr als fünf Menschen leben. Die Belastung ist gerade für die ohnehin armen Dörfer sehr hoch: Seit Anfang Januar sind etwa eine Million der neuen Arbeitslosen in ihre Dörfer nach Zentraljava heimgekehrt.«[15]

Im Frühjahr 1998 bezifferte die einflussreiche *Indonesian Association of Muslim Intellectuals (ICMI)* die Gesamtzahl der Arbeitslosen mit 12 Millionen. Jene, die noch Beschäftigung hatten, wurden mit erzwungenen Überstunden und abgesenkten Löhnen in die Zange genommen, wobei selbst das gesetzlich fixierte Lohnminimum seit Frühjahr 1997 nicht angehoben wurde und mit umgerechnet etwa 65 US-Cents pro Tag möglicherweise das weltweit niedrigste war. Gleichzeitig lagen die Preise aller notwendigen Bedarfsgüter wie Reis, Öl und Zucker zeitweise um bis zu 200% und mehr höher als zuvor. Das jährliche Pro-Kopf-Einkommen sackte binnen weniger Monate von umgerechnet etwa 1.000 auf 230 US-Dollar ab. Allein in einem Stadtteil im Großraum Jakarta musste die Hälfte der dortigen gut 120 Gesundheitseinrichtungen geschlossen werden; es fehlte schlichtweg an Medikamenten, die zu 70% importiert wurden.

In einem Beitrag in der *Washington Post*[16] forderte der frühere US-Außenminister *Henry Kissinger* seitens des IWF und der WB einen Krisenmechanismus, der künftig verhindern sollte, dass eine ökonomische Krise eine politische heraufbeschwört, die dann ihrerseits eine wirtschaftliche Gesundung in dem entsprechenden Land erschwert, wenn nicht gar unmöglich macht. In diesem Zusammenhang zitierte Kissinger den Chefökonomen der Deutschen Bank in Tokio, der dem IWF vorgeworfen hatte, sich wie ein auf die Behandlung von Masern spezialisierter Arzt verhalten zu haben, der meinte, mit seinen Kenntnissen und Rezepten gleich sämtliche Krankheiten angemessen diagnostizieren und heilen zu können. In einigen Ländern Südostasiens, darunter Indonesien, so Kissinger weiter, habe das IWF-Austeritätsprogramm zeitweilig jedweden Handel verunmöglicht und selbst prinzipiell gesunde Firmen in überlebensfähigen Bereichen in den Bankrott getrieben, was angesichts des Fehlens eines Sozialsystems zur massenhaften Verarmung beigetragen habe.

Die angespannte soziale und wirtschaftliche Lage schürte eine Pogromstimmung gegen die chinesische Minderheit[17] sowie interethnische und -religiöse Konflikte, die ihrerseits von Kräften des *ancien régime* instrumentalisiert wurden. Teilweise handelte es sich hier um die Konsequenzen des unter Suharto ambitioniert verfolgten Transmigrationsprogramms, das die Übervölkerung Javas stoppen sollte und in zahlreichen Regionen des Archipels weit reichende demographische Veränderungen bewirkte.

VII. Zentrifugale Tendenzen im Schatten von »Reformasi« — Seit Mitte der 1960er Jahre schuf das Militär die so genannte »Neue Ordnung«, wobei es sich die Doppelfunktion *(dwi fungsi)* der äußeren Verteidigung und sozialpolitischen Befriedung im Innern zuwies. Aufstände in den Molukken (Maluku) und in Aceh (Nordsumatra) wurden niedergeschlagen, Staatsfeinde in Lager gesperrt, Intellektuelle – darunter renommierte

Schriftsteller wie *Pramoedya Ananta Toer* und *Rendra* – mit Schreib-, Veröffentlichungs- und Redeverbot belegt. Nichtregierungsorganisationen (NRO) und erst recht unabhängige Gewerkschaften, die sich für die Einführung eines landesweit geltenden Mindestlohns von umgerechnet gerade mal vier Mark pro Tag einsetzten, ein Ende militärischer Einmischung in Arbeitskonflikte sowie das Recht auf Bildung freier Gewerkschaften forderten, blieben den Machthabern ein Dorn im Auge. Solche Forderungen lagen ihrer Meinung nach mit der ideologisch verbrämten Herrschaftsphilosophie über Kreuz: der *Pancasila,* den »Fünf Säulen« des Staates (Glaube an Gott, Menschlichkeit, Nationalismus, vom Konsensprinzip geleitete Demokratie, soziale Gerechtigkeit).

Mit dem Ende der Ära Suharto im Mai 1998 endete keineswegs der während seiner Regentschaft konsolidierte und sämtliche Poren des öffentlichen Lebens durchdringende Machteinfluss des Militärs. Die mit großen gesellschaftlichen Reform-Erwartungen *(»reformasi«)* verknüpfte Post-Suharto-Ära blieb überschattet von sozialpolitischen Unruhen in zahlreichen Provinzen des Archipels und zentrifugalen Kräften in Aceh, Maluku sowie in Irian Jaya (Westpapua). Dort praktizierte das Militär mit dem Argument, unbedingt die Einheit des Landes und nationale Integrität wahren zu müssen, unterschiedliche Strategien der *Counterinsurgency* (Aufstands- oder Aufruhrbekämpfung) – mit fatalen Folgen für die Zivilbevölkerung.[18] Ganz zu schweigen von der ehemaligen portugiesischen Kolonie Osttimor, wo der Suharto-Nachfolger Bacharuddin Jusuf Habibie ein Plebiszit über weitgehende Autonomie oder Unabhängigkeit zuließ, bei dem am 8. August 1999 der Löwenanteil der osttimoresischen Bevölkerung für die Unabhängigkeit votierte. Doch Osttimors Weg in die Unabhängigkeit (20. Mai 2002) war von Gewalt und Brutalität gesäumt, als vom indonesischen Militär gebildete und / oder geduldete paramilitärische Verbände in Kooperation mit pro-indonesischen Milizen ein systematisches Kesseltreiben gegen BefürworterInnen der Unabhängigkeit entfachten, dem sehr spät nach Osttimor entsandte UN-Truppen tatenlos zusahen.[19]

Mindestens 1.400 Menschen wurden 1999 ermordet, über 200.000 mussten fliehen. Das jedenfalls ist die erschreckende Bilanz des am 15. Juli dieses Jahres vorgelegten, insgesamt 321 Seiten umfassenden Abschlussberichts der im Jahre 2005 von Jakarta und Dili gemeinsam eingesetzten *Kommission für Wahrheit und Freundschaft* (CTF), der den beiden Staatschefs *Susilo Bambang Yudhoyono* und *José Ramos-Horta* in Bali übergeben wurde. Wenngleich den indonesischen Sicherheitskräften eindeutig die Hauptschuld an diesen Massakern zugewiesen wurde, hielt sich die Regierung in Jakarta bedeckt. Dort äußerte man lediglich Worte des Bedauerns, entschuldigen wollte man sich indes nicht – ein Affront gegen die Überlebenden der zahlreichen Opfer von Mord und Vertreibung.

Nach Habibie bekleideten mit *Abdurrahman Wahid* und *Megawati Sukarnoputri*, einer Tochter des Staatsgründers und ersten Präsidenten Ahmed Sukarno, zwei weitere Zivilisten das höchste Staatsamt, bis am 20. Oktober 2004 mit *Susilo Bambang Yudhoyono* erneut ein Ex-General die Präsidentschaft übernahm. Unter seiner Ägide gedieh eine Kultur der Straffreiheit und selbst zaghafte Ansätze, die Ära Suharto jenseits staatlich verordneter Verklärung kritisch aufzuarbeiten, verebbten rasch. Bereits Ende September 2000 war Suharto ärztlich attestiert worden, nicht vernehmungs- und haftfähig zu sein. Gegen ihn angestrengte Verfahren wegen Korruption und Amtsmissbrauch verliefen allesamt im Sande.[20] Eine Anklage wegen Verbrechen gegen die Menschlichkeit wurde nie gegen ihn erhoben. Fortan genoss er Immunität und verbrachte – unbehelligt von nationalen und internationalen Strafverfolgern – seinen Lebensabend in Jakartas Nobelviertel Menteng.[21] Statt Aufarbeitung der Vergangenheit gelten ungebrochen Amnestie und Amnesie als Staatstugend. Ein Jahrzehnt nach dem Ende Suhartos sind seine Mitstreiter von einst allesamt auf freiem Fuß. Der 86-Jährige selbst schloss infolge mehrfachen Organversagens am 27. Januar 2008 für immer seine Augen.

Massaker im Namen der Freiheit – Dokumente über »humanitäre Interventionen« der USA während des Militärputsches in Indonesien (1965) und während der indonesischen Okkupation Osttimors (1975)

Indonesiens erster Präsident, Ahmed Sukarno, wollte nach der proklamierten Unabhängigkeit (17. August 1945) den Inselstaat politisch einen, sozial befrieden und wirtschaftlich entwickeln. Als Konzept dazu diente ihm die NASAKOM – eine Allianz aus Nationalisten, Gläubigen und Kommunisten. Doch bereits Ende der 1950er Jahre war dieses Ideal zerplatzt. Mit der Einführung der »gelenkten Demokratie« gelang es den Militärs, ihre Stellung in Staat und Gesellschaft auszubauen und im Herbst 1965 zur dominierenden politischen Kraft aufzusteigen. Vor allem die Kommunistische Partei Indonesiens (PKI), damals nach der KP Chinas und der KPdSU die weltweit drittgrößte kommunistische Partei, bildete in der Sicht der Mächtigen im Lande und der in der Region auf Hegemonie bedachten Vereinigten Staaten eine Bedrohung.

Als überaus kritisch hatte die US-amerikanische Regierung die politische Situation Anfang 1965 eingeschätzt, nachdem Malaysia in den UN-Sicherheitsrat aufgerückt war und Indonesien daraufhin den Vereinten Nationen den Rücken gekehrt hatte. Die Absprachen zwischen indonesischen und amerikanischen Militärs häuften sich, und der damalige US-Präsident *Lyndon B. Johnson* befürchtete in Indonesien eine ähnliche Entwicklung wie in Vietnam. Jedenfalls wurde dem Oberkommando der Streitkräfte (ABRI) freie Hand gelassen, einen Plan zu entwerfen, dessen vorrangiges Ziel darin bestand, den selbst erklärten Antiimperialisten Sukarno zu beseitigen, linke Nationalisten, Gewerkschafter und Kommunisten auszuschalten, eine außenpolitische Kehrtwende (in Richtung Westen) vorzunehmen, verstaatlichten Besitz an die früheren ausländischen Eigentümer zurückzugeben und das Land für ausländische Investitionen weit zu öffnen. Unter dem Vorwand, eine vermeintlich bevorstehende Machtübernahme der PKI zu vereiteln, putschten sich Offiziere Anfang Oktober 1965 an die Macht. Als Chef der Eliteeinheit KOSTRAD überwachte fortan Generalmajor Suharto die »Säuberungsaktionen«, die in erster Linie Mitglieder und (verdächtigte) Sympathisanten der PKI das Leben kostete.

Dreieinhalb Jahrzehnte nach dem Gemetzel, das dem Archipel eine ebenso zählebige wie westfreundliche Suharto-Diktatur bescherte, platzierten Mitarbeiter des National Security Archive (NSA) der George Washington University ein in den 1960er Jahren vom State Department (US-Außenministerium) erstelltes Geschichtsbuch über Amerikas Rolle in Indonesien am 27. Juli 2001 auf ihrer Homepage im Internet.[22] Das

NSA ist eine Gruppe engagierter Akademiker, die sich seit Jahren, gestützt auf den *Freedom of Information Act*, kritisch mit Fragen der nationalen Sicherheit auseinandersetzt und von der Regierung deklassifizierte Dokumente öffentlich zugänglich macht.

Das fragliche Dokument – Titel: *Die auswärtigen Beziehungen der Vereinigten Staaten, 1964-68 – Band XXVI: Indonesien; Malaysia-Singapur; Philippinen* – enthält im Original allein ein 570 Seiten umfassendes Kapitel über Indonesien. Es liefert nachgerade beklemmende Beweise für staatsterroristische Akte auf Gegenseitigkeit. So leitete beispielsweise die US-Botschaft in Jakarta am 13. November 1965 Informationen der indonesischen Polizei weiter, wonach »jede Nacht zwischen 50 und 100 PKI-Mitglieder in Ost- und Zentraljava getötet« wurden und kabelte am 15. April 1966 die Notiz nach Washington: »Wir wissen – ehrlich gesagt – nicht genau, ob die tatsächliche Zahl [getöteter PKI-Mitglieder] näher bei 100.000 oder bei 1.000.000 liegt, doch wir halten es für klüger, vor allem im Falle von Nachfragen seitens der Presse, von der niedrigeren Schätzung auszugehen.« Auf Seite 339 wird angemerkt, auf Initiative des Außenamtmitarbeiters *Richard Cabot Howland* habe man sich 1970 auf die Zahl von 105.000 getöteter Personen verständigt. Der damalige US-Botschafter in Jakarta, *Marshall Green*, kabelte am 10. August 1966 nach Washington, man habe eine von der Botschaft erstellte Liste von führenden PKI-Kadern den indonesischen Sicherheitskräften übermittelt, denen es offensichtlich an solchen Informationen mangelte. Am 2. Dezember 1965 gab Green in Absprache mit *William P. Bundy*, seinerzeit im *State Department* verantwortlich für Ostasiatische und Pazifische Angelegenheiten, grünes Licht für die Finanzierung der *Kap-Gestapu-Bewegung*, die als »eine von der Armee inspirierte, doch aus Zivilisten gebildete Aktionsgruppe [...] die Bürde der andauernden repressiven Maßnahmen gegen die PKI trägt.«

Eine diplomatische Einschätzung der Clinton-Regierung lautete: »Die Vereinigten Staaten (müssen) ihre Beziehungen zu Indonesien, einer rohstoffreichen Nation mit über 200 Millionen Einwohnern, höher bewerten als die Sorge um das politische Schicksal Osttimors, eines winzigen, verarmten, nach Unabhängigkeit strebenden Territoriums mit 800.000 Einwohnern.«[23]

Am 28. November 1975 hatte die zuvor aus Wahlen siegreich hervorgegangene Unabhängigkeitsbewegung *Fretilin* in der früheren Kolonie Portugiesisch-Timor die Demokratische Republik Osttimor ausgerufen. Gerade mal neun Tage überlebte diese Republik, als die indonesische Soldateska ihr am 7. Dezember 1975 gewaltsam ein Ende bereitete, das Regime in Jakarta Osttimor ein Jahr später völkerrechtswidrig als 27. Provinz Indonesiens annektierte und dort bis 1999 ein

Terrorregime errichtete. Untersuchungen von Amnesty International, Human Rights Watch und anderer Menschen- und Bürgerrechtsorganisationen gehen davon aus, dass von Ende 1975 bis zum Frühjahr 1998, als Indonesiens Präsident Suharto zurücktrat, über 200.000 der etwa 800.000 Einwohner Osttimors infolge der indonesischen Besatzung ums Leben kamen.

»Amerikanische Elitemedien begrüßten den Völkermord«, schrieb *Åsa Linderborg* in der Stockholmer Tageszeitung *Aftonbladet*, »laut *Time* war das die ›Beste Nachricht seit Jahren in Asien‹ und das Magazin kommentierte glücklich ›das heiße Blutbad, das 400.000 Leben kostete, und kaum jemand bemerkte‹. Selbst die *New York Times* war außer sich, hat das entsetzliche Geschehen aber mehrere Jahre später als ›eine der barbarischsten Massenabschlachtungen in der modernen politischen Geschichte‹ bezeichnet.«[24]

Der damalige US-Präsident *Gerald R. Ford* und sein Außenminister Henry A. Kissinger hatten sich nicht nur für massive Waffenlieferungen an Jakarta stark gemacht. Das Ford-Kissinger-Tandem befand sich Ende 1975 auch auf Stippvisite in Ost- und Südostasien und stattete Suharto just einen Tag vor der indonesischen Invasion in Osttimor am 7. Dezember 1975 einen Besuch ab. Ford und Kissinger enthielten sich jedweder Kritik. Mehr noch: Kissinger gab Suharto zwei ›Hausaufgaben‹ auf. Erstens: Jakarta solle die Invasion erst beginnen, wenn er (Kissinger) und der Präsident wieder in Washington gelandet seien. Just so geschah es. Zweitens: Suharto wurde zum *»quick fix«* gedrängt – im Klartext: das Militär solle den Einmarsch auf schnellst möglichem Wege, im Sinne eines »chirurgischen Eingriffs« durchführen.

Am 6. Dezember 2001 und Anfang Dezember 2005 legte das NSA unter der Federführung von *William Burr* und *Michael L. Evans* Dokumente aus der Zeit der Osttimor-Invasion 1975/76 vor,[25] welche die Komplizenschaft der damaligen Ford-Administration mit dem Suharto-Regime belegen. Diese Dokumente vermitteln tiefe Einblicke in das, was der Publizist Anthony Lewis »Kissingerschen Realismus« nannte. [26] So hatte beispielsweise der frühere US-Außenminister Henry Kissinger unmittelbar nach dem Suharto-Besuch Anfang Dezember 1975 kritische Nachfragen in seinem eigenen Stab mit der ihm eigenen derben Arroganz pariert, es widerspräche dem nationalen Interesse, wegen Osttimor den »Indonesiern die Zähne einzuschlagen«. Bereits im Oktober 1975, sechs Wochen vor der Osttimor-Invasion, hatten dort indonesische Eliteeinheiten mit Wissen Kissingers Geheimoperationen durchgeführt. Daraufhin empfahl dieser seinem engsten Stab von Mitarbeitern: »Ich gehe davon aus, dass Sie in dieser Angelegenheit wirklich den Mund halten«.[27]

In einem exklusiv für Kissinger bestimmten Memorandum hatte *David Newsom*, seinerzeit US-Botschafter in Jakarta, bereits im März 1975 (knapp neun Monate vor der Osttimor-Invasion) skizziert, worum es eigentlich ging: »Die USA haben beträchtliche Interessen in Indonesien und keine in Timor«. Und beim Einmarsch in der ehemaligen portugiesischen Kolonie war das größte Waffenarsenal der indonesischen Truppen *made in the USA*. [Rainer Werning

---

1 Nach dem Besuch von Bundeskanzler Kohl Ende Oktober 1996 konnte sich u.a. die zentraljavanische Textilfirma Sritex im März 1997 einen Auftrag in Höhe von umgerechnet 10,4 Mio. US-Dollar für das Nähen von 500.000 Bundeswehruniformen sichern; siehe Anm. 9.

2 Siehe u.a. das 143-seitige Sonderheft: East Timor, Indonesia, and the World Community: Resistance, Repression, and Responsibility des Bulletin of Concerned Asian Scholars, Vol. 32, Nr. 1 & 2, Januar-Juni 2000, Cedar / Michigan – Benedict R. Anderson / Ruth McVey: What Happened in Indonesia? In: New York Review of Books, Vol. 25, Nr. 9, 1. Juni 1978 sowie Benedict R. Anderson: Exit Suharto: Obituary for a Mediocre Tyrant. In: New Left Review [London], Vol. 50, March-April 2008, S. 27-59; ferner Noam Chomsky / Edward S. Herman: The Politicial Economy of Human Rights. Boston 1979 (2 Bde.).

3 Ausführlich in Rainer Werning: Indonesien 1965-1985: Lange Schatten des Terrors. Münster 1985.

4 Chomsky / Herman (Anm. 2).

5 Handelsblatt, Ausg. v. 6. Januar 1970.

6 Zit. nach: Sendemanuskript des WDR-Fernsehmagazins Monitor, ausgestrahlt von der ARD am 10. Oktober 1996, Köln.

7 Ebd.

8 Ebd.

9 Anlässlich des Indonesienbesuchs von Helmut Kohl im Oktober 1996 (siehe Anm. 1) kam man beim Thema Menschenrechte nicht so recht voran. Die Süddeutsche Zeitung wählte in ihrer Ausgabe vom 29. Oktober 1996 für die traute Begegnung der beiden Staatsmänner die Titelüberschrift: »Freiheit für die Schildkröten – Kohls Angelpartie mit Suharto machte die Kanzlerbegleiter schweigsamer zum Thema Menschenrechte als die Indonesier«. Den Text ziert ein Associated-Press-Agenturfoto mit der Unterzeile: »Das Schweigen der Schildkröten: Helmut Kohl und sein freundlicher Gastgeber Suharto befreien Gefangene in Indonesien«.

10 Anne Booth: Crisis and poverty. In: Inside Indonesia [Collingwood / Victoria, Australien], No.· 69, January-March 2002, S. 6 f.

11 Beispielhaft in den Beiträgen: Indonesien leitet beherzt die wirtschaftlichen Reformen ein. In: Frankfurter Allg. Zeitung vom 3. Nov. 1997; Tigerstaaten räumen auf. In: Handelsblatt, 5. Jan. 1998, sowie: Making Money: Our international team of money-market hunters sees plenty of promise in Asia's economic entrails. In: Asia, Inc. [Hongkong], März 1997, S. 71 ff. – Dieselben Finanzinstitute und mit makroökonomischen Länderanalysen befassten Rating Agenturen, die zuvor die asiatischen Boom-Ökonomien unisono gelobt und teilweise mit kräftigen Finanzspritzen versehen hatten, stießen nun Kassandrarufe aus und drangen auf Installierung eines Frühwarnsystems. Commerzbank-Vorstandssprecher Martin Kohlhaussen forderte die westlichen Zentralbanken auf, die Märkte stärker zu kontrollieren und von den betroffenen Krisenländern verlässlichere wirtschaftliche Eckdaten einzuklagen.

12 Hendra Pasuhuk: Der Weg in die Krise – ein Rückblick. In: Indonesien – der dornige Weg in die Demokratie, hg. von der Indonesien-Arbeitsgemeinschaft. Berlin 2000, S. 20-23.

13 The Economist [London], 17. Januar 1998.

14 Im Mittelpunkt der Verhandlungen mit dem Gouverneur der Bank Indonesia und Vertretern der Ressorts Wirtschaft, Handel und Finanzen stand die Umsetzung folgender IWF-»Empfehlungen«: Aufhebung der Höchstgrenze einer 49%-igen ausländischen Kapitalbeteiligung an indonesischen Unternehmen; Entflechtung der Handelsmonopole für Weizen, Mehl und Sojabohnen (nicht aber für Reis und Mais) sowie der staatlichen Logistikbehörde Bulog; Senkung der Zölle auf über 150 Einfuhrerzeugnisse zwischen 5% und 15% und gleichzeitig der Importzölle auf breiter Front – z.B. bei chemischen Produkten um bis zu 40%; Öffnung

des Großhandels bis 2003 für Ausländer; Erweiterung der Mehrwertsteuerbefreiungen bei Exporten von 10 auf 18 strategische Produktgruppen (nämlich um Eisen und Stahl, Automobilteile, Maschinen und Maschinenkomponenten, Schmuck, Chemikalien, Kautschuk, mineralische sowie Plastikerzeugnisse); zweijährige zollfreie Einfuhr von Maschinen und Ausrüstungsgütern; Restrukturierung des gesamten Bankenwesens sowie die Einstellung von 81 Großprojekten in Höhe von umgerechnet über 3 Mrd. US-Dollar, darunter das ambitionierte Nationalwagen-Projekt PT Timor Putra Nasional von Suhartos jüngstem Sohn, Hutomo »Tommy« Mandala Putra, an dem sich japanische und südkoreanische Firmen (KIA) interessiert gezeigt hatten. Überdies geriet die nationale Luftfahrt- und Rüstungsindustrie, das Steckenpferd B.J. Habibies, ins Visier der Kritik. – Näheres u.a. in: Donald E. Weatherbee: Indonesia: Its Defense Industrial Complex. In: James E. Katz (Hg.): Sowing the serpents' teeth. The Implication of Third World Military Industrialisation, Lexington / Mass. 1986.

15 Zit. nach: »Intensivstation Asien«. Ein Situationsbericht von IMBAS (Initiative für die Menschenrechte der Bürger/innen in den ASEAN-Staaten), Frankfurt/ Main 1998, S. 1.

16 Henry Kissinger: The Asian Collapse: One Fix Does Not Fit All Economies. In: The Washington Post [Washington, D.C.], 9. Februar 1998.

17 Margot Cohen beschrieb in ihrem Feature »Under The Volcano« (In: Far Eastern Economic Review [Hongkong], 13. März 1997, S. 42 ff.) die angespannte soziale und wirtschaftliche Lage im Lande und schilderte, wie sich – wie bereits bei früheren politischen Unruhen geschehen – latenter Hass gegen die gut 6 Mio. zählenden Chinesen (ca. 3% der Bevölkerung) entlud, denen unterstellt wurde, Hauptnutznießer während der Ära Suharto gewesen zu sein.

18 Siehe acehkita: In The Name of Territorial Integrity (Inside: Exclusive Evidence of Civilian Victims). [Jakarta] August 2004; ferner Sylvia Tiwon: From East Timor to Aceh: The Disintegration of Indonesia? In: Bulletin of Concerned Asian Scholars (siehe Anm. 2), S. 97-104.

19 Siehe dazu: Jean-Pierre Catry: Indonesiens Doppelspiel in Ost-Timor: Die UNO garantiert keine Sicherheit. In: Le Monde Diplomatique [Deutschspr. Ausgabe Berlin / Zürich], Juni 1999, S. 18 – Noam Chomsky: Von guten Freunden viel gelernt – Indonesiens Armee kopiert die Operation Phönix. In: Die Wochenzeitung [Zürich], 16. September 1999, S. 13 – Frederic Durand: Das Erbe des General Suharto: Kalimantan – Ethnische Säuberung und wirtschaftliche Rivalität. In: Le Monde Diplomatique [Berlin / Zürich] April 2001, S. 11 – Romain Bertrand: Indonesiens Armee, eine Söldnerfirma: Machtkalkül und Widerstand im Konflikt um Osttimor. In: Le Monde Diplomatique [Berlin / Zürich], Oktober 1999, S. 9 – Georg Evers: Osttimor – der schwierige Weg zur Staatswerdung. Hg. vom Internationalen Katholischen Missionswerk missio. Aachen 2001; sowie Monika Schlicher: Osttimor stellt sich seiner Vergangenheit: Die Arbeit der Empfangs-, Wahrheits- und Versöhnungskommission. Hg. vom Internationalen Katholischen Missionswerk missio, Aachen 2005 – Tom Hyland: Indonesia to blame for Timor mayhem. In: The Sydney Morning Herald, July 11, 2008; Lindsay Murdoch: Truth out of Indonesia's scorched earth. In: The Sydney Morning Herald, July 11, 2008.

20 Rainer Werning: Des Westens General – Aufstieg und Abgang des indonesischen Ex-Präsidenten Suharto. Sendemanuskript eines SWR2-Radio-Features, ausgestrahlt am 5. Dezember 2003. Stuttgart / Baden-Baden 2003. – Siehe ferner: Moritz Kleine-Brockhoff: Über Suhartos Verbrechen muss die Geschichte richten. In: Frankfurter Rundschau, 17. Mai 2006.

21 Kathy Marks: Suharto, tyrant of Indonesia, dies without facing justice. In: The Independent [London], 28. Januar 2008 – Siehe ferner: Indonesisches Gericht: Suharto war nicht korrupt. In: Der Tagesspiegel [Berlin], 28. März 2008.

22 Vgl. http://www.gwu.edu/~nsarchiv/.

23 Zitiert nach: Elizabeth Becker / Philip Shenon: With Other Goals in Indonesia, U.S. Moves Gently on East Timor. In: The New York Times, 9. September 1999, sowie Steven Mufson in: The Washington Post, 9. September 1999.

24 Åsa Linderborg: Selektives Schweigen. Zwei Völkermorde, die wir offensichtlich vergessen sollen: Indonesien 1965 und Osttimor 1975. In: Aftonbladet [Stockholm], 27. Oktober 2005, [Übersetzung aus dem Schwedischen: Renate Kirstein.] – Siehe auch: Noam Chomsky: Unversöhnliche Erinnerung – Osttimor und der Westen. In: Le Monde Diplomatique [Berlin / Zürich], Oktober 1999, S. 1 und 7.

25 Vgl. http://www.gwu.edu/~nsarchiv/NSAEBB/NSAEBB62/

26 Anthony Lewis: Paying a Heavy Price for the West's Silence on Timor. In: The International Herald Tribune [Paris], 8. September 1999.

27 Ebd.

Referentinnen und Referenten, Autorinnen und Autoren

● Islam in der (Selbst-)Kritik – Chancen für einen zukunftsfähigen Glauben der Muslime in Deutschland und Europa? Podiumsveranstaltung in der Aula der Universität am 24. April 2007

Seyran Ateş — Rechtsanwältin und Autorin türkisch-kurdischer Herkunft – Geb. 1963 in Istanbul, 1969 nach Berlin übergesiedelt, dort Jura-Studium und Referendariat; 1984 durch ein Attentat schwer verletzt; von 1997 bis 2006 als Rechtsanwältin tätig. Jahrelanges politisches und publizistisches Engagement für frauen- und minderheitenspezifische Belange.

Aydan Özoguz — Projektleiterin der Hamburger Körber-Stiftung für deutsch-türkische Projekte seit 1996, von 2001 bis 2008 Mitglied und migrationspolitische Sprecherin der SPD-Fraktion in der Hamburgischen Bürgerschaft – Geb. 1967 in Hamburg, Sprachen- und Wirtschaftsstudium, zwei Jahre Vorsitzende der Türkischen Studentenvereinigung.

Rabeya Müller — Islamwissenschaftlerin und Pädagogin, Leiterin des Instituts für Interreligiöse Pädagogik und Didaktik in Köln – Geb. 1957, Tätig im Bereich Religionspädagogik, Stv. Vorsitzende der Konferenz europäischer Theologinnen, stv. Vorsitzende des Zentrums für islamische Frauenforschung u. Frauenförderung.

● Rechtsextremismus in Deutschland: Soziale Krise, politische Handlungsunfähigkeit und Nazi-Ideologie. Podiumsveranstaltung in der Aula der Universität am 10. Mai 2007

Uwe-Karsten Heye — Journalist, Chefredakteur der SPD-Parteizeitung »Vorwärts« seit 2006 – Geb. 1940, von 1974 bis 1979 Pressereferent von Bundeskanzler Willy Brandt, von 1998 bis 2002 Staatssekretär und Regierungssprecher unter Bundeskanzler Gerhard Schröder. Von 2003 bis 2005 Deutscher Generalkonsul in New York. Im Jahr 2001 Gründungsmitglied und seither Vorstandsvorsitzender des Vereins »Gesicht Zeigen! Aktion weltoffenes Deutschland e.V.«.

Jörg Schönbohm – Innenminister des Landes Brandenburg seit 1999 – Geb. 1937 in Neu Golm / Mark Brandenburg. Nach dem Abitur ab 1957 Offizierslaufbahn in der Bundeswehr. Ab 1978 Referent im Bundesministerium für Verteidigung. 1990 Befehlshaber des BW-Kommandos Ost in Strausberg. 1992 Berufung zum Staatssekretär in das BMVg. 1996 bis 1998 Senator für Inneres in Berlin, von 1998 bis 2007 Landesvorsitzender der CDU in Brandenburg; von 1999 bis 2007 Stellv. Ministerpräsident.

Jürgen W. Falter, Dr. rer. pol. — Professor für Politikwissenschaft an der Universität Mainz seit 1993 mit den Schwerpunkten »Politische Systeme« und »Innenpolitik« – Geb. 1944 in Heppenheim / Bergstraße, Studium der Politikwissenschaft und der Neueren Geschichte in Heidelberg, Berlin und in den USA; Wiss. Mitarbeiter der Universität in Saarbrücken, dort 1973 Promotion und 1981 Habilitation. 1973 bis 1983 Professor an der Hochschule der Bundeswehr in München, 1983 bis 1992 Professor für Politikwissenschaft und Vergleichende Faschismusforschung an der FU Berlin.

● Libanon zwischen den Fronten – Wie kann der Friede in der Region gewonnen werden? Podiumsveranstaltung im Rathaus der Stadt am 21. Juni 2007

Volker Perthes, Dr. rer. pol. — Direktor der Stiftung Wissenschaft und Politik (SWP) – Deutsches Institut für Internationale Politik und Sicherheit – Geb. 1958, Promotion 1990, 1991-1993 Assistenzprofessor an der Amerikanischen Universität in Beirut, Habilitation 2000, seit 2006 apl. Professor an der Humboldt-Universität und Honorarprofessor an der Freien Universität Berlin. Leiter der Forschungsgruppe »Naher Osten und Afrika« der SWP bis 2005.

Rami George Khouri — Publizist, Direktor des Issam Fares Institute of Public Policy and International Affairs an der American University of Beirut – Khouri ist außenpolitischer Kolumnist der englischsprachigen, in Beirut erscheinenden und im Nahen Osten weit verbreiteten Zeitung »The Daily Star«, die mit der »International Herald Tribune« verbunden ist. An Universitäten in Jordanien und Libanon unterrichtete er Journalismus. Gastdozenturen absolvierte er u.a. an der Stanford University in den USA.

Birgit Kaspar, M.A. — Hörfunkjournalistin für die ARD-Landesrundfunkanstalten und den Deutschlandfunk mit Sitz in Beirut seit Juni 2006 – Geb. 1963, Studium der Geschichte, Germanistik und französischen Literatur, seit 1995 Redakteurin beim WDR, von 1998 bis 2003

Nahostkorrespondentin des WDR und Studioleiterin in Amman. Von 2003 bis 2006 Redakteurin bei WDR 2 in Köln.

● Globale Herausforderungen für Erde und Menschheit: Welche Antworten sind notwendig? Podiumsveranstaltung in der Aula der Universität am 16. September 2007

Jakob von Uexküll – Stifter des Right Livelihood Award (»Alternativer Nobelpreis«), Gründer des World Future Council – Geb. 1944 in Uppsala / Schweden als Sohn des Journalisten Gösta von Uexkull und Enkel des deutschbaltischen Biologen Jakob von Uexküll. Studium der Philosophie, Politik und Ökonomie in England. 1980 gründete Uexküll die »Right Livelihood Foundation» und stiftete den heute hoch renommierten »Alternativen Nobelpreis« zur Förderung zukunftsweisender humanitärer, sozialer und ökologischer Projekte. Von 1984 bis 1989 Mitglied des Europäischen Parlaments.

● Europa sieht Deutschland: 50 Jahre europäische Einigung als Friedensprozess. Festvortrag zum Tag der Deutschen Einheit im Rathaus der Stadt am 3. Oktober 2007

Hans-Gert Pöttering, Dr. phil. — Präsident des Europäischen Parlaments – Geb. 1945 in Bersenbrück, Studium der Rechtswissenschaften, Politik und Geschichte an den Universitäten Bonn und Genf, Promotion 1974, 2. Juristisches Staatsexamen 1976, Wissenschaftlicher Angestellter von 1976 bis 1979, seit 1989 Lehrbeauftragter an der Universität Osnabrück, seit 1995 Honorarprofessor. Zahlreiche Ämter und Funktionen in der CDU, u.a. seit 1999 Mitglied im Präsidium und im Bundesvorstand seiner Partei. Mitglied des Europäischen Parlaments seit 1979, 1992 bis 1994 Vorsitzender des Unterausschusses für Sicherheit und Abrüstung. 1999 bis 2007 Vorsitzender der EVP-ED-Fraktion im Europäischen Parlament.

● Der Islam und der Westen: Keine Zukunft ohne Zusammenarbeit. Festvortrag zum Osnabrücker Friedenstag am 25. Oktober 2007 in der Stadthalle Osnabrück

Mahmoud Hamdi Zakzouk, Dr. phil. — Minister für Religiöse Angelegenheiten und Präsident des Obersten Islamischen Rates der Arabischen Republik Ägypten seit 1996 – Geb. 1933 in Dakahliyya / Ägypten, Studium an der Al Azhar Universität in Kairo und an der Ludwig-Maximilians-Universität in München, 1968 dort Promotion, danach Berufung zum Professor für Philosophie an die Al Azhar Universität in Kairo. Gastprofessuren in Libyen und in Katar, 1995 Vizepräsident der Al Azhar Universität. 1997 Auszeichnung mit dem Ägyptischen Staatspreis für Geisteswissenschaften. Präsident der Ägyptischen Philosophischen Gesellschaft, Mitglied der Islamischen Forschungsakademie in Kairo sowie in der Europäischen Akademie der Wissenschaften und Künste in Salzburg; zahlreiche Publikationen zum Verhältnis von islamischer Lehre und europäischer Philosophie sowie im Bereich Orientalistik und Islamwissenschaften.

● Über Jean-Baptiste Lully: ›Quare fremuerunt gentes‹ und Sébastien de Brossard: ›Canticum pro pace‹. Einführung beim Konzert zum Osnabrücker Friedenstag am 13. Oktober 2007

Stefan Hanheide, Dr. phil. habil. – apl. Prof. im Fachgebiet Musik / Musikwissenschaft an der Universität Osnabrück seit 2008, zuvor dort Akad. Rat seit 1992. Geb. 1960, Studium der Fächer Musik und Französisch für das Lehramt an Gymnasien, Promotion 1988, 1990 Wiss. Mitarbeiter, Habilitation 2003, Mitglied im Institut für Kulturgeschichte der Frühen Neuzeit der Universität Osnabrück, langjährige Mitwirkung im Wissenschaftlichen Rat der Osnabrücker Friedensgespräche.

● Beiträge zur Friedensforschung

Maria Kreiner, Dr. rer. pol. – Wiss. Mitarbeiterin und Habilitandin am Fachbereich Sozialwissenschaften, Fachgebiet Politikwissenschaft, der Universität Osnabrück seit 2006. Geb. 1974 in Isny im Allgäu, Studium der Sozialwissenschaften (Diplom) in Oldenburg und Basel, Wiss. Mitarbeiterin am Hannah-Arendt-Zentrum Oldenburg, Promotion 2006. Forschungsschwerpunkte: Staat und Innenpolitik, empirische Demokratieforschung, Demokratietheorie und politische Theorie.

Torsten Bewernitz, M.A. – Doktorand am Institut für Politikwissenschaft an der Universität Münster / Westfalen; Thema: »Konstruktionen für den Krieg?«. Darstellung von Nation und Geschlecht in den deutschen Printmedien während des Kosovokriegs. Geb. 1975; Forschungsschwerpunkte: Friedens- und Konfliktforschung, *gender studies*, Diskursanalyse, Internationale Gewerkschafts- und Streikforschung, Politische Ökonomie, literarische Aufarbeitung des Holocaust.

Andrea Nachtigall, Dipl.-Päd. — Doktorandin an der Freien Universität Berlin, Fach Politikwissenschaft; Thema »Geschlechterkonstruktionen im ›Krieg gegen den Terror‹ – eine Analyse deutscher Printmedien nach dem 11. September«; Lehrbeauftragte in den Gender Studies an der Humboldt

Universität zu Berlin sowie an der Alice-Salomon-Fachhochschule Berlin. Forschungsschwerpunkte: Feministische und postkoloniale Theorien, Medien- und Diskursanalyse, Geschlecht in der Friedens- und Konfliktforschung sowie Nationalsozialismus und Geschlecht.

Rainer Werning, Dr. rer. pol. — Geb. 1950, Politikwissenschaftler und Publizist mit den Schwerpunkten Südost- und Ostasien, Autor zahlreicher Bücher, Zeitschriftenaufsätze und Hörfunksendungen sowie Philippinen- und Nordkorea-Dozent im Rahmen »Landesspezifischer Orientierung und Handlungskompetenz« bei InWEnt (vormals Deutsche Stiftung für internationale Entwicklung, DSE), Bad Honnef.

Abbildungsnachweis

Viveca Flodén, Malmö, S. 145.
Uwe Lewandowski, Osnabrück: S. 15, 19, 23, 31, 38, 45, 49, 56. 72, 78, 87, 97, 109, 125, 127.
Hartwig Wachsmann, Osnabrück: S. 133.